诗经精华品鉴

宋德宪 著

蘭州大學出版社

图书在版编目(CIP)数据

诗经:精华本. 风 / 宋德宪著. —兰州:兰州大学出版社,2014.1(2016.5 重印)
(世间最美的诗)
ISBN 978-7-311-04407-7

Ⅰ.①诗… Ⅱ.①宋… Ⅲ.①古体诗—诗集—中国—春秋时代 ②《诗经》—注释 ③《诗经》—译文 Ⅳ.①I222.2

中国版本图书馆 CIP 数据核字(2014)第 017900 号

责任编辑 张国梁 王淑燕
封面设计 李鹏远

书　　名 世间最美的诗:诗经(精华本)·风
作　　者 宋德宪 著
出版发行 兰州大学出版社 (地址:兰州市天水南路 222 号 730000)
电　　话 0931-8912613(总编办公室) 0931-8617156(营销中心)
　　　　 0931-8914298(读者服务部)
网　　址 http://www.onbook.com.cn
电子信箱 press@lzu.edu.cn
印　　刷 甘肃澳翔印业有限公司
开　　本 710 mm×1020 mm 1/16
印　　张 15.5(插页 1)
印　　数 3000~6000 册
字　　数 235 千
版　　次 2014 年 1 月第 1 版
印　　次 2016 年 5 月第 2 次印刷
书　　号 ISBN 978-7-311-04407-7
定　　价 34.00 元

自 序

导论。《诗经》穿越了西周初年到春秋中期长达五百余年的岁月风尘，或浅吟低唱、婉转动听，或钟鼓齐鸣、颂声煌煌。与今天诗歌在生活中的式微不同，那些读起来诘屈聱牙、晦涩难懂的诗句，都是从曾经鲜活的生活和生命中走来，是最朴实、最真挚的歌唱。我们不能把《诗经》当作来自远古的语言化石，它像地下沉睡了几千年的古莲子一样，只要有适宜的阳光、温度和雨水，今天的我们仍可以激活它，让它开花、结果。无论"今夕何夕"，若你游走在《诗经》的层峦叠嶂间，总会发现文字背后似乎裹藏着熟悉又亲切的灵魂。

《诗经》作为我国文学史上第一部诗歌总集，作为中国传统文化的重要代表，传世至今。然自从被捧上儒家经典的宝座之后，诗旨遭经师的附会，成为"经夫妇，成孝敬，厚人伦，美教化，易风俗"的金科玉律和辅成王道的"谏书"。今天的我们该怎样读《诗经》呢？要走回《诗经》的时代，就必须懂得《诗经》学是研究《诗经》的内容、性质、特点、源流和派别的一门学问。在封建社会里，《诗经》学以经学研究为主体，但也存在着关于文学特点的探讨。现代诗经学，则以《诗经》经学与《诗经》文学相结合的研究为核心，各类专题研究同时也是它的重要组成部分，将诗经学的过往研究整合，必然就能体味出《诗经》的真谛。

然而，由于年代久远，《诗经》中一些陌生的汉字、难解的文言都给现代读者带来了不小的阻力，让读者在欣赏《诗经》的优美之时，常常产生不必要的停顿，对《诗经》的理解产生困惑。因此，本书精心择选七十余篇名作，作为《诗经》的典范，并且将诗中的生僻字、古今异体字、多音字进行了注解。相信如此为之，必可为读者省去很多的查阅时间，有助于读者对相关诗作的理解，让读者顺畅、轻松、愉快地阅读《诗经》，更直接地感受《诗经》的语言美、意境美。同时，诗歌的后面都配以详实的注释、精彩的概要、准肯的译文、科学的品鉴，帮助读者直观而深入地理解诗文，准确地把握诗篇的精髓，体验诗人内心最真实的情感。

《诗经》共收集了三百一十一篇诗歌，其中六篇为笙诗，只有标题，没有内

容；现存自西周初年至春秋中叶五百多年的诗歌三百零五篇，既有标题，又有文辞。先秦称为《诗》，或取其整数称“诗三百”。西汉时被尊为儒家经典，始称《诗经》，并沿用至今。

题解。《风》又称《国风》，一共有十五组，“风”本是乐曲的统称。“风”这个名词的本义就是乐调，《大雅·嵩高》云：“吉甫作诵，其诗孔硕，其风肆好。”这是《诗经》中的内证；《左传·成公九年》云：“使与之琴，操南音……乐操土风，不忘旧也。”这是史证。“土风”显然是地方乐调。朱熹《诗集传序》解释：“国者诸侯所封之域，而风者民俗歌谣之诗也。”十五“国风”就是十五个国家和地区各用其地方乐调演唱的诗歌，共计一百六十篇。周王朝收集和应用这些地方乐歌，首先是为了推行政治和社会道德教化（即“上以风化下”）；其次是为了解民情，作为行政的参考，来改良政治（即“下以风刺上”）。因此，编辑这些风诗有明显的政教目的，其内容也符合这个目的。“风”诗的作者分布于社会各阶层，有贵族、士吏、里巷平民，但能确定为劳动人民创造的诗歌少之又少。

《雅》分《小雅》七十四篇，《大雅》三十一篇，共计一百零五篇，均是周王朝都城所在地的诗歌，多为朝廷官吏及公卿大夫的作品，相当一部分是宫廷诗。这类诗之所以成为《雅》，主要着眼于王朝都城所在地的诗歌称为“雅”，是从政治角度命名，那里是政治等级最高层所在之处，故称为“雅”。《毛诗序》解释：“雅者，正也；言王政之所由废兴也。”训雅为正，用的是它的引申义。雅，本指高，即政治等级的最高层，是发号施令的权力中心，故引申为正。“雅”诗的内容几乎都是关于政治方面的，有赞颂贤人德政的，有讽刺弊政的。

《周颂》《鲁颂》和《商颂》合成三颂，共计四十篇。其中《周颂》三十一篇，一般认为其中大部分是西周前期的作品，多作于周昭王、周穆王以前；《鲁颂》四篇，认为可能是鲁僖公时的作品；《商颂》五篇，自古以来一直相传是春秋时期宋国大夫正考父所作。不过，目前学界认为《颂》是贵族宗庙祭祀的乐歌和诗史，内容多是歌颂祖先功德的，在演奏时要配以舞蹈。《毛诗序》解释：“颂者，美盛德之形容，以其成功告于神明者也。”这是从功用上下定义，基本合乎当时的实际。那么，为何祭祀神灵的诗歌称为“颂”呢？通常都从颂扬、赞美的角度加以解释。《周礼·春官·大师》提到六诗时有《颂》，《郑笺》解释说：“颂之言诵也，容也，诵今之德，广义美之”。汉代经学大师郑玄谨守《毛序》之说，从颂扬美德方面去理解

《颂》。然而，综观“三颂”，并不完全是颂美之词。如《周颂》中的《闵予小子》《访落》《敬之》《小毖》似乎是周成王的悔过诗，这几首诗检讨过失，自我警戒，有的语言沉痛，忧郁叹息。显然，从赞美称颂方面下定义是不确切的，无法涵盖“三颂”所有的诗篇。经学家认为，祭祀用诗而成为颂，着眼于人神交往和沟通。

注释。全书框架宏大，注释细致，稽查史籍，贯穿注释的中心线索是三种《诗》学观——马克思主义历史唯物论观、经学《诗》学观与文学《诗》学观，运用这三种诗学观，来阐释《诗经》学，解释诗篇主题。本书以汉《毛传》《郑笺》，唐孔颖达《毛诗正义》（下简称《正义》）、宋朱熹《诗集传》（下简称《集传》）、康熙末年王鸿绪等奉敕编《钦定诗经传说汇纂》、乾隆二十年敕编《钦定诗义折中》（下简称《诗义折中》）等权威著作为纲；纲举目张，并参用近人高亨《诗经今注》（下简称《今注》），余冠英《诗经选》，夏传才《诗经讲座》，程俊英、蒋见元《诗经注析》（下简称《注析》）等历代重要代表性著作、论文、以及史籍文献、出土文物和最新研究成果；引用古今诸家说解、训诂、评析，对《诗经》全面、翔实、科学、准确地“注释”。拨开经学的雾翳，弹却《毛序》蒙上的灰尘，揩清后世各时代追加的油彩，露出《诗经》的客观存在和本来面貌。

在《诗经》注释方面，本书运用文字训诂学的方法解释《诗经》。训释《诗经》中的词语是用义训的方式。所谓义训，是以词语在语言中实际使用的意义直接解释词义，不从字形结构或字的音义关系上去分析推论，而是以通语、常语去解释《诗经》中不易知的文言、古语和方言俗语。这是我国后来一般解释《诗经》以及古书词语的字书、辞书所通用的方式。义训解释的具体方法很多，本书对《诗经》的训诂主要有以下方法：

第一，直训，即直接用一个单词解释一个单词。以《敬之》篇为例，《释名》云：“敬，警也。”敬通“警”，警戒义。之：语助词。天：天道。维：是，助词。显：显明。《尔雅·释诂》：“显，光也，又见也。”《集传》：“显，明也。”思：语助词。《集传》云：“思，语辞也。”

第二，递训，即为了说明词义，几个词辗转相训。例如：不易：马瑞辰《毛诗传笺通释》（下简称《通释》）：“《大雅·文王》篇‘骏命不易’，《释文》述《毛》云：‘不易，言甚难也。’”无曰：无谓。无曰高高在上：无谓高极其高之上天，在上而不吾察。《郑笺》：“无谓天高高在上，远人而不畏也。”《集传》：“无谓其高而不吾察，当知

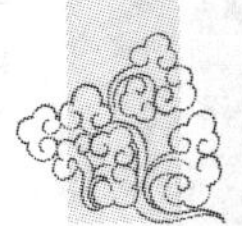

其聪明明畏。”又如“芣苢，马舄；马舄，车前”。芣苢是古语词，用俗语马舄来训释，用这个俗语词怕不完全为人们所了解，所以又用药草名“车前”再作训释，芣苢的训义就完全清楚了。递训就是对训释词再作训释，以求准确地表明被训释词词义。

第三，同训，即把一组同义词汇集起来用一个常用的词语来解释，被释词是古语词，释词是当代语词。这样除了达到训义的目的，又便于掌握和比较同义词。

第四，分训，即对多义字的训释，或分条分别说明它们的意义，或在同条中分别列几个义项，依次训释。

第五，互训，即意义相同的语词互相训释，也就是用甲释乙，又用乙释甲，如：“亮，右也。右，亮也。”

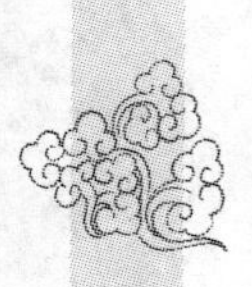

第六，义界，即用一句话或几句话对所释词语的意义做出概括的解说。例如：宋严粲《诗缉》云：“敬而又敬，勉之以诚之不已也。”马瑞辰《通释》阐释说：“敬之，本义即警也。……敬之，敬之，犹云‘戒之，戒之。’”但使用义界有四种情况：

一是被释古语词或方言语词找不到相当的今语或通语来对释，只能对其意义做概括解释。例如：命：天命，指承受天命。不易：天命不易常保。

二是被释词为专名词或基本语词，无法用别的单词对释，只能对其含义做具体说明。例如：赵帆声《诗经异读》阐述谓：“《郑笺》：‘群臣见王谋即政之时，故因时戒之曰：‘敬之哉，敬之哉！天乃光明，去恶与善，其命吉凶不变易。’按：‘敬之哉’之前，《笺》言‘戒之曰’，然则此敬字当读如‘警’，《说文》：‘警，戒也。’此诗‘敬之、敬之’，即戒之，戒之！警与敬古字通用。”

三是对被释的名物的形象或特性做具体的描述。例如：“狒狒，如人，被发，迅走，食人。”又如：“九州岛”，则将九州岛名称及位置逐一说明。

四是对某些词语的历代沿革做解释，或对成语语句做解释。例如：程俊英、蒋见元《注析》：“《毛传》：‘士，事也。’这里指政事。这句说上帝好像常升降于人间，察看人们所做的事情。”这样除了达到训义的目的，又便于掌握和比较同义词。

同时，以《尔雅》为范本，运用以共名释别名、以学名释俗名的训诂方法。如：

"蚍蜉，大螘(蚁)。小者螘。蠪，朾螘。螱，飞螘。"蚂蚁的"蚁"是蚂蚁类的共名，蚍蜉是大蚂蚁，蠪是大红蚂蚁，螱是带翅蚂蚁，这样因类求义，相当清楚。又如："茨，蒺藜。荼，苦菜。"茨、荼是学名，蒺藜、苦菜是俗名，这样不仅是以俗名释学名，也起到俗名、学名互释的作用。

综上所述，训诂方法是多种多样的，在《诗经》中被释语词有单词、复词，也有四字的成语和古籍中难懂的语句。成语和语句大多出自《诗经》。只有在得到训诂支持的基础上，才能对《诗经》精选诸篇进行准确翻译。如《周颂·敬之》首节翻译如下：

敬戒之哉敬戒之哉！悠悠天道而甚显明。

其命无常不易保住，无谓高极其高上天，

在上天而不吾明察，更当知其聪明明畏，

常若陟降吾之所为，无日不监视而在兹。

其注释特点是：

第一，训诂渊源有自。如释《周南·葛覃》《召南·草虫》等篇，义见《礼记》；释《召南·行露》篇言"淄帛五两"，释《召南·野有死麕》篇，谓"凶荒杀礼"，都取自《周礼》。

第二，多存古书逸典。如《鄘风·定之方中》，《毛传》云："建邦能命龟，田能施命，作器能铭，使能造命，升高能赋，师旅能誓，山川能说，丧纪能诔，祭祀能语，君子能此九者，可谓有德音，可以为大夫。"又如《魏风·伐檀》，《毛传》云："兽三岁曰特。"《正义》谓："毛氏当有所据，不知出何书？"

第三，作传独标赋、比、兴法。如《邶风·凯风》一章作比体，二章作兴法。如《鲁颂·泮水》前三章作"赋而兴"法。

第四，分章立注，以单个字词为独立的训诂单位。尽量兼顾简洁与周详。编辑示例：

①采用古音古义纠正讹误。如《小雅·巧言》"无拳无勇"，《毛传》："拳，力也。"马瑞辰《通释》云："拳者，卷之假借。《说文》：'卷，气埶也。'引《国语》曰：'有卷勇'……卷亦为勇。古人不嫌语复，犹之'无罪无辜'，辜亦为罪耳。"力求达诂。

②用双声叠韵原理指明通假。例如《皇皇者华》"我马维驹"，《释文》："驹，音俱，本亦作骄。"马瑞辰《通释》："《说文》：'马高六尺为骄。'引《诗》'我马维骄'，是

《毛诗》古本作骄之证。骄与驹双声，古盖读骄如驹，以与濡、驱、诹合韵，与《汉广》诗以驹韵蒌、《株林》诗以驹韵株者，其本字皆当为骄正同，后人据音以改字，虽作驹耳。”

③用同类义例概括全书。例如《蒹葭》“宛在水中央”，马瑞辰《通释》：“《诗》多以中为语词，‘水中央’，犹言水之旁也，与下二章‘水中坻’同义。若如《正义》以‘中央’二字连读，则与下章坻、沚句不相类矣。”

④举三家遗说以订《毛诗》。如《鸿雁》“谓我宣骄”，王引之《经义述闻》：“宣骄与劬劳相对成文。劬亦劳也，宣亦骄也……宣为侈大之意，宣骄，犹言骄奢。非谓宣示其骄也。”订正《毛传》训宣为“示”之误。如《思齐》“则百斯男”，《通释》：“百男特颂祷之词，犹《假乐》诗‘子孙千亿’耳，《传》谓‘众妾则宜百子’，失之。”此明订《毛传》舛误之例。

⑤采取以诗论诗、以诗译诗、以史证诗、以诗明史之法，使其符合逻辑与诗旨。如《定之方中》，《毛序》谓：“《定之方中》：‘美卫文公也。卫为狄所灭，东徙渡河，野处漕邑，齐桓公攘戎狄而封之。文公徙居楚丘，始建城市而营宫室，得其时制，百姓说(悦)之，国家殷富焉。’”《郑笺》阐释说：“春秋闵公二年冬，狄人入卫，卫懿公及狄人战于荥泽而败。宋桓公迎卫之遗民度河，立戴公以庐于漕，戴公立一年而卒。鲁僖公二年，齐桓公城楚丘而封卫，于是文公立而建国焉。”《集传》云：“苏氏曰：‘种木者求用于十年之后，其不求近功。’凡此类也。”上述三说，阐明了此诗的背景与主题。

第五，应用已见，广采诸家注解阐释，精心挑选，择善而从，不主一家；并选取考据新评说、发掘创新，尽量将有价值的古今注释、解析附后，作为佐证和辨析，力争无误。引证经学家之训诂，兼采不同说解，使其更符合《诗经》逐篇原貌。对生僻字、古今异体字、多音字妥善注音。如《防有鹊巢》曰：

“防有鹊巢，邛有旨苕。”防：河堤，引申为防范，即防范谗人挑拨离间。《集传》：“人所筑以捍水者。”宋欧阳修《诗本义》：“谗言惑人非一言一日之故，必由累积而成，如防之有鹊巢，渐积累成之尔。”《毛传》：“防，邑也。”《释文》：“防，邑名也。”马瑞辰《通释》批驳毛说：“此章‘防’与‘邛’对言，犹下章‘中唐’与‘邛’对言。邛为丘名，则防宜读为隄防之防，不得以为邑名。鹊巢宜于林木，今言‘防有’，非其所应有也；不应有而以为有，所以为谗言也。”马氏所言极是。赵帆声《诗经异读》云："邛字既言'丘'，非地在济阴之邑，则防字不当谓邑名，凡《诗》对言之例，多以同类为之，故防当作隄字。《说文》：'防，隄也。'隄，或作堤。防，亦作坊，从土。堤防，本以防止洪水泛滥，引申以为防范。"一说防为枋之借字，木名。高亨《今注》："防，借为枋，《说文》：'枋，木也，可作车。'《庄子·逍遥游》：'我决起而飞，抢榆枋。'《释文》：'枋，李云，檀也。'奚侗说：'榆枋即榆枌。枌，白榆。'(《庄子补注》)。"袁梅《诗经译注》认为："是一种常绿乔木，羽状复叶，花色黄而美，去皮煎汁，可为红色染料。亦名苏木、苏枋。"

邛(qióng)：土丘。《毛传》："邛，邱也。"旨：甘美。《集传》："旨，美也。"苕：蔓生植物名，苕草，又名苕饶，翘饶。生在低湿之地。《集传》："苕，苕饶也。"三国时吴人陆玑《毛诗草木鸟兽虫鱼疏》云："苕，笤草也。幽州人谓之翘饶，茎如劳豆而细叶，似蒺藜而青；其茎叶绿色，可生食，如小豆藿也。"宋欧阳修《诗本义》云："如苕饶蔓引将及我也。"清马瑞辰《通释》："古苇、芀多假作'苕'，《豳风》《传》：'荼苇，苕也。'若以苕为芀之假借，尤非邛所应有。"又云："苕生于下湿，今诗言邛有者，亦以喻谗言不可信。"马氏解释兴义，符合诗旨。

第六，此书注释，征引繁富，资料详瞻，内容丰富，见解新颖，多有新意，并紧扣原诗之义，做到见解精辟、深中肯綮、自然流畅，并能科学准确地表达原诗内容，使人感受到古代诗人脉搏的跳动。如《陈风·防有鹊巢》首章云：

"防有鹊巢，邛有旨苕。谁侜予美，心焉忉忉。"

汉译为：

"宣公信谗，君子忧惧而作此诗也。曰：鹊巢则以渐构成于林木，旨苕则蔓延连及于山丘。今谗人构成其事而株连甚众犹是也，夫谁如此幻惑欺诳予美之人乎？谗人在于君侧，我心则忉忉然忧之。"此章比法。又如《定之方中》首章云：

"定之方中，作于楚宫。揆之以日，作于楚室。树之榛栗，椅桐梓漆，爰伐琴瑟。"

汉译为：

定星光照升当空，文公兴建楚丘宫。

东西测度凭日影，楚室筑造动土功。

先种榛树与栗树，椅桐梓漆皆栽种。

制作琴瑟伐木用，鼓瑟和鸣国繁荣。

第七，破除前人陈腐之说教，运用训诂学的方法，曲畅旁通，依文述义，订正讹文、误字与曲解。盖其详于训诂名物，又能总古今之说，择善用之，故能涵盖前儒，立义准确，符合诗义。既不迷信古人，更不抹杀古人，对于有些传统说法，确实言之有据，可以置信的，则仍予采用。且采取以史带论，以史证诗，史论结合的方法，吸收古今考据学家和经学家训诂、考证、辑佚工作的新成果。注释涉及百科，内容博大精深，具有学术史性质。编辑《陈风·防有鹊巢》末章为例：

"中唐有甓，邛有旨鹝。"唐：庙内的甬道。中唐即唐中，中庭的堂途（庙内的甬道）。《毛传》："中，中庭也；唐，堂途也。"《尔雅》："庙中路谓之唐。"明何楷《诗经世本古义》解释谓："唐义训大庙之中路，比所居宫室之中路为大，故曰中唐。"一说唐：堤。《国语·周语》："陂唐污卑。"韦昭注："唐，堤也。"《吕氏春秋·尊师》："治唐圃。"高诱注："唐，堤，以壅水"（唐莫尧《诗经新注全译》，下简称《新注》）。甓（pì）：古代的砖。又名瓴甋、瓴甓。《毛传》："甓，瓴，瓴甋也。"《尔雅》："瓴甋谓之甓，盖地下所践者。"鹝（yì）：《韩诗》作虉。植物名。绶草。《尔雅》："鹝，绶。"《集传》："鹝，小草；杂色如绶。"郭璞："小草有杂色似绶也。"一说今盘龙参。兰科。穗状花序盘旋而上。似绶。（陈子展《诗经直解》，下简称《直解》）

"谁侜予美，心焉惕惕"。惕惕：忧惧。《毛传》："惕惕，犹忉忉也。"清陈奂曰："惕惕，亦忧劳之意。"其辞曰："中唐之甓非一甓，排众甓而成路；旨鹝之色非一色，杂众色以成文，今谗人多方罗织以文，致夫人之罪犹如此。夫谁如此欺惑予美之人，乃使我心惕惕然滋惧。"此章比法。

朱熹《集传》解读说："此男女之有私，而忧或间之之辞。故曰：防则有鹊巢矣，邛则有旨苕矣。今此何人而侜张予之所美？使我忧之至于忉忉乎！"此备一说。

概要。每章译文之前，通用七言或八言体，简明解释《诗经》各篇的主旨思想、历史背景、诗义内容、诗旨内涵、作者身份、思想情感、颂美讽刺、赋诗之故等。使读者了解诗旨，借鉴诗意，品鉴艺术，一举而三得。力求诗旨准确，自然通达，趣味深长，委婉动人。编辑示例：

《豳风·鸱鸮》：

周公辟谣居东邑，成王未知周公志。

周公作诗而贻王，托鸟自比护鸟巢。

《小雅·六月》：

王命吉甫北伐狁，王国封域定匡正。

北伐有功凯旋归，诗人叙事以赞美。

译文。用历史唯物论的观点翻译《诗经》，从文学研究与经学研究角度出发，确定诗篇的主题，领会诗篇的意境、思想感情和艺术特色，从而进行译文的再创作。同时，注重主题思想的准确评价，注重译作形式的艺术风格，注重词语典故的传神翻译。尽力保持原诗的形式、风格和思想情感。

（一）译文句式并不限于七言句，长短句、歌谣体、格律诗，不拘一格，形式多样灵活。总的来说，七言格律诗居多。但不勉强增字凑韵，而尽量保存古诗风貌。翻译诗篇，准肯把握精髓与诗旨。如《魏风·陟岵》首章曰：

陟彼岵兮，瞻望父兮。

父曰嗟予子行役，夙夜无已。

慎旃哉，犹来无止。

汉译为：

登那无木岵山峰，瞻望故乡慈父亲。

深思父亲如闻声：唉！我儿行役久别亲！

早晚勤劳不歇停，昼夜奔波勤操心。

望你谨慎祝保重，慎重服役保全身！

犹可一日来探亲，切莫终身他乡停。

（二）译诗紧扣原文。由意译到侧重直译方式传达诗意，译文求其贴切原意，尽量保存原诗的风格韵味。字、句、篇力求紧扣原文，选用准确、对应的词语表达诗意，使其尽量保存古诗风貌。词汇和语法要有依据，主题明确。译文要读得上口，听得顺耳，解得准确，符合原意。如《豳风·东山》首章曰：

我徂东山，慆慆不归。

我来自东，零雨其濛。

我东曰归，我心西悲。

制彼裳衣，勿士行枚。

蜎蜎者蠋，烝在桑野。

敦彼独宿，亦在车下。

汉译为：

我往东山上战场，慆慆然久未还乡。

我来远征离东方，濛濛落雨路茫茫。

归途之远岁月久，风雨陵犯饥渴困。

今日归途苦难尝，我思家念空荡荡。

东归虽云喜洋洋，西望故乡兴悲伤。

新制归装着衣裳，不再衔枚参阵行。

蠋虫蜎蜎然蠕动，久栖野外桑叶上。

敦然独宿车下躺，归途惨况苦难忘！

（三）采取以诗译诗的方式，把自然、优美、凝练、含蓄的古代语言，译成现代汉语，将它的思想情感、它的神韵意境、它的节奏感和音乐美，都有机地融入作者译文时所使用的语言之中。而又调利口吻，近似现代白话新诗，多为七言体，自然流畅，格律整齐，朗朗上口，诗味浓郁。如《豳风·东山》次章曰：

我徂东山，慆慆不归。

我来自东，零雨其濛。

果蠃之实，亦施于宇。

伊威在室，蟏蛸在户。

町畽鹿场，熠熠宵行。

亦可畏也！伊可怀也！

汉译为：

我往东山保边疆，慆慆然久不归乡。

我久始归离东方，濛濛细雨沮途挡。

归家之念愈殷望，离家日久室庐荒。

果蠃之实蔓房檐，蛜蝛之虫室中荡。

蟏蛸之虫门结网，庐旁畦垅之地方，

竟成麋鹿之草场。夜间黔首寂之时，

唯有萤火之闪光。茅屋幽阴变废荒。

望而生畏人心慌，我睹惨景浮翩想。

（四）尽力将译文写得绘声绘色，生动传神。批判继承旧说，既不轻易否定，也不一味盲从，斟酌损益，颇得其宜。有些译作韵味悠长，能传达出原诗的精神风貌。编辑《小雅·常棣》首章为例：

常棣之华，鄂不韡韡？

凡今之人，莫如兄弟。

汉译为：

郁郁苍苍棠棣花开，有萼承藉鲜艳茂盛。

花萼依倚而遍地生，岂不韡韡鲜明交辉？

况人有兄弟同胞亲，不如花萼相依为命。

我观察而遍阅世人，谁能比上兄弟亲情？

编辑《小雅·常棣》次章为例：

死丧之威，兄弟孔怀。

原隰裒矣，兄弟求矣。

汉译为：

同胞兄弟胜于他人，平时不知血脉相亲。

一旦变故则知恩深，是故死丧可畏之事，

唯有兄弟甚相思情；不幸裒尸原隰之间，

唯有兄弟往而求寻，天性之亲自不容论！

译者能将历代学者有关词语的考证成果和有活力的原文词语，择要吸收到译文中来，实事求是，以史证诗，以诗证史，以诗译诗，做到继承与创新，水乳交融，上下文浑然一体。

宋德宽

2013年12月26日

导读

《诗经》作为文学长河的源头，对后世的影响不可低估。有鉴于此，作者不揣简陋，在每一诗篇之后，都有一篇艺术品鉴。或解诗旨，或论意境，或摘瑕疵等。虽然见仁见智，未敢必其正确，但希望能为读者徜徉诗境做一次导游。

本书利用史籍文献、出土文物、古今名家解说以及近人最新研究成果；以政治哲学论，经义无妨于此一时，彼一时；以现代史学与文献学论，则永远要追求一个最原始的终极答案，尽管无法达到，总要无限接近。本书就是通过对《诗经》全方位、多侧面、深层次、立体化的品鉴研究——综合认定。

《诗经》一共有三百零五篇，每一篇讲一个故事，每一个故事有一个道理，可以说相当多了，然而用其中的一句话就可以涵盖《诗经》中所有的义理而没有丝毫遗漏，这就是《鲁颂·駉》中所说的“思无邪”，它的意思是，人的思想念头，都是由天理中生来的，而不是由私欲所扭曲的，这一句话，就把《诗经》的思想、道理完全概括了。诗人的言语有赞美的，有讽刺的，对善良的人和事，就用美好的语言来赞美它，以感发人的善心；对丑恶的人和事，就用尖刻的言语来讽刺它，以惩罚人的恶念。要提起人们善良的念头，除去人们丑恶的思想，使人们的性情温和纯正。如果人心的每个念头都是纯正的，没有被私欲邪念扭曲，那他的所作所为，自然是充满了善行，而没有恶行，充满了被赞美的行为，而没有被讽刺的行为。诗人的赞美和讽刺，也不过是为了劝善惩恶而已，因此由“思无邪”三个字，足以概括《诗经》的精神了。想要修身的学人务必了解，应该将功夫下在“慎思”之上。

然而，《诗经》堪称人类文化遗产中的瑰宝，它展示的是两千多年前古代先民的生活画卷，其中记载的人物数不胜数，包括帝王将相、诸侯大夫、忠臣奸佞、官吏庶民、政治家、军事家、思想家、文学家、艺术家、贵族王妃、将军士兵、说客策士、游侠隐士、明君贤士、孝子逆孙、淑女叛夫、思妇弃妇、贤妻良母、农夫商贾、君子小人等等。它所反映的社会生活内容十分丰富，包括天文地理、政治经济、军事战争、政策法规、外交辞令、治国育民、邦国兴盛、民族关系、阶级矛盾、民族民俗、伦理道德、工农生产、车马狩猎、祭祀典礼、服役徭役、定都建国、宴飨欢聚、田野耕耘、采摘渔牧、婚丧嫁娶、初恋思慕、闺怨春情、幽期密会、洞房花烛、迎亲送葬、怀人悼亡、风土人情、典章制度、礼教礼仪、山川草地、边疆河水、草木虫鱼、飞禽走兽、莺啼马鸣、风萧雨晦、波光山影、火山地震、祈祷祝愿、占卦圆梦等等，无所不包，生动表现了古人的七情六欲及宇宙人生、伦理道德、历史文化、宗教哲学等各种观念。涵盖之广，跨度之大，史无前例。

产生于浓厚人文、理性色彩这一肥沃土壤中的中国古代文学名著——《诗经》，极为重视文学作品的思想性，强调文以载道的教化作用，所以在内容上偏重于政治和伦理道德主题。将文学视为政治的附庸和说教，一直被当作一种无可非议的价值倾向。所以，君臣的遇合、民生的苦乐、宦海的浮沉、战争的胜败、国家的兴旺、人生的聚散、纲常的序乱、伦理的向背等等，一直是《诗经》的主旋律。如《诗经》中直接或间接反映战争的诗篇有三十多首，大致可分三类：

第一，《大雅》中的《常武》《江汉》《皇矣》及《颂》诗中的一些诗篇。这类诗篇多是对统治阶级、上层将领征伐武功的赞美。《常武》以激昂的文字，夸耀王师的兵强马壮与士气高昂，赞美宣王平定徐国叛乱的战役，突出了军队阵容之整齐、气势之盛大，以及宣王指挥若定的大将风度。《江汉》更是不吝笔墨，以近乎矫情的夸耀，直陈战功的辉煌。这种"主旋律"式的诗篇，多是对君王、诸侯、将领攻伐武功的歌颂，着力表现国力的强盛、胜利的辉煌、王师的威武与武功的浩大，呈现出壮丽雄浑的艺术格调。

第二，即使是保家卫国的正义之战，人民也要付出戍役、流血和生命的昂贵代价。而那些统治者穷兵黩武、任意发动的战争，更造成了无谓的牺牲和灾难。《邶风·击鼓》、《豳风》的《东山》和《破斧》等，诗篇的字里行间，则散发着浓郁的离愁别绪与厌战悲苦。如《小雅·采薇》便是爱国之情与思乡自伤之情的矛盾体，它既热情描绘了抗击外辱、保卫国家统一与安全的周朝军队，又从更广泛的层面揭示了兵役徭役给社会、家庭、民族关系等方面带来的深重灾难。首章曰：

"采薇采薇，薇亦作止。曰归曰归，岁亦莫止。靡室靡家，猃狁之故。不遑启居，猃狁之故。"

开首写征夫久戍不归，不能过和平生活，都是猃狁侵害之故。首两句道：我

今离家出戍，正当春月采取薇菜之时，薇菜初生，破地而出。“采薇”即采集野生的薇菜，食不果腹的士兵只好采薇而食，以野菜充饥。在人的诸项生存活动中，温饱是最根本的，也是首先要保障的，如果靠采薇菜来维持生存，那么，生活的艰辛就不言而喻了。“薇亦作止”，表明是春天，薇菜刚刚绽出小叶，即出征之时。诗以采薇起兴，是戍人回忆往事的线索。诗人巧妙地通过“采薇”，以引所抒之情，表达其日益深重的乡愁。故用一唱三叹的复沓形式反复咏唱：“曰归曰归，岁亦莫止”。此时心口相语，何时归乡啊何时归家？然而计之当在岁暮。突出表明士兵们渴望归家，十分心切。那么，“我”今所以舍其室家，为猃狁之故；所以不遑启居，为猃狁之故，非上之人故而如此苦于我。面对猃狁的侵凌，戍地不稳，但士兵虽归心似箭，而作为军人有守卫国土之责。诗人把怀乡情结与戍边责任感交织在一起，士兵虽有归心、私情、怨恨，但把这种情感归结到猃狁的猖狂入侵上，即“猃狁之故”；对周王朝没有半分指责，这大概就是古人称道的所谓“虽兼私情，公义言而重在义”吧！

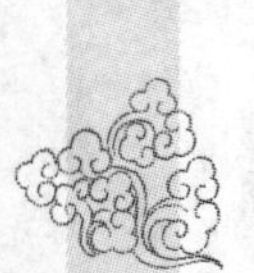

前三章的首四句，虽用重章之叠词的复沓形式，但复中有变，或一字之变，或一句之变，或几句之变，循序渐进，抒发思家盼归之情，随着时间的推移，这种心情越发急切难忍。故次章曰：

“采薇采薇，薇亦柔止。曰归曰归，心亦忧止。忧心烈烈，载饥载渴。我戍未定，靡使归聘。”

次章，写归期之远，忧心如焚；征途艰苦，无暇顾家，派人问家安否？诗言：我当采薇菜之时，而出往戍地，其薇菜初生而柔脆。预计其归期之远，未免心忧，且忧心忡忡至于烈烈然。尤长途之苦，饥渴固所不免；但我戍役之久，方未停息，抗击猃狁，疲于奔命，何暇归家顾及亲人室家，只使人归问家之安否？“薇亦柔止”一句，是指薇菜茎叶柔肥，表明是夏天，暗示久戍不归。诗人真切地表达出，由于出征的艰苦，使得思归之情越加浓烈，日复一日，年复一年地盼望归家，但时间都过了“阳月”，归乡似乎还只是个遥遥无期的盼望。这都是为了抗击猃狁的侵犯，正是因为他们入侵中原，才害得自己出戍而居无定所。诗人在此章中叙述了久戍在外的士卒，大概有五种事是最感伤的：一是归期之远，离家之悲，未免忧心如焚；二是受长途之艰，忍饥受渴之苦；三是戍役之久，无暇休息之劳；四是不得家中音讯之忧；五是无暇回家，使人回乡问平安。而五种忧愁，可谓“忧心烈烈”。

想起这些艰苦、忧伤，都是猃狁猖狂入侵所致。因而对猃狁的痛恨更加深沉，要消灭他们的勇气也就更增加了。所以才会有下文一月三战而三捷的辉煌战果。

三章在叠咏的同时，情景亦有递进。薇菜由成熟而坚刚，而柔而刚，经历了从春到秋的变化，一年阳月将过，仍然是君问归期未有期。故三章曰：

"采薇采薇，薇亦刚止。曰归曰归，岁亦阳止。王事靡盬，不遑启处。忧心孔疚，我行不来。"

这里写不破来犯之敌，毫无归心；心忧国事，致使忧病缠身。诗言：我当采薇菜之时，离家而出往边关，其薇菜已成熟而坚刚，计算其归期，当在阳月。但因王事靡盬之故，不暇启居，而且心忧国事，至于忧病缠身之甚。我今此行，同仇敌忾，不破来犯之敌，无还之心！

诗人认为只要猃狁之侵犯一日不平，归乡就没有定期。王朝的差事从来没有休止，"我"也无暇休憩，心里充满了忧思。戍役不仅艰苦，而且漫长。如"薇亦作止"，这是春天，薇菜初生嫩芽；"薇亦柔止"，这是夏天，薇菜茎叶柔脆；"薇亦刚止"，这是秋天，薇菜茎叶已成熟而坚硬。"作""柔""刚"三字表示薇菜历经春、夏、秋三个不同的生长阶段，薇菜由嫩而坚，时间循序递进，它暗示着戍卒久戍不归。一年将尽，戍卒何时归乎？何时归到故乡呢？阅读悲壮而忧愁的诗句，仿佛看到面带忧伤的戍卒，一边采吃野菜，旷野征战，一边屈指计算着返乡的日期。"岁亦莫止""岁亦阳止"，戍卒们屈指而计，其归期之远，从岁暮到夏历"阳月"(十月)，时间流逝，物换星移，这漫漫岁月，不知何时归乎？故"心亦忧止""忧心烈烈""忧心孔疚"，戍边士兵家中上有父母，下有妻儿，久戍不归，其忧伤与痛苦能不日益加深？但"王事靡盬"之故，无暇安身憩息；战争频频，人民灾难之深，岂能回家探亲？而心忧国事，致使身患重病，苦不堪言。然而想到猃狁入侵甚猖狂，同仇敌忾而无归心。反映了久戍不归的士卒，既有抵御外辱的爱国思想，又有眷念故乡、自伤离乱的悲怆情绪。

第三，尽管战争总是给人们带来深重的灾难，但是当敌人入侵、国家安全受到威胁时，人民也意识到只有奋起抗争，才能消除战争；只有付出必要的代价，才能赢得和平和安定，此时国家利益和个人利益是统一的，所以他们积极地投入战争，不惜用鲜血和生命换取战争的胜利。如《秦风》中的《小戎》《无衣》等，都表现了同仇敌忾、共御外侮的精神。以《秦风·无衣》为例：

岂曰无衣？与子同袍。
王于兴师，修我戈矛。
与子同仇！

岂曰无衣？与子同泽。
王于兴师，修我矛戟。
与子偕作！

岂曰无衣？与子同裳。
王于兴师，修我甲兵。
与子偕行！

汉译为：

谁说没有军衣裳？和你共领长袍裳。
君王派兵去打仗，修我手中戈矛枪。
和你同心仇报上，同仇敌忾保故乡！

谁说没有军衣穿？和你共领一汗衫，
君王兴师救国难，修我长矛火戟杆。
和你偕行赴前线，同仇敌忾不畏险！

谁说没有军衣裳？和你共穿铠甲裳，
君王调兵去打仗，修我兵甲与刀枪。
和你结伴上战场，同仇敌忾保边疆！

这首诗采用赋体手法，直抒胸臆；并以复沓的形式，表现秦军战士出征前的高昂气势：他们互相召唤、互相鼓励，舍生忘死，同仇敌忾，诠释了秦军士兵团结友爱、共御强敌的精神，也反映了秦朝的军威声势。

《小雅》中有些战争诗，从正面描写了天子、诸侯的武功，表现了强烈的自豪感，充满乐观精神，《大雅》中的《江汉》《常武》，《小雅》中的《出车》《六月》《采芑》等等，大都反映了宣王时期的武功。《江汉》是写宣王命召虎领兵讨伐淮夷，很快平定了淮夷，班师回朝。宣王册命召虎，赏赐他土地、圭瓒、秬鬯等，召虎乃作召公簋，铭记其事。《常武》写宣王命大将南仲征伐徐国，集中歌颂了王师的威力。如第七章写王师行进迅猛异常，势不可挡，用一连串的比喻，将王师的声威、气概形象具体地表现了出来。又如《小雅·六月》写尹吉甫奉宣王之命，北伐猃狁并取得胜利的事迹。另外，秦风中的《小戎》《无衣》等，也是表现同仇敌忾，共御外侮，斗志昂扬，情绪乐观的战争诗。《诗经》中这类完全从正面歌颂角度所写的战争诗，不注重直接具体描写战斗场面，而是集中表现军威声势，如《小雅·采芑》，写大臣方叔伐荆蛮之事，突出写方叔所率队伍车马之威，军容之盛，号令严明，赏罚有信。他雄才大略，指挥若定，曾北伐猃狁扬威，荆蛮因此闻风丧胆，皆来请服。《诗经》战争诗中强调道德感化和军事力量的震慑，不具体写战场的厮杀、格斗，是中国古代崇德尚义，注重文德教化，使敌人不战而服的政治理想的体现，表现出与世界其他民族古代战争诗不同的风格。

由于诗歌的性质不同，其描述的内容也相应有所不同。如《周南》和《召南》地域文化最大的特色是推行所谓"文王之化"，即把西周礼乐文化通过乐歌的形式向南方推广（化自北而南），如《毛诗序》所云："先王以是经夫妇、成孝敬、厚人伦、美教化、成风俗。"朱熹《集传》说："惟《周南》《召南》亲被文王之化以成德，而人皆有以德其性情之正。"全部二"南"都服务于这样的教化目的，所以称"正始之道，王化之基"。编辑示例：

《兔罝》，此是一首赞武夫田猎而实美忠勇公侯之诗。朱熹谓："化行俗美，贤才众多，虽罝兔之野人，而其才之可用犹如此。故诗人因其所事以起兴而美之，而文王德化之盛，因可见矣"（《集传》）。但崔述却有独到见解，他说："余玩其词，似有惋惜之意，殊不类盛世之音。……太平之久，上下恬熙，始不复以进贤为事，是以世胄常蹑高位，而寒酸苦无进身之阶。文士或间一遇时，而武夫尤难以逢世。以故诗人惜之曰：'此林中之施兔罝者，其才智皆公侯之干城，公侯之复心也。'惋惜之情，显然言外"（《读风偶识》）。崔氏之说，颇有启迪。

《芣苢》，这是一首妇女采集车前子之歌。朱熹认为"文王之化，自近而远，先及于江汉之间，而有以变其淫乱之俗，故其出游之女，人望见之，而知其端庄静一，非复前日之可求矣，因以乔木起兴，江汉为比，而反复咏叹之也"（《集传》）。朱子以道学家的眼光斥为"淫乱"，极为不妥。清儒方玉润评论说："读者试平心

静气涵咏此诗，恍听田家妇女，三三五五，于平原旷野、风和日丽中，群歌互答，余音袅袅，若远若近，忽断忽续，不知其情之何以移，而神之何以旷？则此诗不必细绎而自得其妙焉。……今世南方妇女，登山采茶，结伴讴歌，犹有此遗风焉"（《诗经原始》）。方氏以文学观点评析此诗，颇有创见。

本书论证的重点与难点：

《诗经》的品鉴与分类。例如：祭祀诗、颂祷诗、历史诗、宴饮诗、田猎诗、军事诗、战争诗、远征诗、服役诗、士卒诗、兵役诗、农事诗、怨刺诗、爱情诗、婚恋诗、讽喻诗、民俗诗、忧国诗、忠孝诗、招贤诗、念夫诗、思妇诗、政治诗、祭祀诗等等。编辑示例如下：

《采蘩》，这是一首描写贵族夫人祭祀尽职之诗。《毛序》云："采蘩，夫人不失职也。夫人可以奉祭祀，则不失职矣。"毛以为此诗是贵族夫人"奉祭祀"而尽职之事。《集传》云："南国被文王之化，诸侯夫人能尽诚敬以奉祀，而其家人叙其事以美之也。"清方玉润谓："公侯之事，事者，蚕事也。公侯之宫，宫者，蚕室也。案《礼祭义》：'古者天子、诸侯必有公桑蚕室，近川而为之，筑宫仞有三尺，棘墙而外闭之。'……盖蚕方兴之始，仆妇众多，蚕妇尤甚，僮僮然朝夕往来，以供蚕事。不辨其人，但见首饰之招摇往还而已。蚕事既卒，……又皆各言归，其仆妇众多，蚕妇亦盛，祁祁然舒容缓步而归，亦不辨其人，但见首饰之簇拥如云而已。此蚕事始终景象。"上述三说，颇得诗旨。

《邶》《墉》《卫》三风，都是春秋时期的作品，内容丰富，题材多样。其作者除个别上层贵族外，主要是中下层贵族和城市自由民，从各个方面反映了当时的"礼崩乐坏"、战乱、社会生活与民情习俗，但其中一部分被道学家斥为"淫诗"。如《击鼓》，是一首久戍士兵思妇之怨歌。首章叙南行之事；二章言久戍之由；三章陈死丧之忧；四章忆室家之约；五章感违约之痛。清姚际恒阐发说："此乃卫穆公背清丘之盟救陈，为宋所伐，平陈、宋之难，数兴军旅，其下怨之而作此诗也。其时卫有孙桓子良夫，良夫之子文子林父。良夫为大夫，忠于国，林父嗣为卿，穆公亡后为定公所恶，出奔。所云'孙子仲'者，不知即其父若子否也？"（《诗经通论》，下简称《通论》）

农事诗。由于周民族的始祖以农立国，很重农事，农作物产量的大幅度提高，展现了周代农业的繁荣景象。因而与农业生产有关的农事诗在《诗经》中表现很突出,《风》《雅》《颂》各部分中均有。明确写农事的诗有《周颂》中的《臣工》《载芟》《良耜》《噫嘻》《丰年》等,多赞颂农业成就,夸耀田土广大、农夫众多、收获丰盛,表达祈求丰年的愿望。

《小雅》中的《甫田》《楚茨》等,极力夸张谷物收获之丰盈,赞美农夫的勤敏和君上爱农以事神,与《颂》中的农事诗基本思想相似。《国风》中的农事诗以《周南·芣苢》和《豳风·七月》为代表。《芣苢》是一首优美的劳动小诗,它以重章叠句的形式,反复吟唱,语言朴实,感情真挚,意境清新,情调欢畅,读之"恍听田家妇女,三三五五,于平原旷野,风和日丽中群歌互答,余音袅袅,若远若近,忽断忽续"(方玉润《诗经原始》)。"七月亨葵及菽,八月剥枣,十月获稻……九月筑场辅,十月纳禾稼。黍稷重穋,禾麻菽麦。"这段诗中几乎囊括了后世的主要农作物,突出了农作物种类之多。故《七月》是全面反映农奴终年劳动情景的诗篇,首章至末章由春耕写到寒冬凿冰,反复咏叹,诉说男女奴隶一年到头除繁重的农业生产,还要为奴隶主贵族制衣、打猎、酿酒、修房、凿冰、服役,结果却劳而无获,无衣无食,充分揭示了奴隶们内心的悲苦和哀伤,真实而生动地展现了一幅古代奴隶社会的生活画图。

兵役诗。《诗经·小雅》中一部分诗歌与《国风》类似,其中最突出的,是关于战争和劳役的作品。《小雅》中的《杕杜》《何草不黄》,《豳风》中的《破斧》《东山》,《卫风》中的《伯兮》等,都是这方面的名作。与叙述武功的史诗不同,这些诗歌大都从普通士兵的角度来表现他们的遭遇和想法,着重歌唱对于战争的厌倦和对于家乡的思念,读来倍感亲切。

其中《豳风·东山》写出征多年的士兵在回家路上的复杂感情,在每章的开头,他都唱道:"我徂东山,慆慆不归。我来自东,零雨其濛。"他去东山已经很久了,现在走在回家路上,天上飘着细雨,衬托出他的忧伤感情。他一会儿想起了恢复平民生活的可喜,一会儿又想起了老家可能已经荒芜,迎接自己的也许是一派破败景象:"果臝之实,亦施于宇。伊威在室,蟏蛸在户。町畽鹿场,熠熠宵行。"但是,即使是这样,他也觉得还是故乡好:"亦可畏也,伊可怀也!"一会儿又想起了正在等待自己归来的妻子:"鹳鸣于垤,妇叹于室。……自我不见,于今三年。"然后又想起妻子刚嫁给自己时那么漂亮,三年不见,不知现在如何了:"其新孔嘉,其旧如之何?"全诗通篇都是这位士兵在归家途中的心理描写,写得生

动真实,反映了人民对和平生活的怀念和向往。这首诗对于后来的诗歌也有一定影响。

《诗经》出路

《诗经》是中国第一部诗歌总集,是反映上古社会生活的百科全书,后来又成为重要的国学经典。《诗经》还是中国古往今来最基本的教材之一,自孔子编辑成书之后,便成为各类教育的课本,使用的时段覆盖从春秋到清代的漫长岁月,沿用至今。

据说,由于孔子参与了《诗经》的整理工作,并在他的私学中用它作为教材,又对某些诗篇进行了解释和发挥;在汉代"罢黜百家,独尊儒术"的大背景下,《诗经》和其他儒家经典一起,受到统治阶级的特别重视,成为"五经"之一,更成为儒家最重要的经典之一。随着《诗》成为《诗经》,这部文学作品遂成为全民思想教育的教材、知识分子的晋升之阶,跻身国家意识形态的主流地位。《诗经》的这种地位决定了对于它的研究,必然成为封建社会的显学。但在很长时间中,《诗经》的传授和研究,只能在释经考据中钻牛角尖,这种研究把《诗经》作为治国安民的政治教材。从为《诗经》作《序》的毛亨开始,经过郑玄作《笺》,孔颖达作《疏》,朱熹作《集传》,最终形成了以政教伦理为读《诗》的出发点与归宿点的说诗体系。他们将诗中所体现的思想情感归结到政治伦理上,将《诗》中所发生的故事和事件,都用来印证历史上曾出现过的重要事件,《诗经》在这条阐释道路上成为"诗经""史诗""诗政"。千百年来,无数学者固执地在《诗经》那些优美的文字中揣摩着圣人的道德和先王的训诫,希望能寻找到修身治国的"圣王之道",当生活的意趣和性灵的自由,都被先哲们安排上种种道貌岸然的哲理和准则,生活中的轻松和自得便消失殆尽,爱与哀愁也变成生硬的历史事件的投影。所以,两千余年的《诗经》研究,使许多学者皓首一生。综合研究和深入探讨《诗经》的论著,超出了以往任何时代。但同时《诗经》研究也出现了偏失。

故有学者认为,第一个偏失,否定了《诗经》之为"经",也彻底否定了两千余年古代学者研究的《诗经》成果——"旧经学",但自己却掉进了"新经学"的泥淖。就两千余年的中国历史而言,几乎没有一个文化人不读《诗经》的。面对《诗经》有两种不同的价值取向,一种是通过学习内化为自己的一部分,一种是研究其中的内涵意义。后者的行为产生了大批可供后人继续研究的思想性、学术性著作,是属于经学的。而前者,或见注于行为表现,或形之于诗文与艺术创作,是属于文学的。但即使对诗文及艺术创作的影响,大半也是因为它作为"经"的绝高地位所致。即如鲁迅所说:假若现在有人写出"关关雎鸠"那样的诗去投稿,定会被编辑扔进纸篓的。《诗经》研究必须面对这样的现实,也就是说,无论用哪一种方式阅读、接受《诗经》,都无法摆脱《诗经》作为"经"的巨大影响。它作为一种文化精神,已融化于传统中国人的学术思想、文学艺术创作、行为表现之中。每个时代的人对《诗经》的理解、阐释、接受,都体现着每一个时代文化主流精神与主流意识形态的变化。难道这种从《诗经》中为现行社会思潮或政治行为寻找理论根据的研究方法,不正是"经学"的新形态吗?

第二个偏失是,既然把《诗经》认作是纯文学作品,于是便用20世纪的文学观念来研究《诗经》。而20世纪从西方引进的某种"统一"的文学观念,将文学的价值认定在了"反映生活"上,于是《诗经》研究者便配合社会的政治与文化思潮,来研究《诗经》中的婚恋生活、军事战争、民族矛盾、服役徭役等等,甚至从《诗经》中寻找"奴隶社会"或"农民起义"的影子。把一部《诗经》认作是周代社会生活的镜子,不但否定了《诗经》作为中国文化的起源和传统文化的载体,也忽略了其作为文学展示人类心灵世界的意义。

《诗经》不仅从本质的创作冲动上讲是"诗",而且从其对民族心理的提示、对民族文化的展示、对人性的发掘及其表达的高度概括和艺术上来讲,它无愧于"经"。它是一部"诗"集,但绝不是普通的抒情诗集,它是我中华民族最原始的情怀和道德情感的表现。这就使得它又高于一切其他诗集而成为"经",所以,我们完全可以在全新的意义上重新给予《诗经》经典的地位。而《诗经》的当代意义与其历史意义一样,最主要的还在于它的"经"的地位。尽管《诗经》的本质是文学的,它固然是天生丽质,但它要不是乘坐"经"的"圣驾",浩浩荡荡地穿行于历史的城镇乡村之中,怎能博得万千之众的"围观"与"喝彩"呢?怎能产生巨大的历史影响?《诗经》的基本素质虽是"文学"的,而它的文化血统、它的身份地位则是"经"的。"诗"是它自身所具有的,"经"则是社会、历史赋予它的殊荣。如果曾经是"皇帝",即使被打倒,在经济和政治权利上被剥夺得一干二净,在世人心目

中他仍然不是普通人,他的影响要远远大于普通人。《诗经》就是如此。

《诗经》被称为"经",不但指它是一部儒家思想哲学的重要典籍,也不单单表明这是一本关于诗歌的经典之作,它还是一部记载当时农业、生产、历法、政治、军事、战争、徭役、人物、矛盾、民俗、婚丧、爱情等社会生活的经典之作;

它更是表达喜悦、快乐、悲伤、怨恨、痛苦、思念、绝望等人类情感的经典之作。我们社会生活中的所有角落,都能在《诗经》中找到经典的映射;我们心灵中的每一次悸动,都能在《诗经》中找到经典的诠释。《诗经》是一部关于我们的过去、现在、未来生活的经典,这才是《诗经》的最好定位。因而对于《诗经》的研究与学习,应该同时从"诗"与"经"两个方面进行。我们今天学习、研究《诗经》,绝不能忽略其作为"经"对于中国文化与文学的影响,以及其所创造的文化对于当代人类的意义。作为"经",我们要看到社会与历史赋予它的深厚与博大,以及它在筑造民族礼乐文化精神中的辉煌功绩;作为"诗",则要看到它的鲜活与灵动,感受先民心灵深处的声音。

自汉魏以迄清末,《诗经》的研究基本上循着一条经学轨迹在进行。南宋治《诗》大师朱熹,攻讦《毛序》,废《序》不用,提出"就诗论诗"的原则。尽管他并没有真正做到这一点,但开创风气,意义是至为巨大的。当然,经学作为传统文化中很丰富的一部分,值得认真研究总结,但这不是作者写这部书的主要动机。《诗经》古今歧义颇多,如胡适先生所谓"《诗》三百篇有一半不可懂",放在今天一样成立。虽然学术日进,出土资料愈多,但新问题、新课题也会随之愈多。本书梳理古义、辨证诸家歧说,或采近年新的研究成果,或抒己见,以成独家之说,或有破有立,或破而无立,冀望能把《诗经》研究推到逻辑与证据的极限处。

今天,我们的治《诗》眼光应该更加客观,可以更彻底地就诗论诗。《毛序》中正确的自当吸收,但牵强附会的必须否定,注重《诗》的文学功能,今天是必须特别加以揭示和阐明的。我们的愿望,是想恢复《诗经》的客观存在和本来面目。

我们衷心希望,此书编印,《诗经》这一光辉灿烂的文化遗产,将是一扇现代人开往古典的窗,是一声历史投给现代的呼唤;是一种关切与拥抱中国的开始,它也将是一盏盏《诗经》文化的灯火,在漫漫书海中,照出一条人生的、知识的、远航的路……笔者长期研读古典文学,窥探到《诗经》艺术魅力对后世文学的影响,而萌生研撰《世间最美的诗——诗经》(精华本)一书之志。所以,全力以赴,呕心沥血，以促成书，积十年之功，撰写而成。

由于本人知识与学历不足，虽几近努力，书稿付梓在即，其中的疏漏谬误仍在所难免，故力有未逮，诚惶诚恐，衷心期盼广大读者多予匡正，还望《诗》学专家不吝赐教。

目　录

邶 风

鄘 风

周南

关 雎

关关雎鸠，在河之洲。
窈窕淑女，君子好逑。

参差荇菜，左右流之。
窈窕淑女，寤寐求之。

求之不得，寤寐思服。
悠哉悠哉，辗转反侧。

参差荇菜，左右采之。
窈窕淑女，琴瑟友之。

参差荇菜，左右芼之。
窈窕淑女，钟鼓乐之。

【概要】

周之文王生有圣德，又得圣女姒氏为配。
宫中之人于其始至，见有幽娴贞静之德。
德之所藏幽幽冥冥，纷纷沸沸道之所行。
先言他物所咏之辞，触物起情故作是诗：

【译文】

关关然和鸣之雎鸠，河洲之上捕鱼寻偶。
雌雄之鸟生有定偶，并游不乱性居河洲。
未嫁之女美容善心，能致贞淑不贰其操。
贞德幽娴齐家修身，相与和乐贤良恭敬。
圣德之君文功之有，窈窕淑女君子追求。
岂非君子之善匹偶？如鸠情挚生有定友。

青青荇菜高低不齐，茎如钗股根生水底。
左漂右浮无定方向，嫩叶可食浮在水上。
顺水之流求取荇菜，淑女左右佐助而采。
未嫁之女美容善心，相与和乐贤良恭敬。
高位之君武功之有，或寤或寐不忘慕求。
岂非君子之善匹偶？宛如采荇择取左右。

此人此德世不常有，求之不得无以君偶。
不能成其内治之美，睡醒睡着日夜不忘。
忧思之深不能自已，寤寐思慕至于如此。
心绪不宁思绪绵长，怀念之切日思夜想。
盖一会儿覆身而卧，一会儿又侧身而卧。
翻来覆去不得安眠，难以忘怀梦乡思念。

青青荇菜高低不齐，茎如钗股根生水底。
左漂右浮无定方向，嫩叶可食浮在水上。
顺水之流采摘荇菜，贤女左右佐助而采。
未嫁之女娴雅善心，能致贞淑不贰其操。
贞德幽娴齐家修身，相与和乐贤良恭敬。
弹琴鼓瑟二手相顺，友爱和乐婚姻风顺。

青青荇菜高低不齐，茎如钗股根生水底。
顺水漂浮而采荇菜，择取它而左摘右采。
既得之则可食爽口，窈窕淑女犹菜取求。
既得之则当亲爱她，击钟打鼓而娱乐她。
此人此德世不常有，幸而得之以配君偶。
促成内治故其乐喜，尊奉之意不能自已！

【注释】

* 关关：即呱呱。象声词，形容水鸟雌雄相应的和鸣声。 雎鸠：水鸟。雌雄有固定配偶，相传此鸟雌雄情意专一，和常鸟不同；古人认为是贞鸟。 河：黄河。北方流水之通名。 洲：本作州，《说文》作州。水中沙滩；此指水鸟栖息之地。

* 窈窕(yǎotiǎo)：娴雅美好貌。陆德明《经典释文》引王肃云："善心为窈，美容为窕。"可见古人释窈窕也兼指内心美好而言。一说苗条，形容修长柔美之体态。 淑女：指未嫁而贞德贤善的少女。淑，善也；未嫁之称。盖指文王之妃太姒为处子时而言也。 君子：据《毛诗序》，君子之作凡六篇，君子或以为大夫之美称，或以为卿、大夫、士之总称，或以为有盛德之称，或以为妇人称其丈夫之词。好：善。 逑：匹配。宜为君子之好匹。

* 参差(cēncī)：高低不齐。 荇(xìng)菜：水生植物名，又名接余。根生水底，茎如钗股，上青下白，叶紫赤，圆径寸余，浮在水面，嫩叶可食。 左右：时而向左，时而向右，或指来回摆动，无一定方向。形容淑女采摘荇菜的情状。 流：寻求，顺水之流而求取。

* 寤寐(wùmèi)：犹言日夜。寤，睡醒曰寤。寐，睡着曰寐。

* 思：语助词，此用语中，或用语首。 服：思念，怀念。此句说日夜思念而不忘。一说思服当是双音复合词，义犹酷思、苦思，思字实不必拆开作语助词。一说把"服"释为"思念"，这个说法是从《毛诗》开始的，是一个历史悠久的错误。

* 悠哉悠哉：形容思绪绵长。 辗转反侧：形容日思夜想、思慕之切，心绪不宁；在床榻之上，一会儿覆身而卧，一会儿又侧身而卧，翻来覆去，不得安睡，难以忘怀。

* 采之：取而择之。

＊琴瑟：皆是古乐器名。古琴五弦，或七弦，古瑟二十五弦，二乐器可奏同调。

＊芼(mào)之：择取它。芼是覒的假借字。

＊钟：金属。 鼓：革属。乐之大者也，乐则和平之极也。 乐：作动词，奏乐，这里当指婚礼。古人重婚礼，故婚礼隆重。

【品鉴】

文王之德　后妃之化

《关雎》一诗，在中国文学史上占据着重要位置。这首诗编在《国风·周南》的第一篇，也是今本《诗经》的第一篇。而《诗经》是中国文学最古老的典籍，它是我国第一部诗歌总集，也是中国文学的现实主义的源头。在封建社会，它又是儒家重要的经典，自从被列为五经之一，便成为历代必读的教科书，封建教化的重要工具。所以，当你翻开中国文学的历史，首先遇到的就是《关雎》。

《关雎》之始　德化之义

当初孔子编纂《诗经》，《关雎》并不是随便排列在首位的，而是在诗篇的排列上有某种特别的用意。有何用意？这虽不得而知，但至少后人的理解，这篇诗最初的编集，却有更为深刻的社会意义，它编在《周南》首篇，是王化系统的开端，是被作为推行“文王之化”的重要作品，用于“君子”与“淑女”爱情婚姻的社会教化。故《关雎》作为《风》之始，表现了周初以来统治者把婚姻之事作为治国的重要方面。

艺术手法赋比兴　统称六艺解诗经

《诗经》的艺术手法，经前人总结，用赋、比、兴三字来概括，是《诗经》的基本艺术表现方法。作为一种《诗经》研究术语，始见于《周礼·春官》。在书中，它与《风》《雅》《颂》一道，被统称为六诗。写道：“教六诗，曰风、曰赋、曰比、曰兴、曰雅、曰颂。”

对于赋、比、兴的含义，郑玄作了如下解释：“赋之言铺，直铺陈今之政教善恶。比，见今之失，不敢斥言，取比类言之。兴，见今之美，嫌于媚谀，取善事以喻劝之。”郑玄主要从社会功用方面解释赋、比、兴的含义，同时也触及赋和比在表现手法上的特点，赋是直接铺陈，比是比类以言之。

郑玄注还引述了郑众的如下解释：“比者，比方于物也。兴者，托事于物。”郑众基本是从表现方式上解说比和兴，把它们看作两种艺术手法。

《毛诗序》写道："故诗有六义焉：一曰风，二曰赋，三曰比，四曰兴，五曰雅，六曰颂。"《毛诗序》提到诗的六义，就是《周礼·春官·大师》所说的六诗，它们对六者的排列顺序完全相同。《毛诗序》只是对《风》《雅》《颂》做了解说，而对赋、比、兴则没有任何解释。

《毛传》对《诗经》作品进行解释时，只标示出兴体，而对赋和比没有涉及。其中标兴体的《国风》七十一篇，《小雅》三十三篇，《大雅》四篇，《周颂》《鲁颂》各一篇，总计一百一十篇。《毛传》为什么独标兴体而不提赋和比？对此，刘勰《文心雕龙·比兴》做了如下解释："诗文弘大奥，包韫六义，毛公述传，独标兴体。岂不以风通而赋同，比显而兴隐哉！"《毛传》独标兴体，表明对这种艺术手法的重视。《毛序》虽然提到赋、比、兴，但未加以任何解说，由此也可以证明，《毛传》和《毛序》不是出自同一个人。然而，对三者的解释，历来众说纷纭，莫衷一是。其中影响较大的主要有以下两家：

一是朱熹的解释。他在《诗集传》中的解释，对前代说法斟酌取舍，分别对赋、比、兴作了界定："赋者，敷陈其事而直言之也。""比者，以彼物比此物也。""兴者，先言他物以引起所咏之辞也。"按照朱熹的解释，"赋"就是陈述、铺叙的意思，"比"则相当于现代修辞意义上的比喻，"兴"的基本含义，是借助其他事物作为诗歌的开头。上述界定分别见于他对《周南》的《葛覃》《螽斯》《关雎》所做的解说。朱熹对赋、比、兴三种手法的界说，简单明白，抓住了三者的主要特点。这种解释得到广泛的认可，成为经典性的定义。

二是宋人李仲蒙的解说。他说："叙物以言情，谓之赋，情物尽也；索物以托情，谓之比，情附物也；触物以起情，谓之兴，物动情也。"(转引自王应麟《困学纪闻》卷三)所谓"情物尽"，是指诗人将情志寄寓在所描述的客观物象之中。如《小雅·出车》，作者就是通过"春日迟迟，卉木萋萋。仓庚喈喈，采蘩祁祁"的景物描写，以寄寓征战士卒凯旋时的欢乐心情。所谓"情附物"，则是指把抽象的情感依附在具体的景物上。如《魏风·硕鼠》，就是把对不劳而获的剥削者的憎恶之情依附在"硕鼠"这样一种物象之上。至于"物动情"，无非是指客观景物对人们主观情感的触引、感发作用。如《周南·关雎》中的"关关雎鸠，在河之洲"，就是引发单相思君子思慕"窈窕淑女"情怀的一种客观物象。不难看出，李仲蒙对赋、比、兴

的解说有十分显著的特点，这就是充分注意到了从情与景的相互关系上，去探讨这种手法的艺术特点。

夏传才《诗经讲座》阐释：赋、比、兴三法中，赋是最基本、最常用的表现方法。它的特点是“陈述”“直言”，即直接叙述事物，铺陈情节，抒发感情，在诗歌创作中是直陈事物和情志的艺术。唐孔颖达疏《毛诗序》说：“言事之道，直陈为正，故《诗经》多赋，在比、兴之先。”曾经有一种误解，认为赋体“正言直陈”，就是平铺直叙，浅浮直露，松散杂赘；他们以为形象思维重在比、法两法，所以不重视对赋法的研究。其实，赋和比、兴一样，都是语言的艺术。

比法，刘勰《文心雕龙·比兴》解释说：“且何谓为比？盖写物以附类，扬言以切事者也。”这就是说，利用两种事物之间在某一方面的相似点来打比方，或者是用浅显常见的事物来说明抽象的道理和情感，使人易于理解；或者借以描画和渲染事物的特征，使事物生动、具体地表现出来，给人以鲜明的印象。《诗经》中的比，有两种：一种是纯比体的诗，一种是为起修辞作用而在文句中运用比喻和比拟。

全诗是比体的，《诗经》中只有《豳风·鸱鸮》《魏风·硕鼠》《召南·螽斯》《小雅·鹤鸣》等数篇。这几篇诗中描绘的事物，不是诗人真正歌咏的对象，诗中的形象没有独立的意义，而是用打比方来表达诗人的思想感情和观点。如《鸱鸮》全篇是一只雌鸟的哀诉，诉说猫头鹰对她的迫害，以及她目前面临的艰危处境，控诉了统治者以暴力摧毁人们家园的罪行。《硕鼠》比喻不劳而获的剥削者。《螽斯》取其繁殖力强和集聚不散的特点，祝福子孙昌盛。《鹤鸣》则用一连串的比喻提倡招贤纳士。

兴法，所谓“先言他物以引起所咏之辞”，先言的“他物”，即起兴的形象，也就是最初触动诗人情感的客观事物，是诗人展开联想的起点。在《诗经》中，起兴的形象，既有眼前的景物（如《关雎》《桃夭》《谷风》等诗），也有社会生活现象（如《伐檀》《采薇》《候人》等诗）。这些形象触发诗人内心蓄积的思想感情，由此展开由此及彼的联想、加强和深化。“兴”是包含着作者的感情的，“知比兴之所起，即知志之所之”（陈沆《诗比兴笺》序）。发端起情，是欢快的调子还是忧伤的调子，常常决定全诗的情调。起兴的形象，或以显喻隐，或寄寓情思，或渲染气氛，烘托形象，或描绘背景；作用多种多样，总归为一点，即把抽象的概念或不易捉摸的心理活动，化为可以感触的具体形象，而通过联想而进入全诗中心意象的创造。从《诗经》运用这种手法来看，起兴的“先言他物”与下文的“所咏之辞”的关系，大致有三类情况：

第一类是起兴的形象与下文的“所咏之辞”，在意义上有某种相似的特征，因而能起一定的比喻作用，即毛、郑派所说的“托物起兴”“兴喻美刺”，便都指有比喻意义的起兴。这样的起兴，在《诗经》中较为普遍，也称之为“兴而比”。如上述所举的《关雎》《桃夭》等，属于这一类。

这一类还有一种情况，即起兴是以显喻隐。如《邶风·柏舟》首章起兴：“泛彼柏舟，亦泛其流，耿耿不寐，如有隐忧。”用任水漂泊的小舟起兴，比喻被遗弃的妇女无所依归的处境。另一首弃妇的哀歌《邶风·谷风》：“习习谷风，以阴以雨。黾勉同心，不宜有怒。”意谓呼呼刮大风，既是阴云又是雨，一心一意同你过日子，不该对我发脾气。这里用狂风咆哮、忽阴忽雨起兴，对不易表现的一个男子的凶暴和反复无常做了形象的比喻。这两者被称为“比而兴”，起到以显喻隐的效果。这类兴辞，所用的比，多是隐喻和借喻。

这类兴辞，具有比喻和比拟的意义，它们的作用，是能够把难以捕捉的感情活动，化为可以感触的具体形象。在这类兴辞中，或“兴而比”，或“比而兴”，比和兴密切联系，因此我们古代文论中常常比兴并称。

第二类起兴，是有交代背景、渲染气氛的作用。如《魏风·伐檀》起兴：“坎坎伐檀，置之河之干兮，河水清且涟漪。”艰苦的伐木场景，触动诗人的情感，联想到劳动者辛苦劳动却一无所得，而剥削者却占有一切劳动果实，于是发出质问，提出抗议。再如《郑风·风雨》起兴：“风雨凄凄，鸡鸣喈喈。既见君子，云胡不夷？”这一类起兴，与下文的意义是联系的，而且气氛和情调浑然一体。是赋还是兴，有时难以辨别，所以古人把它们称为“赋而兴”。

第三类是“不取其义”的兴，如《秦风·黄鸟》各章起兴：“交交黄鸟，止于棘(桑、楚)”，与下文哀三良殉葬没有联系，只是发端起情和定韵的作用。《秦风·车邻》《唐风·山有枢》的兴句也是这样发端起情定韵，引起下文的所咏之辞。在开头起定韵作用，在中间某章用兴，则起换韵作用，这类兴在《诗经》中也有不少。

乐得淑女而配君夫　风化天下而正夫妇

《关雎》是一首表现淑女贞静之德的诗。诗凡五章，每章四句，皆为四言。作

为叙事诗，以河水之流为背景而展开。首开其端，景物的选取描绘带有典型性。周之文王，生有圣德，又得圣女姒氏为之配。宫中之人，于其始至，见其有幽娴贞静之德，故作是诗。就诗的内容而言，首章写艳遇。此诗造句命意，表面似乎通俗易懂，但它到底该怎么解释，却不那么容易搞清。然其章法艺术却匠心独运，曲尽其情，首章开端云：

那关关然之雎鸠，则相与和鸣，性居在河洲之上，捕鱼寻偶。雌雄雎鸠生有定偶，而不相乱，偶常并游，而不相狎。未嫁之少女，美容而有善心，能致贞淑不贰其操；贞德幽娴，齐家修身，其相与和乐而恭敬。然圣德之君文武之功皆有，窈窕之淑女君子追求。岂非君子之善匹偶？宛若雎鸠之情挚而有别。

首章开端，其实就很难理解。诗人先是闻沙洲之上雌雄雎鸠之鸟关关然和鸣，先是听到声音，然后由鸟声而发现地点——黄河之沙洲。雎鸠于沙洲捕鱼而求偶，而后是视觉看见，然后发觉成双成对的雌雄雎鸠之鸟，相应和鸣、情深专一、不乱其匹。故兴而比，引出"君子"表达爱情之笃：窈窕之"淑女"、圣德之"君子"好逑；那窈窕的淑女岂能不是君子的好配偶？君子配淑女，相与和乐而恭敬，宛如雎鸠之情挚而有别。这里用兴而比手法的艺术夸张，构思清晰，咏雎鸠为抒情铺垫，和那种纯以状物、工巧见长的咏物诗有所不同，这是《诗经》中常用的表现技巧，在诗歌中屡见不鲜，在读《诗经》时可举一反三。"窈窕"二句，开门见山，直说心事，直披胸次，为全诗之纲。以下文字皆由此生发，深得诗家起句之法。"窈窕"指女子的容貌与心灵之美；"淑女"指女子的内在品行之美。此四字包含了上古男子对配偶外表美和内在美两个方面的追求，这是诗旨，也是此诗所要阐明的人类永恒的主题。汉匡衡曰："'窈窕淑女，君子好逑。'言能致其贞淑，不贰其操，情欲之感无介乎容仪。宴私之意，不形乎动静。夫然后可以配至尊而为宗庙主，此纲纪之首，王化之端也。"匡氏之说，言之有理，颇有启迪。

然而，至此综观《雎鸠》的创作手法，一定就是朱熹所谓："兴者，先言他物以引起所咏之辞"吗？这个显而易见的问题，也不是所有人都持一致的意见，比如清代学者毛先舒旧说，赋、比、兴原无定例，比如《关雎》这首诗，《毛诗》和朱熹《集传》皆认为是用兴的手法。其实如从"挚而有别"这一点着眼，就可以称之为比；如从诗人因为所见所感而作诗这一点着眼，则可以称之为赋。这种解法，虽成一家之言，但也不十分准确。

雎鸠嬉戏而和鸣，由此联想到窈窕之淑女，圣德之君子求配偶的事宜。这个手法名之为“兴而比”法，先是以物起兴而后借此比喻，然后又以事兴而比。以物以事兴而比，是以关雎的和鸣，而引出所咏之辞——淑德圣女和圣德之君的婚配。关雎和鸣而求偶与君子追求淑女为匹耦，作为同类事象而相继出现。这类起兴的形象与下文的“所咏之辞”，在意义上有某种相似的特征，因而能起一定的比喻作用。它们的作用，是能够把难以捕捉的感情活动，化为可以感触的具体形象。在这类兴辞中，或“兴而比”，或“比而兴”，比和兴密切联系，因此我们古代文论中常常比兴并称。

那么，《关雎》的诗旨到底该怎么解释？这就先要说清什么是雎鸠？诗一开端，盈耳的就是清灵的鸟鸣声，“关关”是一个叠音象声词，描摹出了雌雄关雎之鸟，轻快活泼，嬉戏而鸣，在不经意间就把我们带到了二千五百多年前的黄河岸边，“在河之洲”就是在黄河中的浅水沙洲上。那时的黄河边，是绿树葱葱，繁花似锦的。遥想那苍苍绿色的沙洲上，一定是飞鸟的天堂，成群结队翱翔，然诗人为何单单观察雎鸠鸟的鸣声呢？

雎鸠是一种水鸟，古人把“关关”解释为雌雄相应之和鸣，把雎鸠视为爱情之鸟。《毛传》发挥说：“兴也，关关，和声也。雎鸠，王雎也，鸟挚而有别……后妃说乐君子之德，无不和谐，又不淫其色，慎固幽深，若雎鸠之有别焉。然后可以风化天下。夫妇有别则父子亲，父子亲则君臣敬，君臣敬则朝廷正，朝廷正则王化成。”这听来有点离谱，其实都是由诗生发的。“王雎之鸟，雌雄情意至然而有别”（《郑笺》）。《薛君韩诗章句》说：“雎鸠贞洁慎匹。”《易林·晋之同人》曰：“贞鸟雎鸠，执一无尤。”从唐孔颖达、宋朱熹至清代一些经学家，以及古今大量的《诗经》注本，都在延续着汉儒的解释。闻一多先生是一位最富创见的诗人，其解“关关雎鸠”一句时，便说“雌雄情意专一”“尤笃于伉俪之情”，皆以为《关雎》是“乐得淑女，以配君子”。

有人认为雎鸠，就是鱼鹰，也叫鸬鸠，是一种猛禽，善捕鱼，还能吃蛇。这么一解释，雎鸠好像就不那么可爱了，即使替换为“关关鱼鹰”或者“关关鸬鸠”，感觉总是不对。“关关雎鸠”对应现代汉语就是“雎鸠关关然相应和鸣”，显得和谐自然、合乎情理，倒没什么毛病。反正不管怎么说，这种水鸟（也有人说它是捕鱼的山禽）总是叫声刺耳、形象不佳的，如果有谁说看见鱼鹰捕鱼、听见鱼鹰叫鸣，

就想起“君子”追求“淑女”，也许这种联想实在匪夷所思，如果换成鸳鸯、白鸽什么的，那就自然了。其实不然，这就是《诗经》作者用喻奇特的秘诀。

这种疑惑，古人早就有过。朱熹就说雎鸠是“说得来可畏，当是鹰鹞之类，做得勇武气象，后妃恐不然”（朱熹《朱子语类》卷八十一）。这是说雎鸠这种水鸟拿来比武士倒还有几分贴切，比之于后妃可实在反差太大。但朱熹却在《集传》中又说：“雎鸠，水鸟。一名王雎，状类凫鹥，今江、淮间有之，生有定偶，而不相乱，偶常并游，而不相狎，故《毛传》以为挚而有别，《列女传》以为人未尝见其乘居而匹处者，盖其性然也。”故由此可知，此诗取雎鸠之义，主要是水鸟习性这个层面，即“生有定偶，而不相乱”，沙洲之上，嬉戏捕鱼，此是生存之道。古人一度搞不清楚雎鸠到底是什么鸟，有人说是鹰，有人说是鹫，总而言之，都是“搏击之鸟”，即武功之有。所以，也许“雎鸠”喻为“君子”，朱熹《集传》解释“君子”谓“文王”，文王是国君，俗语说“伴君如伴虎”，虽然君子追求淑女，但也有被呜呼哀哉的时候，这跟猛禽雎鸠捕鱼食，有什么不同吗？

无论两千多年来，人们的审美观念发生了怎样天翻地覆的变化，但从雎鸠或某种“搏击之鸟”联想起君子追求淑女，也许有人认为，这种事怎么说也是违背基本人性的，所以，这个联想关系，肯定发生在别的层面上。

别的层面是哪里呢？《毛传》以为就是雎鸠的“挚而有别”的贞德，即雎鸠虽情深意切，却还能保持生有定偶，而不相乱。用《淮南子·泰族训》的解说，是“雌雄之不乘居也”，王念孙认为就是雌雄有别而不同居。且不论有学者如王夫之对“挚而有别”在训诂上的质疑（清·王夫之《诗经稗疏》），这个“别”正是儒家礼制思想的精髓，于是“鸟挚而有别……后妃说乐君子之德，无不和谐，又不淫其色，慎固幽深，若雎鸠之有别焉。然后可以风化天下。夫妇有别则父子亲，父子亲则君臣敬，君臣敬则朝廷正，朝廷正则王化成”（《毛传》）。“若雎鸠之有别”的“后妃说乐君子之德”，如果在人类社会推行开去，必将达至儒家理想的最高境界：即王道之成。

雎鸠的这种看上去匪夷所思的习性，确实得到过观察上的验证——宋代李公弼担任地方官的时候，一次去乡村视察，见到鱼鹰在水际飞翔，问小吏，小吏答道：“这是雎鸠。这种鸟很特别，一个巢里分为两室。”李公弼仔细观察，见雎鸠果然一巢两室，推测一对雌雄雎鸠配偶是分别睡的，由此悟到《关雎》古训，朱熹所谓“挚而有别”的道理。

的确，就连“挚而有别”也是《诗》学的一个争议问题。既有训诂之争，又有义理之辨。在比较经典的解释里，朱熹以为雎鸠的生活习性是“生有定偶而不相乱，偶常并游而不相狎”，这就是《毛诗》所谓的“挚而有别”。这很容易让人想起古代传说中的鸳鸯，但鸳鸯的文化意象是“暂分烟岛犹回首，只渡寒塘亦并飞”（崔珏《和友人鸳鸯之什》之一），一对鸳鸯结伴而游，因为烟岛的阻碍而不得不暂时分开，就连这短暂到完全可以忽略不计的分别，也惹得这对鸳鸯依依不舍地频频回首张望结伴；仅仅渡过一片小小的水塘，就连这样微不足道的事情，也要结伴而行。这在儒家正统观念里，就属于有挚而无别，突破了人伦关系中对距离的规定。于是足以担当儒家正统观念化身的禽类，自然非雎鸠莫属了，在古人的视野里，《关雎》作为《诗经》的第一篇，意义之所以重大，原因就在这里。《韩诗外传》便借孔子与子夏的对话极力夸张出《关雎》为什么是“天地之基”。

因此诗“窈窕”与“淑女”连言，后世遂将“窈窕”作为形容女性体态、容貌美好之词，出现于诗歌、文章及口语中。但“窈窕”之本义如何？何其有美好之意？则鲜有问津者。考古经师关于“窈窕”约有七家异说：

《毛传》云：“窈窕，幽闲也。淑，善。求，匹也。言后妃有关雎之德，是幽闲贞专之善女，宜为君子之好匹。”“窈窕”说明人的心性气度。“淑”“善”说明了人的伦理水准。此其一；姚际恒《通论》曰：“‘窈窕’二字从穴，与窬、窝等字同，犹后世言‘深闺’。”此其二；《郑笺》释“言后妃之德和谐，则幽闲处深宫贞专之善女，能为君子和好众妾之怨者。言皆化后妃之德，不嫉妒。”盖合毛、韩两家之意而增益“深宫”。此其三；扬雄《方言》卷二曰：“秦、晋之间，美心为窈，美状为窕。”陆德明《经典释文》引注王肃云：“善心曰窈，美容曰窕。”是合德貌而言之，此其四；《楚辞·九歌·山鬼》王逸注：“窈窕，好貌。”王逸学《鲁诗》，此盖《鲁诗》说。此其五。孔颖达《正义》曰：“窈窕者，谓淑女所居之宫，形状窈窕然。故《笺》言幽闲深宫是也。传知然者，以其淑女以为善称，则窈窕宜为居处。”此其六；刘毓庆专有一篇《“窈窕”考》，从汉唐经世对“窈窕”的六种异说出发，探寻这个词的本义，确证了张舜征《说文约注》的说法：“窈窕二字的本义，皆言穴之幽深宽闲，故字从穴”，所以引申义可指宫室的幽深，形容闺门幽深之状。于是“窈窕淑女”自然不是平常人家的女子，而是大家闺秀。大家闺秀自然端庄娴雅，于是端庄娴雅也成了

"窈窕"的引申义之一。再者,"窈窕"本义是形容洞穴,因为穴道大多幽深曲折,于是"窈窕"也有了弯曲修长的引申义,如陶渊明《归去来辞》"既窈窕以寻壑"。此其七;《文选》卷二十一颜延年《秋胡诗》李善注引薛君《韩诗章句》曰:"窈窕,贞专貌。"《韩书·匡衡传》亦云:"窈窕淑女,君子好仇,言能致其贞淑,不贰其操。"匡衡学《齐诗》,是齐、韩同说。此说最有道理。此其八。

此八家异说,实不外乎七种指向:一是指"容貌";二是指"德性";三是指"善心";四是指"居处";五是指"幽深";六是指"深闺";七是指"幽闲"。后儒多在此七种意义指向的基础上发挥阐释。《说文》曰:"窈,深远也。""窕,深肆极也。"是"窈窕"本义为言洞穴之幽深,即如张舜徽先生《说文约注》卷十四所云:"窈窕二字本义,皆言穴之幽深宽闲,故字从穴。"据考古学及人类学家研究,人类的历史有几百万年之久,这几百万年间,人类几乎是在穴居中渡过的,真正脱离穴居也只有几千年。《诗经·绵》记周先生居处曰:"陶复陶穴,未有家室。"《周易·需》:"需于血,出于穴。"《墨子·节用》曰:"古者人之始生,未有宫室之时,因丘陵掘穴而处焉。"先民初以自然之洞穴为居处,后由山地进入平原,仍沿穴居之俗而构筑宫室。《后汉书·东夷传》:"挹娄土气极寒,常为穴居,以深谓贵,大家至接九梯。"《旧唐书·北狄传》:"靺鞨……无屋宇,并依山水掘地为穴,架木其上,覆之以土。"在殷墟发掘中,曾发现许多竖穴窦窑,深深浅浅,方方圆圆,形状各异,学者们认为此与远古的穴居习俗有关。所谓"窈窕"者,其初当是形容居处洞穴之状。黄土高原至今仍存有穴居洞处的风俗,即所谓"土窑洞",其俗富有者窑洞深而宽,贫寒者则浅而窄。即如《后汉书》所云:"以深为贵"。《毛传》以"幽闲"释"窈窕","幽"有深意,"闲"有宽意,所言正指洞穴之深宽。而当先民由山丘移居于平原、构筑房屋之后,"窈窕"一词便引申有了形容宫室幽深之意。

古代大贵族女子,每居于后室,即所谓深宫之中,挹娄穴居,"以深为贵",此是穴居者普遍的价值观念。"窈窕"形容闺门幽深之状,此深闺自非寻常人家女子所居。故"窈窕淑女"便具有了后世所谓"大家闺秀"之意。春秋人观念,每以出身高贵为美,如姜姓为姜太公之后,乃大国齐之国姓,在当时地位至为显赫,故"孟姜""齐姜"之类,在《诗经》中每作为"美女"之代称(《衡门》:"岂其取妻,必齐之姜";《桑中》:"云谁之思,美孟姜兮")即是明证。又《礼记·昏义》言:"古者妇人先嫁三月……教以妇德、妇言、妇容、妇功。"处于"窈窕"深宫的少女,正当豆蔻年华，即所谓之黄花闺女，自然容貌姣好，体态嫩柔，再经过教育，有教养，懂妇道，便多有了端庄娴雅之态，专贞贤淑之德。故此“窈窕”便引申了言女子美好之意。《毛诗》所谓“幽闲”，《韩诗》所谓“贞专”，《鲁诗》所谓“好貌”，皆是“窈窕”之引申义而非本义。因人类日益远离穴居时代，故“窈窕”本义随着历史日渐隐晦，其滋生之义反彰。如《汉书·杜钦传》：“求窈窕”，《王莽传》：“有窈窕之容”，张超《诮衣赋》：“但愿周公，配以窈窕”，皆以“窈窕”为女色，兼贤淑闲雅之义在内。（《诗经讲读》）

“淑女”的“淑”，杨向奎先生以为“淑女”指经过笄礼而待字的女子（《宗周社会与礼乐文明》），其说甚佳。经过笄礼，表示已成熟，至于最佳状态，故以“淑”而总二其好。《毛传》《尔雅·释诂》《集传》皆释为“善也”。即善良心好的女子。这是周代的道德规范和概念。既用来规范统治阶级，也用来规范社会，成为选择组成夫妇家庭的标准。《邶风·静女》：“静女其姝”的“静”；《郑风·有女同车》：“洵美且都”的“都”；《豳风·东山》：“亲结其缡，九十其仪”；又《伐柯》：“我觏之子，笾豆有践”，都是当时对女方的赞扬和要求，对这些仪态端庄、温文雅静、善良贤惠、遵循礼法、善于家事的女子，不能都说是贵族女子（大家闺秀），平民阶层毕竟占那时的多数。除讲德外，同时“选亲讲美”，本篇中的“窈窕”，上引诗的“其姝”“洵美”便是。不能一讲德，便认为是贵族的事，一提淑女，便是贵族女子。

汉人注疏这首诗是“后妃之德”；宋欧阳修、朱熹和明清一些经学家注疏，更指明诗中“君子”“淑女”指文王、太姒，是身份语，传承至今。这类解释诗旨，是否正确均难确考，可备一说。

按《诗经》中，君子含义有五：一是对当时统治阶级的统称（《今注》）；淑女是幽闺的闺女，“佳人”（《直解》）；二是古时男子的美称，与淑女相对（袁梅《诗经译注》）；三是不必泥定贵族小姐（周蒙、冯宇《诗经百首译释》）。四是指有文化、有品德的人；五是妻子对丈夫的敬称。此诗中的“君子”与“淑女”并举，当属第一种。《集传》：“君子，指文王也。”朱东润曰：“据《毛诗序》，君子之作凡六篇，君子或以为大夫之美称，或以为卿、大夫、士之总称，或以为有盛德之称，或以为妇人称其丈夫之词。”“就《诗》论《诗》，则君子二字，可以上赅天子、诸侯，下赅卿、大夫、士。”“盛德之说，则为引申之义，大夫之称，自为妻举起夫社会地位而言。”

按照《诗经》特有的句式，对应的词，其词性与含义近似。本篇与“淑女”对应的“君子”，就应当是指“品德高尚的人”。窃疑君子，本指品德高尚的人。这是周代统治者宣扬礼制所提倡的称呼，它既称王公，士大夫之间也称同僚。《小雅·钟鼓》“淑人君子”，(又见《曹风·鸤鸠》)“淑人”与“君子”对应，“淑人”，如善人；“君子”，其含义相近善人。今在《诗经》中，解为“当时贵族阶级的通称”，这是诠释者从诗中反映的“君子”为统治层这一点来看，但它还有本来近似“善人”的含义。由于“君子”本指品德高尚的人，才有“小人”反面的“君子”，这在二《雅》中不乏这样的例子，也才有《诗经》中称丈夫为“君子”，后世称“夫君”，以及今尚存的敬辞，“某君”之类。当然，不排除“君子”一名来源于民间，为统治者所用。“君子”“淑女”，只不过是在那时既定的社会概念下，反映“好男”配“好女”而已。(唐莫尧《新注》)

那么，这篇诗又有什么样的特点，可以被当作表现夫妇之德的典范呢？首先，它描写君子与淑女的婚配，一开始就有明确的婚姻目的，最终归结到婚姻的美满，不是君子与淑女之间短暂的邂逅，一时的激情。这种明确的婚姻指向：首先，表示爱情思慕、贞德责任、社会稳定和王道之成，更为社会所赞同。其次，它所表现的男女双方身份，乃是“君子”与“淑女”，表明这是一种美德与美容联系的结合；“淑女”这种身份语，兼备娴雅内治和体美德性双重意义；而“君子”也是身份语，兼备尊贵地位和德性高尚双重意义，这里“君子”与“淑女”的结合，要求有一种与双方主人的身份地位相称的有节制的婚姻，代表了一种婚姻治国的理想。而这种理想的婚姻，是对社会和谐、稳定有益处的。

正因为《关雎》所歌颂的是一种以感情克制、行为谨慎，娴雅内治、贞德貌美，思慕想念、和谐稳定为目标的爱情婚姻，所以，儒家觉得这是一种很好的典范，可以作为青年男女修养德行的教材，起到“教化”的作用。“教化”一词中，最妙的就是“化”字，文学作品的意义，就在于情感教育，在潜移默化中完成对人的伦理道德意识的培育。这便是以《关雎》为代表的《诗经》婚姻爱情诗的文学价值、文化价值、历史价值与社会伦理价值之所在。《关雎》之大，王化之基，居然有资格被列为《诗经》的第一篇，乃至可以说，是中国文学史上的第一首诗，孔子学诗，《关雎》之始，道理就在这里。

孔子提倡他所尊奉的自我克制、重视道德修养的人生态度。《毛序》则把它推许为可以“风天下而正夫妇”的道德教材。这两者视角虽有些不同，但在根本上仍有一致之处。古之儒者重视夫妇之德，颇有道理。在第一层面上说，家庭是社会组织的基本单元，在古代，这一基本单元的和谐稳定，对于整个社会秩序的和谐稳定，意义重大。在第二层面上，所谓“夫妇之德”，实际是指向有关男女道德的多重意义，这是人类生存的基本要求。它对生活规范、人生价值、社会秩序、政治结构十分重要，潜在危险也大得多，孔夫子也曾感叹：“吾未见好德如好色者。”（《论语》）

逑意为匹配。《毛传》：“逑，匹也。宜为君子之好匹。”《郑笺》：“怨耦曰逑。”《集传》：“逑，匹也。《毛传》云：‘挚字与至通，言其情意深至也。’”《释文》：“逑，音求，毛云：‘匹也。’本亦作仇，音同。”“逑”也作“仇”，汉石经即作“仇”（于茀《金石简帛诗经研究》），本字当做两鸟相背的样子，读音都是“求”，是伴侣、配偶的意思。闻一多《诗经通义》：“好字从女从子，其本义动词为相爱，名词为匹耦，形容词为美好，乃其义之引申耳。……《木瓜》‘永以为好’者，即等于‘永以为偶’也。”“逑”为“仇”的假借字，配偶。又闻一多《诗经新义》：“好逑当训为仇匹、妃匹，此‘君子好逑’与《兔罝》之‘公侯好仇’文法无殊。而好仇与干城、腹心均为义近平列之二名词。”

但“仇”字有个难题，《左传·桓公二年》讲过一个取名字的故事：晋穆公的夫人姜氏在条地战役时生下长子，取名为仇，在千亩战役时又生了一个儿子，取名为成师。一位叫师服的大臣为此大发了一通议论，说：“国君哪能这样为儿子取名字呢！取名以表示道义，道义是产生礼仪的，礼仪是作用于政治的，政治是用于端正人民的。政治搞得好，人民就会服从，反之就会生乱。古来好的配偶叫妃，不好的配偶叫仇。如今国君为长子取名为仇，给仇的弟弟取名成师，这是动乱的预兆，作哥哥的恐怕将来要倒霉了。“古来好的配偶叫妃，不好的配偶叫仇”，原文作“嘉耦曰妃，怨耦曰仇”。晋穆公在条之战役打了败仗，看来心里不大痛快，给儿子取名也用了个坏字眼；在千亩之战役中打了个胜仗，大概是一高兴就给儿子取了个漂亮名字。我们且不管晋穆公的家事，单从师服的话看来，“嘉耦曰妃，怨耦曰仇”，这显然与《关雎》“君子好仇（逑）”有了冲突——难道那位窈窕淑女竟然是君子的怨耦不成？

这个问题曾经很让古人犯难，毕竟一个是《诗经》，一个是《左传》，都是圣门

经典，否定哪个也不合适，但放到一起确实又产生矛盾，这可怎么办呢？郑玄给《诗经》作笺注的时候，就努力想抹平这个矛盾，说所谓怨耦曰仇，是指深宅大院里的那位窈窕淑女，可以为丈夫（君子）平息姨太太们的纷争。

但如果不把儒家经典看得那么神圣不可侵犯的话，我们会发现《左传》的解释很可能是不大可靠的。比如《诗经·兔罝》里即有"公侯好仇"，从上下文判断，显然"仇"字没有贬义，但从《左传》看来，那时候的人还多次犯下过"止戈为武""人言为信"这类望文生义的美丽错误，师服的话在当时或许也是说得通的。

如果抛开儒家观念的影响来看雎鸠，它与恋情发生关系的缘由，有可能就是在一个"逑"字上——雎鸠是捕鱼的好猎手，所以，诗人看到雎鸠捕鱼，触景生情，忽然联想到"君子"也能像飞鸟捕鱼一样，顺利地"捕获"自己心爱的"窈窕淑女"。闻一多《说鱼》详细分析过鱼作为性隐语的意义，论证在男欢女爱之中，古人会把鱼比作被动的一方，把吃鱼的鸟类比作主动的一方。在《诗经》里，《曹风·候人》"维鹈在梁，不濡其咮。彼其之子，不遂其媾"就是很典型的例子。此说今天已经得到了许多考古发现与人类学研究的证实。更有学者从上古抢婚制的遗俗和性心理的角度佐证了其中的合理性。

次章写求爱。诗人见景生情曰："参差荇菜，左右流之。窈窕淑女，寤寐求之。"

诗言：那高低不齐而青青之荇菜，茎如钗股，根生水底。左漂右浮而无定方向，嫩叶可食而浮在水上。顺水之流，求取荇菜，淑女左右而佐助而采。美容善心的未嫁之女，相与和乐，贤良恭敬。然高位之君，文武之功皆有之，或在朦胧之醒，或在睡梦之中，也不忘思慕之求。岂非君子之善匹偶？宛如采荇而择取左右。

这章的"参差荇菜"承接上文"关关雎鸠"而来，也是以水中沙洲上的生物触景生情。那么，何谓荇菜？荇菜是水生植物名，名曰接余。多年生草本，茎如钗股，上青下白，叶紫赤，圆径寸余，根生水底，叶浮水面。俗呼荇丝菜，池人谓之莕公须，淮人谓之靥子菜，江东谓之金莲子。嫩叶可食。左右者，时而向左，时而向右；或指来回摆动，无一定方向。形容淑女（嫔妾）采摘荇菜的情状。流者，寻求也；即顺水之流而求取荇菜。《鲁诗》《尔雅》皆训"流"为"择"。

这两句从正面描绘水中荇菜的美姿娇态。满河荇菜枝叶，耸出水面，中通外直，不蔓不枝。亭亭净植，似无数绿衣"淑女"持节而立。在这一群绿衣"淑女"的簇拥下，千朵荇菜之花竞相怒放。她们或时隐时现，如含羞少女，犹抱绿叶半遮面；或参差错落，姿态万千，似各怀妒意而争美赛妍。荇菜长势茂盛，姑娘（或嫔妾）采其间。这是一幅多么令人心醉的水中绿叶、姹紫嫣红、美女采其间的壮丽图画啊！诗一方面突出了荇菜出水泥而不染的质洁品高；一方面显示荇菜的姿态美和内在的品格美，象征着淑女的质洁品高、姿态之美和内在的贞德品格美。因此，君子对淑女"寤寐求之"，意思进了一层，有了细节描写。

淑女顺水之流而择取荇菜，左右而佐助之采。引发诗人联想到君子对淑女的思慕追求。那圣德之女，在河边左采一把荇，右捞一束菜的倩影，点点滴滴，都深深地烙印在君子的心上，难以磨灭。同时也以荇菜的难以择取，比喻淑女的难以择求，那左右浮动的荇菜，正如淑女不可捉摸的心，注定这条选"妃"之路是要走得艰辛难熬。

那么，采荇菜，显然不是天子和诸侯亲自所为，主人公只可能是劳动人民吗？如果要弥合这个疑问，似乎只能有两种可能：

一是天子和诸侯看着别人采荇菜；由此而联想起了自己，应该像菜农（或嫔妾）采荇菜一样，把那为让自己魂牵梦萦的淑女给择采回来。《孔疏》说："参差然不齐之荇菜，须嫔妾左右佐助而求之。"此说甚有道理。

二是这首诗本来只有前半部分，确确实实是一首民歌；后来在流传的过程中，走进了上流社会，不断接受加工改造，或经孔子删改，终于变成了如今之貌，无论口头传承，还是先秦文献传承，这种情况都是很有可能的。

但问题还有第三种可能，这就需要另外的一个视角："采"或者"求"的确是一个真实的意蕴，"采荇菜"却未必是一个真实的事件，君子"寤寐求之"的也未必就是一位采荇菜的姑娘。张启成对《诗经》的采摘意象，做过这样的推论："在《诗经》中，凡以采取某种绿色植物为诗歌开端的诗句，已成为表达相思之情的固定套式。……凡与采绿有关的习用套语，不管是采卷耳、采薇菜还是采蓝草，都是相思的前奏曲，暗示出一种强烈、深沉而缠绵的思念之情。……采绿与相思的结合是如此的精密，由此进一步发展，采绿又可以成为恋爱对象或婚姻配偶的比喻。"（张启成《国风的习用套语及其特殊含义》，《〈诗经〉风雅颂研究论稿》）

三章写未得之苦。诗人直抒胸臆：

此人此德而世不常有，求之不得，无以君配耦，不能成其内治之美。或睡醒

而或睡着，日夜不忘；忧思之深却不能自已，寤寐思慕而至于如此。故心绪不宁而思绪绵长，怀念之切而日思夜想。盖一会儿覆身而卧，一会儿又侧身而卧。翻来覆去不得安眠，难以忘怀而梦乡思念。

“求之不得，寤寐思服”，句间交接如行云流水，自然圆润。但此二句，仍然是只见追而不得，日夜思念，感情进一步深化。天涯霜月又今宵，茫茫思慕袭心头，更何况是这样一位内在俱美的“淑女”呢！又哪能随便让人追求，又哪能轻易追求得到呢？所以，只有日思夜想，满脑子都是那淑女的影子，时刻想着如何才能追求到她。于是白天就餐不知味，无心做事；夜晚躺在床上，翻来覆去怎么也睡不着。淑女贞德，世不常有，求之不得，则无以配君子而成其内治之美。故其忧思之深，不能自已。诗人笔调疏宕粗犷，语言深沉明快，构思新奇，寓意深味。结尾二句，尤为缠绵。贺贻孙《诗触》曰：“‘求之不得，寤寐思服。悠哉悠哉，辗转反侧’，此四句乃诗波澜。无此四句则不独全诗平迭直叙，无复曲折，抑且章节短促，急弦紧调，何以被诸管弦乎？忽于‘窈窕淑女’前后四迭之间插此四句，遂觉满篇悠衍生动矣。”贺氏之解，论述精辟。邓翔云：“得此一折，文势便不平衍，下文‘友之’‘乐’乃更沉至有味。‘悠哉悠哉’，迭二字句以为句，‘辗转反侧’，合四字句以为句，亦着意结构。文气到此一住，乐调亦到此一歇拍，下章乃在接前腔。”虽然“歇拍”“前腔”云云，是以后人意揣度古人，但这样的推测，并非没有道理。依次说，则《关雎》自然不属即吟唱之作，而是经由一番思索安排的功夫作出来的。其实也可以说，《诗经》莫不如此。

四章写相恋之乐。诗言：高低不齐的青青荇菜，茎如钗股，根生水底，浮在水面，左右摆动而无定方向。顺水之流而漂，采摘荇菜，嫩叶可食，淑女左右佐助而采菜。娴雅善心的未嫁之女，能致贞淑而不贰其操，贞德幽闲而又齐家修身，相与和乐而恭敬。其弹琴鼓瑟，二手相顺，友爱和乐而人生一凡顺心。

“参差荇菜，左右采之”二句，是触景生情的诱发点；此两句既融入了采荇菜诸景，又即景抒情，意象博大，更重要的是它开拓出了“琴瑟友之”一境，遂使全诗由求之不得，转而却见柳暗花明，转出来了一片新天地，这是一个极好的过片；是诗中君子思慕之情而望尽天涯的直接所得，是揭示全诗抒情思想实质的关键处。窈窕之淑女，君子思慕而追求，以弹琴鼓瑟而娱乐之。读到这里，我们才豁然省悟到三章所写的“寤寐思服”“辗转反侧”，都是君子内心的爱慕之思的外部自然流露。与采荇菜一样，既是这种追求的爱慕之思的诱发物，同时也是这种爱慕追求的寄附品。想到这样一位质洁贞淑、品格高尚、世不常有的圣女，一定要有同样高雅情趣、实权位高、生有圣德的伴侣。所以，此章就叙述弹琴鼓瑟以娱乐而增进友谊之情。如此，才打动了那淑女的芳心，好像对那已成熟的水中荇菜，也已采摘到了。

“钟鼓乐之”，是身份语，而最含英咀华则是“琴瑟友之”一句。辅广申之曰：“以友为亲爱之意者，盖以兄友弟之友言也。”如此，《邶风·谷风》“宴尔新昏，如兄如弟”的形容，正是这“友”字一个现成的注解。如将《郑风·女曰鸡鸣》《陈风·东门之池》等诗结合而观，便知“琴瑟友之”并不是泛泛说来，君子之“好逑”便不但真的是知“音”，且知情知趣，而且更是知心。

朱熹《集传》阐发说：“友者，亲爱之意也。”这个解释，符合诗意。这里当是指“琴挑”。胡适在《谈谈〈诗经〉》一文中言及《关雎》篇时说：“他用了种种勾引女子的手段，友以琴瑟，乐以钟鼓，这完全是初民时代的社会风俗，并没有什么稀奇。意大利、西班牙有几个地方，至今男子在女子的窗下弹琴唱歌，取欢于女子。至今中国的苗民还保存这种风俗。”此说颇有见地。《风俗通义·声音》篇曰：“雅琴者，乐之统也，与八音并行，然君子所常御者，琴最亲密，不离于身，非必陈设于宗庙乡党，非若钟鼓罗列于虡悬也。虽在穷阎陋巷，深山幽谷，犹不失琴。”《白虎通·礼乐》篇说：“琴者，禁也，所以禁止淫邪，正人之心也。”并引《诗传》曰：“大夫士琴瑟御。”又说：“瑟者，啬也，闲也，所以惩忿窒欲，正人之德也。”《乐府诗集》五七《琴曲歌辞》：“琴者，先王所以修身理性，禁邪防淫者也。是故君子无故不去其身。”根据这些记载，我们可以明白两点：

第一，琴瑟是上古贵族男子常携带之物，特别是琴，无故不去其身，可能这本身就是其高贵地位与有教养的标志。琴瑟钟鼓都是演奏礼乐的乐器，其中琴瑟价昂，非贵族不能有。窃以为持有琴瑟与演奏琴瑟，尚不能决定就是一个贵族。琴瑟固然贵重，弹着稀少，欣赏不难，但随着周王朝奴隶制的逐渐解体，诸侯、大夫可以僭用礼乐，一般平民亦不可乐。从《论语》中可以看出：孔子学生在未“仕”（做官）前，不少是平民，子路“衣敝缊袍”，孔子说：“由之瑟奚为于丘之门？”穿破絮袄的子路，尚能弹瑟；曾点未仕求学时亦弹瑟，“铿尔，舍瑟而作”。武城宰以乐教民，孔子闻“弦歌”声说：“割鸡焉用牛刀？”反映“乐”已不为贵族

所独享。

第二，琴瑟皆有禁邪防淫的功能。所谓禁邪防淫，当是指禁止不合于礼的行为，特别是爱情行为。“君子御琴瑟”与“禁邪防淫”是联系的。以琴瑟传递爱情信息，则是一种文雅的恋爱方式，且合乎当时的礼俗即道德规范，流行于上流社会中。《白虎通·礼乐》云：“夫礼乐所以防奢淫。”《周礼·大司徒》注云：“礼所以节止民之侈伪，使其行得中。乐所以荡正民之情思，而使其心应和也。”男女相思，发之于琴瑟之声，不为鲁莽之行，此即礼乐防淫之谓。《拾遗记》卷一记神话中少昊、皇娥之恋说：“帝子与皇娥并坐，抚桐峰梓瑟。皇娥依瑟而清歌……”。《郑风·女曰鸡鸣》云：“琴瑟在御，莫不静好。”《小雅·常棣》：“妻子好合，如鼓琴瑟。”皆可证明琴瑟的意义所在。

五章写既得之乐。此章据今始得而言：那高低不齐的青青荇菜，茎如钗股，根生水底，顺水漂浮。左摘摘，右采采，淑女佐助而择取它。既得之则当采择而亨(烹煮)芼之；窈窕之淑女，犹如采菜而择取之。此窈窕之淑女，既得之则当亲爱她，击钟打鼓而娱乐她。盖此人此德，世不常有，幸而得之，则以配君子而成内治，故其喜乐，尊奉之意，不能自已！又如此云。

因为第五章说，荇菜成熟已采择，君子与淑女的婚姻爱情也成熟了。于是快快乐乐地敲着钟，打着鼓，热热闹闹地完成了他们的求偶大事。因为有原来的追求不难，所以，才有今天的得到之喜。盖此人此德，世不常有，幸而得之，则以配君子而成内治，故其喜乐，也就不言而喻了。但是当他追求不到时，并没有伤心到吐血病倒，甚至绝望自杀，这就是孔子所称赞的“哀而不伤”；最后追求而得，也没有快乐到得意忘形、狂欢达旦，这就是孔子所称赞的“乐而不淫”(淫是过分的意思)。所以，这篇诗所表现的君子、淑女婚姻恋爱之正的感情，是正常而健康的。诗人细腻的笔触，绘形绘神，写出思慕的特点：暗暗情怀则郁积已久，以此适时之荇菜，遇此痴迷之情，写出来相爱之笃，不惜为淑女憔悴，表现了对圣德之女的执着追求。

诗的最后两段：“琴瑟友之”与“钟鼓乐之”，许多注本都以为这是君子如愿以偿，和那位窈窕之淑女成为新婚配偶。琴瑟和钟鼓都描绘了婚礼仪式上的热烈场面。于是说这是一首婚礼诗或贺婚诗。这个解释虽然非常流行，却犯了以今度古的错误：今天办婚礼，吹拉弹唱，大操大办，热闹喜庆，但这种婚礼习俗，其实是隋唐以后才出现的，周代的婚礼并不鸣钟奏乐。婚礼本来是以安静为特色的，是在黄昏时分静悄悄地举行的——婚字，原本作“昏”，“成婚”原作“成昏”，就是由此而来的。所以，有些《诗经》注本说“琴瑟友之”“钟鼓乐之”是描写迎娶新娘的场面，恐无道理。

那么，既然“琴瑟友之”“钟鼓乐之”并非迎娶新娘，又该如何解释呢？《韩诗外传》考证古时天子的钟鼓仪仗，推论“钟鼓乐之”的含义是“音乐有和，物类相感，同声相应”。虽然论据引述得过于迂曲，但结论已经比较贴近了。此窈窕之淑女，君子既得之则当亲爱她，击钟打鼓而娱乐她，这不过是手段而已。我们以此反观《诗经》，《关雎》诗中坠入情网不能自拔的“君子”，没有陷入精神的绝境，伤心到吐血病倒，或绝望地自戕，而是用琴瑟钟鼓之乐，架构起一座通往婚姻爱情的桥梁，他“琴瑟友之”“钟鼓乐之”，用音乐来愉悦心爱的圣女，为这配偶成为贤内助而种下了一颗充满希望的种子，让人也不由跟他一起，展望着一颗有着圣德之女的爱情之树。《关雎》之诗“乐而不淫，哀而不伤”，即快乐却不过度放纵，悲哀却不至于毁伤性情，而是不断给人以温暖和力量。在孔子看来，《关雎》是表现中和之美的典范。如此说来，《关雎》之义大矣哉！

然这位“君子”家备琴瑟、钟鼓之乐，那是要有相当的地位的。这首诗里又是君子，又是琴瑟钟鼓，显然出自贵族的口吻。而且，这个贵族还不是普通的贵族，因为周代是个礼制社会，等级森严，哪个等级能用什么物件是有严格规定的，如果超标就算僭越，而根据东汉经学大师郑玄对《仪礼》的注释，只有天子和诸侯才能用到钟，大夫和士只能用鼓。所以程颐以为《关雎》是周公所作，朱熹以为是出自宫闱，虽然结论未必正确，思路却是颇有道理的。

朱熹又说：“孔子曰：《关雎》：‘乐而不淫，哀而不伤。’愚谓：此言为此诗者，得其性情之正，声气之和也。盖德如雎鸠挚而有别，则后妃性情之正，故可以见其一端也。至于寤寐反侧，琴瑟钟鼓，极其哀乐，而皆不过其则焉。则诗人性情之正，又可以见其全体也。独其声气之和有不可得而闻者，虽若可恨，然学者姑即其辞而玩其理以养心焉，则亦可以得学诗之本矣。匡衡曰：妃匹之际，生民之始，万福之原，婚姻之礼正，然后品物遂而天命全，孔子论诗以《关雎》为始，言太上者民之父母，后夫人之行，不侔乎天地，则无以奉神灵之统，而理万物之宜，自上世以来，三代兴废，未有不由此者也”（《集传》）。朱子阐述，十分精辟，启迪之深。

《关雎》叙述采农对荇菜的处理，君子对淑女的追求，采用的是递进攀升的笔法。采农采荇菜的动作，依次是“流之”，即求取，顺水之流而求取之；然后是“采之”，即择选，对采取的荇菜进行整理；而后是“芼之”，即择取，则把经过择取的荇菜重叠放在左右。采农对荇菜的处理，从无序到有序，一步比一步精细。再看君子对淑女的追求，先是把她锁定为自己最合适的配偶，然后是“寤寐求之”，因求之不得而“寤寐思服”，以至于达到“辗转反侧”的程度。彻夜的冥思苦想之后，这位君子“钟鼓乐之”，终于找到了接近淑女的办法，并且最终获得了成功。

关于“流之”“采之”“芼之”，许多注本皆以为是“采”的意思，并无分别，只是为了分章换韵，所以才变换文字罢了。要准确理解这三句话的意思，一是从结构入手；二是从训诂入手。清代学者凤应韶是从前者入手，认为“流之”“采之”“芼之”，这三者构成了层层递进的效果，正是《诗经》惯用的手法。于省吾从后者入手，认为“流”并未有“采”的意思，所谓“左右流之”，是说荇菜随水流而左右摇摆，“左右采之”才是动上手了，但这还是泛指，直到“左右芼之”才写到采摘荇菜的具体动作。

全诗虚构了一个故事，故事大约是：一位圣德之君子，在河岸遇到了一位窈窕淑女，他一见钟情，选定为自己的配偶，可是不能马上求得为偶。于是他日夜不忘，拼命地思念她，如此追求，竟至于“寤寐思服”“辗转反侧”的程度；终于在幻境（或梦境）中得到了满足。后两章即是对梦境的描述。此诗之妙在于入“山穷水尽”之地，忽逢“柳暗花明”之景。既感“求之不得”之苦，忽又享琴瑟钟鼓之乐。转悲为喜，化忧为乐，于幻境中完成追求。若认作实境，便是梦中说梦。

葛覃

葛之覃兮，施于中谷，
维叶萋萋。黄鸟于飞，
集于灌木，其鸣喈喈。

葛之覃兮，施于中谷，
维叶莫莫。是刈是濩，
为絺为绤，服之无斁。

言告师氏，言告言归。
薄污我私，薄浣我衣。
害浣害否，归宁父母。

【概要】

后妃在父母之家，志在于女功之事。
归宁问安父母好，化天下以正妇道：

【译文】

追叙初夏之时情，葛藤枝叶葱葱生。
蔓延山谷当中央，萋萋然郁郁苍苍。
葛之生此延彼家，女自母家适夫家。
黄鸟鸣于葛藤上，鸣声婉转清脆响。
黄莺翩翩又飞翔，群集栖息灌木上。
喈喈然鸣声歌唱，捕食昆虫果实享。
犹女嫁夫随夫往，躬俭节用尊师长。

追叙盛夏之时情，葛藤枝叶郁郁盛。
蔓延山谷当中央，莫莫然成熟苍苍。
葛之生此延彼家，女自母家适夫家。
收割葛藤运麻房，用锅蒸煮织麻忙。
取其纤维纺织布，纺绩细线织细布。
纺绩粗线织粗布，织成葛布制葛衣。

亲执其劳成不易，身穿垢弊不厌弃。

我把心事告师姆，告他归宁安父母。
我见教告女师姆，教告我适人之道。
曷治其私服之污？两手揉搓濯垢污。
浣洗礼服之衣垢，何物当濯除污垢？
何物可以未濯洗？我将服之洁葛衣。
归宁问安父母亲！富而能俭贵而勤。
不弛师傅长而敬，不衰父母嫁而情。

【注释】

* 葛：多年生含木质之蔓生植物，茎长二三丈，俗名葛根、葛藤根。用葛藤皮纤维织的布，叫作葛布或夏布。 覃：延长。 兮：语气词，相当于现代汉语的“啊”。 施(yì)于中谷：谓蔓延于谷中。葛出于山，不水生，殆移易于谷旁多石之地，非谷中水地。中谷为“谷中”的倒句。施，移，读如“易”，其义为移，亦为延，蔓延。

* 维：发语词，即用在句首的助词，含有“其”。 萋萋(qī)：茂盛。诗以葛之生此而延彼，兴女之自母家而适夫家。 黄鸟：黄雀。羽毛纯黄或间杂黑、灰诸色，鸣声婉转清脆，常群栖息。按黄鹂，黄莺亦名黄鸟，与黄雀不同。鹂，即黄鹂(黄莺)，《诗经》中称“仓庚”。羽毛黄色，异常灿耀；为树栖性，绝不踏地；食物以昆虫和果实为主。 于飞：“于”是动词词头，无实义。于飞就是飞翔。

* 集：群鸟栖息在树上，叫“集”。 灌木：丛木。矮小而丛生的木本植物。 喈喈：象声词，黄鸟和鸣。犹今之“唧唧”“叽叽”。和声之远闻。

* 莫莫：草木成熟而茂盛。 刈(yì)：本义是镰刀，引申为收割，斩断。 濩(huò)：《鲁诗》“濩”作“镬”，曰：“镬，煮之也。”“镬”的假借字，本义是煮物的器皿。此引申为煮，煮葛是为了取其纤维，用来织布。

* 绨 (chī)：细的葛纤维织成的细葛布。 绤 (xì)：粗的葛纤维织成的粗葛布。 服：服用，穿着。又解为“整治”。指服事镰刈、蒸煮、纺绩之劳作。 斁(yì)：厌弃。三家《诗》作“射”，斁、射古同音。

*言：此假“言”以为“我”，第一人称代词。我告师氏者，我见教告于女师也，教告我以适人之道。凡《诗》之言字，《毛传》《郑笺》以我为训者，度其义，多作“我”。或作发语词，可假作爰，用在句首或句中，起补奏音节的作用，无实义。或解连词，于是之意。胡适《诗三百篇言字解》作“乃”。

*师氏：女师，师傅，当系其婆母，指贵族家中设管教女奴的管家婆之辈，以教其女子。　言归：曰归。此篇及《黄鸟》，《我行其野》《有驱》皆作言归，《齐风·南山》《东山》《采薇》皆作曰归，《黍苗》作云归。言、曰、云三字同义。有在句首者，为发声；若《汉广》之“言刈其楚”之类是也。有在句中者，为语助；若《柏舟》“静言思之”之类是也。归，归宁，即归于父母之家。

*薄：句首发语词。或有匆遽之意，或有勉力之意。　污：作动词用，指揉搓而洗濯污垢。《集传》：“烦撋之以去其污。犹治乱而曰乱也。”《释文》引阮孝绪《字略》：“烦撋，犹挼莎也。”按挼莎，两手相摩揉，即揉搓洗濯之意。　私：指贴身内衣。古称燕服。《孔疏》：“今日薄欲烦撋我之私服，薄欲浣濯我之亵衣。”私，当通于“亵”(xiè)，私服，谓亲身之衣。　浣(huàn)：“澣”之别体。洗濯衣服。《说文》：“浣，濯衣垢也。”　衣：外衣。一说礼服。

*害(hé)：读作“曷”，“何”字之假借。疑问词。　宁：安，谓问安。　归宁：古代已婚女子回娘家省亲问安叫作归宁。　父母：指女子娘家的父母。

【品鉴】

《葛覃》是一首写女功之事的诗。《雎鸠》讲述淑女在夫家的圣德之事，《葛覃》讲述淑女在娘家的女功之事。所以，这是写已出嫁的女子，归宁于娘家探望、问安父母；则志在于女功之事，躬俭节用，服浣濯之衣；尊敬师傅，则可以归安父母，化天下以正妇道。“此诗后妃所自作，故无赞美之辞。”(《集传》)

《葛覃》的艺术构思颇为巧妙，虽然是写女功之事，但诗人在首章并没有正笔直言，而先是通章写季节的变化，葛藤郁郁葱葱，萋萋然茂盛，蔓延山谷，鸟语花香，生机勃勃的自然景物十分新鲜，充满蓬勃向上的生活气息，一片风光明媚的春天景象，为人物的出场创造了优美的环境。啊！这样美好的春光，不禁引起出嫁女子想念亲人的思绪。此时此刻，她不由得想起勤劳的父母，面朝黄土背朝天，正在辛勤耕耘，多么辛苦啊！多想回娘家看看，探望日夜思念的父母啊！可以

帮助他们做许多还没有做好的家事，例如收获、蒸煮、纺织、洗衣、做饭等等。然而，怎敢就此一走了之呢？还是不敢自作主张地就回娘家，还必须通过女师，请示公婆和夫君。公婆夫君都允准了，一切处理妥当，才敢准备礼物，高高兴兴回娘家去！

在这首诗里，首章写葛藤生长的情状。追叙初夏葛生之时，纵目见景色，一棵棵葛藤，萋萋然长势茂盛，枝叶郁郁苍苍，露浓花重，漫山遍野，就像一堆堆金色的丝绦，蔓延在深谷之中。诗以葛之生此而延彼，兴起女之自母家而适夫家。此是一兴。

此章似乎无人，只见一派碧绿的葛藤，蔓延在幽静的山谷；然而，这幽静的山谷，又立即为一阵“喈喈”的鸣声打破，仰望葛林，原来是美丽的黄莺在翩翩起舞，飞来又飞往，纷纷群集，栖息在丛生的灌木上，唧唧啾啾，相应和鸣。此时此刻，天气和煦，风和日丽，鸟语花香。不过这“无人”的境界，毕竟只是种错觉，因为你忘记了，在那翠葛和黄莺的背后，不分明有一位喜悦的窈窕淑女，在那里顾盼聆听？黄鹂飞来又飞往，犹如女子出嫁而妇随夫唱，而后来往于公婆与娘家。牛运震《诗志》说：“黄鸟鸣木，不必目睹其景，正好借作治葛前衬托。浣衣归宁，不必实有其事，恰好借作治葛以后烘染。即此可悟古人作诗参活不呆板处。”此说颇有启迪。然而，此诗的物象与内容之间的关系，焦循作了进一步的解释：“葛‘施于中谷，维叶萋萋’，兴女嫁于夫家而茂盛也。鸟‘集于灌木，其鸣喈喈’，兴女嫁于夫家而和声远闻也。盛由于和，其意似迭而实变化，诵之穆神远矣。”此说亦阐明了兴的意义。(《毛诗补疏》)

首章开端，虽写葛之茂盛，但却暗藏一个“妻”字在内，前三句写葛藤茂密，后三句写黄鹂鸣声；物色节候，宛然如画。诗篇语调极为缓慢，只有闲闲玩味，方可体察出其中之妙。综观葛藤，视线便可俯视而观景；目光随葛之延，徐徐而伸，至“维叶萋萋”，则是一派美丽春景；忽觉犹如少女出嫁，随花轿而望，已嫁往夫家，生活安定，所以家庭和睦，夫妇和谐，幸福而美满！再观黄鹂之鸟，视线便可仰望而听声，目光随黄鹂之飞，缓缓而过，至“灌木”而啾啾鸣唱，静观而聆听；忽觉犹如少女嫁于夫家而和声远闻。字字生动，如在耳目之前，身临其境。此是二兴。

淑女归宁到父母家，则志在于女功之事；躬俭节用，服浣濯之衣；尊敬师傅，则可以归安父母,化天下以妇道。诗写春天的葛藤之盛,为淑女收获,纺绩织布创造了充足的物质条件。诗人这样重彩铺陈,大有使人身临其境之感,仿佛可以从纸上闻到春天的气息。既显现了它的静态美,又描写了它的动态美和声响美,真可谓动静得宜,婀娜多姿。把葛写活了,把物色节候描写得宛然如画,可见其描绘之功,真是一幅美丽的春深山野图!在首章中,女主人公没有出场,只是通过描述葛叶萋萋、鸟语花香之景,呈现少女出闺,家庭和睦而幸福的气氛。

次章叙写淑女志在女功之事,贵而能勤,富而能俭。开端先描绘出美好的山间景象:追叙盛夏之时,葛藤莫莫然枝叶茂密,蔓延山谷,郁郁苍苍,成熟丰满;可知已是春华秋实。这景象动静相间,声色并茂,朴素和谐,生机盎然,呈现出一片绿意和生命活力。这里诗以葛之生此蜿蜒伸展它家,兴起淑女之自母家而适夫家。接下来图景上出现的便是劳动者的身影。但那身影却是飘忽的:你刚看到一群勤劳的少女,弯腰"刈"葛的情景,不畏劳苦,将葛藤一颗颗一捆捆亲自收割;转眼间又见其将收割的葛藤,肩扛手提,一车车亲自运往纺绩的场房。用锅蒸煮,取其纤维,纺织线线,然后织成葛布;纺绩细线织成细葛布,纺绩粗线织成粗葛布;其后制成葛衣。既成絺绤之服,然后又将葛布制成礼服和燕服,少女穿在自己身上,真有一种志得意满的快感。因为这衣服的完成,凝聚着汗水,从葛藤的收获到蒸煮、取纤、纺绩、织布、制衣,辛勤劳作,曾花费了自己多少的心血和劳力。所以,在铜镜前穿着这"絺绤"之衣,也就特别喜欢了。那一句"服之无斁"又透露着辛勤劳作后的多少快慰和自豪!盖亲执其劳,而知其成之不易,所以心诚爱之,虽极垢弊,而不忍厌弃它。诗人写得多么朴厚典雅,真是一幅美丽的纺绩图画啊!故朱善《诗解颐》评论说:"刈而后濩,濩而后绩,绩而后成布,成布而后成衣,其为也有序,其服之不厌,以所以勤且俭也。"可谓善解诗旨。

此章写治葛,暗伏一个"勤"字在内,前三句写葛麻丰收,衣食丰足,给人们带来了生活的富裕安定。后三句叙述治葛的过程,精湛扼要。

上章既成絺绤之服,末章则采取追叙手法,故告其女师,使告于君子以将归宁之意。女功之事完毕之后,末章境界却又突兀一变,诗行中有了一位慈祥的"师氏"。诗人宕开笔墨,描述淑女告诉女师,欲归宁的情态:"言告师氏,言告言归",诗一开端,便以爽利的笔调,点出喜归宁这一全章主旨。言者,解释为主人公自称"我"。而女师之职,略同奴婢,特以其年事长而明于妇道,故尊之曰师。但

细玩诗味，当为抒情主人公自问自答。我告师氏者，我把心事见教告于女师，教告我以适人之道；并告诉女师，让她转告公婆和丈夫，归宁探望问安父母，表示对长辈的孝敬和对丈夫的尊重。这里指作为贵族闺女而不耻求问、向女师热情求教，如何是做人之道？表明已长而敬，不弛于师傅。女师似乎在倾听，又似乎在指点，因为她的女主人，此刻在央求她："薄污我私，薄浣我衣，"意谓薄欲烦搁我之私服，薄欲浣濯我之亵衣；即曷治其私服之污？而浣其礼服之衣乎？女师告诉她急需洗濯的衣物，以及洗衣方法是亲自用两手揉搓而洗除垢污，将私服上的污垢搓洗干净；然后再用同样的方法濯洗礼服。女师又指点说：再看看，何物当濯除污垢？何物可以未浣乎？而从忙碌的情景看，正说明所制葛衣，并非一件，而是甚多，固有"害浣害否"的选择。表明女主人勤俭朴实，既是归宁省亲，也以常日所服而不求华服丽装。结尾写道：我将身穿自制粗葛布，以归宁于父母而慰问安详乎！

不仅如方玉润所说："因归宁而浣衣，因浣衣而念绨绤，因绨绤而想葛之初生"（方玉润《诗经原始》）。同时须知，在《诗经》时代，已婚女子归宁娘家探亲问安，虽是件不容易的事，但也是人之常情。从诗意可知，淑女之本在于征得公婆和夫君的同意后，回到娘家，帮助父母亲做女功之事：勤劳节俭、洗濯衣物、刈濩葛藤、蒸煮葛条、纺织葛线、防绩葛布、制作葛衣、浣洗葛衣、身穿葛衣、从不厌弃。可谓无所不能、无所不做，辛勤劳作，不畏劳苦。所以一诗之中，对这淑女的"勤、俭、敬、孝"四种美德都表现得淋漓尽致。而且她并不恃贵而骄（她有女师，可证她是贵族出身），更是难能可贵的。然于此可以见其已贵而能勤，已富而能俭；已长而敬，不弛于师傅，已嫁而孝，不衰于父母，是皆德之厚而非一般人所能及。"《小序》以为后妃之本，庶几近之。"古代讲"修身、齐家、治国、平天下"，把家看得十分重要，家有贤妻，女有贞淑，君有圣德，国家兴旺。从诗中可知，此女是个勤劳而又孝敬的淑女，与家人和谐相处。全诗充满了欢愉气氛，给人以美的享受。

在中国的传统中，对女子的要求从来是严苛的，所谓"妇德、妇言、妇功、妇容"，便是古代的男子世界所强加给女子必须习练的"妇教"。其主要在于规定女子必须"贞顺""婉媚"和勤于丝麻织作之劳，老老实实做男子的附庸和婢妾，若非如此，便不配为人之妇。本诗所表现的，便正是一位"已嫁女子"勤于"女功之事”的情景。她的勤勉和劳苦，固然已被“归宁父母”的自豪和喜悦所诠释。末二句换韵，引出“父母”二字，一换一收，音急节促，急切之情，跃然纸上。

诗篇以缓调起，用急调收，其中点缀以谐音双关语，使诗含蓄有致。例如“萋萋”即“妻妻”的谐音，“喈喈”即“谐谐”的谐音，以隐社会和谐，家庭和睦；“莫莫”即“勉勉”的谐音，暗喻女主人公的勤勉。

首章渗透了女主人公的喜悦，次章见得勤奋而愉快，末章则辛劳而兴奋，这就构成了全诗热烈而欢快的情调。诗人巧用赋体手法，反复咏叹，尤其以前两章前三句为主，仅换二字，却又步步加深语义、加强语势、产生感情，起到了层层递进的艺术效果。

然而，研读此诗，可以得知，正如动物的雌雄有分工一样，(比如蜜蜂、蚂蚁等等)，男人和女人在生活中的角色也有分工。男功为种田耕地、打猎经商、骑马打枪，吃苦耐劳、粗犷彪悍是男子汉的本色。女功为采桑、织布、浆洗、做饭、哺育子女，灵巧细心、温柔贤惠、周到体贴是女人的本色。这是自然法则。

过去数千年中，我们的祖先遵循自然法则生活，男耕女织、自给自足。这种生活，陶冶出的是自然平和、恬淡悠然的心态，是知足常乐、乐天知命的满足和幸福感。纺纱织布、缝衣浆洗既是女子的职责，无可非议，也就怀着快乐的心情歌唱它。父母是亲人中最可尊敬和想念的，因此思念父母、盼望回家的急切心情更在情理之中，同样也值得歌唱。朴实恬淡的生活，辛勤繁忙的劳作，深深眷念的亲情，全都是真情实感的自然流露，如同渴了要喝水，饿了要吃饭一样。

倘若在现在，这样的诗恐怕不会被看作艺术品，唱这歌的人恐怕不会被称为诗人，朴实自然的生活恐怕会让习惯了电灯、电视、洗衣机、自来水、出租车的都市人鄙弃，毕竟时代不同了。虽然时代在不断变迁，但由自然法则所决定的男女角色的差别和分工，却不应当由此被抹杀。古人说，天不变道亦不变。现代的女子不一定非要纺纱织布、缝衣浆洗，也不一定非要相夫教子、做饭持家，但如果非得抛弃灵巧细心、温柔贤惠、周到体贴，变得像男子汉一样粗犷彪悍，那这世界也将变得十分可怕。(郑前《诗经译注》)

卷耳

采采卷耳，不盈顷筐。
嗟我怀人，寘彼周行。

陟彼崔嵬，我马虺隤。
我姑酌彼金罍，维以不永怀。

陟彼高冈，我马玄黄。
我姑酌彼兕觥，维以不永伤。

陟彼砠矣，我马瘏矣。
我仆痡矣，云何吁矣！

【概要】

征夫远行保边关，闺妇朝夕而思念。
知妇勤劳内进贤，赋诗托言采菜卷：

【译文】

郁郁葱葱枲耳盛，白花细茎蔓延生。
嫩叶充食供药菜，采又采那枲耳菜。
虽采许久不满筐，嗟我思夫心忧伤。
征夫远行周道上，搁置竹筐伫道旁。

欲登崔嵬之山顶，思望妇人往随行。
我马疲病腿打颤，马罢不能升高巅。
云雷之象金酒杯，姑且斟酒我醉饮。
暂且借酒消忧愁，是以不复长思忧。

登那高岗而遥望，原野茫茫周道长。
我马眼花又眩眩，踉踉跄跄行不稳。
兕牛角做兕觥杯，姑且斟酒我醉饮。
暂且借酒消心慌，是以不复长忧伤。

登那砠山而眺望，思念亲人难归乡。
我马瘏然疲劳病，峰回路转不能进。
我仆痡然疲劳病，蜿蜒山道不能行。
奈何忧思伴我程？慢慢周道何时归？

【注释】

* 采采：即采了又采。形容反复的动态。犹萋萋也，萋萋犹苍苍，皆谓茂盛。 卷耳：今俗名苍耳、枲耳、苓耳，一种生草本菊科植物。叶如鼠耳，叶青白色似胡荽，白华、细茎、蔓延，可煮为茹，滑而少味。四月中生子，如妇人耳中珰，今或谓之耳珰，幽州人谓之爵耳，丛生如磐。古曾用嫩苗为菜食用，果实名"苍耳子"，可供入药。 盈：满。 顷筐：一种簸箕形的浅竹筐，竹编或藤编。它后深而前浅，边沿欹斜，故曰顷筐，用于盛物或运土。主人忧心忡忡，思君不已，虽然采了又采，却总是采不满一个小浅筐，足见其怀人情切，已无心采野菜了。

* 嗟(jiē)我怀人：犹言我怀人也。嗟，叹词，即感叹的声音。我，征夫自称，与二、三、四章之"我"同。怀人，思念远行之人。 寘：搁置，舍。 彼：指盛卷耳的顷筐。指示代词，如口语哪、那，连"周行"读，与《大东》"行彼周行"正同。 周行：周王朝修筑的国道，即大道。

* 陟(zhì)：升，登。 崔嵬(wéi)：叠韵辞，即崔巍，土山之戴岩石者。 我：二章以下之"我"字，是女子想象中的丈夫自称。 虺(huī)隤(tuí)：叠韵词。病，指

马病腿软，疲病难行。或马疲不能升高之病。三家《诗》作“瘣颓”，虺隤是假借字。

* 姑：姑且。又作“及”。三家《诗》作“及”，《说文解字》引《诗》作“及”，朱骏声《定声》：“按此字当训姑且之词，从乃从刃皆舒迟留难之意。《说文》引《诗》‘我及酌彼金罍’，是本字本义，经传皆以姑为之。” 酌：饮酒、斟酒。 金罍（léi）：古代称青铜为金，即用青铜铸造的酒器。形似酒坛，大肚小口。刻为云雷之象以黄金饰之。 维：句首发语词。 以：介词，宾语省，意如借此。 永怀：长久的思念，或深深地思念。永，长。

* 高冈：山脊曰岗。冈即“岗”意。 玄黄：黄本马之正色，黄而玄为马之病色。玄黄者，诗人所拟想马视觉中之变态现象。凡人或因疲极，或由惊怖，每致瞑眩，后世谓之眼花。眼花者视物不审，但见玄黄纷错，无色交驰，此即所谓玄黄也。玄黄为眼花时所见之现象，因之眼花亦谓之玄黄。声之转，则曰眩眃。

* 兕觥：用兕牛角做的饮酒器，形似伏着的犀牛。今出土文物，有酒器，作伏牛状。一说兕觥刻木为之，形似兕角（见《孔疏》引先师说）。兕（sì），野牛，一角，青色，重千斤。觥（gōng），爵。以兕角为爵。 永伤：深深地怀伤。伤，忧思。思与忧义相近。

* 砠（jū）：多土的石山。《齐诗》《韩诗》作“岨”。石山戴土曰砠。 瘏（tú）：马过度疲乏病。

* 仆：驾车者。 痡（pū）：人过度疲劳病。《孔疏》引孙炎曰：“痡，人疲不能行之病。” 云何：如之何，奈何。万般无奈之意。 吁：忧愁。《郑笺》：“仆马皆病，而今云何乎其亦忧矣，深闵之辞。” 矣：叹词。袁梅《诗经译注》：“末章连用四个叹词表现歌者悲苦之情达于高超。《通论》：《评》四‘矣’字有急管繁弦之意。”

【品鉴】

《卷耳》是闺人思夫诗中最为奇特的一篇作品，此诗结构单纯，声韵上口；错落有致，节奏自然；一气贯串，意旨外露；用笔有回环往复之妙。

然而此诗有一个最大的优点，那就是尽情地表现闺人燃烧着思念夫君的烈焰。可以使你看到女主人公的痴情思念，感到女主人公思夫的深深痛苦。这又是一般诗坛老手不容易做到的，它的强烈的表情效果，来自于烘云托月、比衬起兴的艺术手法。不开门见山地写思夫，而是先安排一个春日融融的背景。着重写闺人的幽怨情怀和思夫情态，但却从即景抒情写起：“采采卷耳，不盈顷筐。”满山遍野的卷耳菜，郁郁葱葱，白花细茎，蔓延生长；形似鼠耳，丛生似盘。可煮为茹，滑而少味。四月中生子，如妇人耳中珰。一位少妇采了又采地采卷耳，采了许久还没装满一只浅浅的竹筐。为什么？这给读者提出了一个悬念：只有一种解释，女子的心思不在采摘“卷耳”上，她一定是有另有所思。这种当春感旧的布局，不仅自然，而且有着某种比衬作用：大自然的春天去了又回，“我”心中的春天却一去不复返；大自然如此地喧闹，“我”心中因为思夫而如此冷寂，自然会增加感情的强度和力度。是实写，也是虚写。实写就是女主人公的采卷耳大概是真的，因为在中国古今采野菜的事是必不可少的。虚写就写她并不一定真的去采，这里似乎是杜甫《佳人》诗中的意境：“天寒翠袖薄，日暮倚修竹”，说明她也具有自怜幽独的怀抱而已。此两句，既是写景，也是写人，其作用是从写景过渡到写人，而且本身已具有丰富的幽怨内涵。既然从写景到写人的过渡已经出现，于是，紧接着下两句，作者揭示了女主人公心灵的秘密：为什么她那么忧思满怀、行动呆滞而不能采满筐呢？是因为“嗟我怀人”，有个关心处——思念他，难相见，空凝睇。这在行文上是水到渠成的一笔。对女主人公的情怀、思念，其原因也该有一个交代了。“寘彼周行”，这是对思妇情态的进一步刻画，也是对这个人物形象的补足性刻画。我们仿佛见到她不安的状态，把菜筐搁置道旁，伫立其中。那么，思妇为何将筐搁在道旁呢？因为她送夫君，最初出门时，是经由这条周道送别的；在周道的尽头，有她夫君的踪影，她为了和夫君的距离拉近，获得彼此心灵的沟通，所以，就伫立在大道旁，在思索，在感叹，在发问，在思念；宛如见到她形容憔悴的样子。心爱之人远离他乡，还有什么心思去采卷耳呢？

扬慎《丹铅总录》卷十一“唐人主情”条云：“唐人主情，去三百篇近；宋人主理，去三百篇却远矣，匪惟作诗也。其解诗亦然，且举唐人闺情诗，云：‘袅袅庭中柳，青青陌上桑。提笼忘采叶，昨夜梦渔阳，’即《卷耳》诗首章之意也。又曰：‘莺啼绿树深，燕语雕梁晚。不省出门行，沙场知远近？’又曰：‘鱼阳千里道，近于中门限。中门逾有时，鱼阳常在眼。’又曰：‘梦里分明见关塞，不知何路向金徽。’又云：‘妾梦不离江上水，人传即在凤凰山。’即《卷耳》后章之意也。若如今《诗传》解为托言，而不可以为寄望之词，则《卷耳》之诗乃若唐人作闺情诗之正矣。若知其为思望之词，则诗之寄兴深，而唐人浅矣。”杨氏之解，评析精

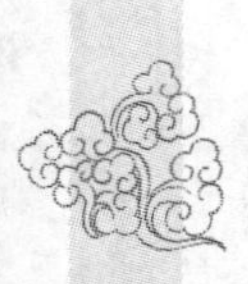

辟，颇有深意。

然而，下三章最为奇特，明明是思妇怀念远征的丈夫，但诗人却从对方着笔，写丈夫如何思念自己。都是这位思妇想象到她的征夫在外，生活得艰难险阻的情形。“崔嵬”“高冈”“砠矣”三词，写山势高大险峻，即想象丈夫如何跋山越岭，渡过艰险。“虺隤”“玄黄”“瘏矣”“痡矣”四词，写马疲劳患病，踉踉跄跄而不能进；仆人疲劳而患病；战战兢兢而不能行；加倍突出征途的遥远艰难，其劳顿困苦就不堪言了，暗示久不归，以寄托情思，女子的相思之苦也到了生怨程度。“姑酌彼金罍”“姑酌彼兕觥”二句，既写酒壶的装饰形状，又写思妇想象征夫斟酒而饮的情态。“维以不永怀”“维以不永伤”二句，表明只有借酒消愁，以解长久的苦思，便是正面对这种惆怅的心态提示。两地相映，虽然处境不同，而思念的感情却是一样的。真是所谓“向天涯一样缠绵，各自飘零”啊！全诗的最后是以一种自问自答体收场：“云何？吁矣！”它既是对前两章“不永怀”“不永伤”的遥相呼应，也是用一个“吁”字诠释此诗，点明愁的主题，堪称诗眼。而最后一章，连用四个“矣”字，更表达出无限感叹，无可奈何的恍惚情绪。

按照中国的传统观念，有志之士，总得对家庭对社会，或做贡献，或立功；或在地里耕耘，或在商场上竞争，或在仕途上为官，或在疆场上卫国。长期在外征战的将士，被称为“征夫”。按人之常情，他们虽有刚强勇猛、无所畏惧的一面，但也有儿女情长、英雄气短的一面。

同样，按照中国的传统观念，女子无才便是德，女人虽然主内治，但缠绵悱恻的情意，却足以感动诗人和刚毅的将士！在那种嫁鸡随鸡、嫁狗随狗的年代，一个出嫁为人妻的少女，所有的希望和情感的寄托，都在夫君身上。夫君或经商为贾，或出仕为民，或出征奔赴边疆；而在家守候的闺中“怨妇”，不仅要孝敬公婆，抚养弟妹，养育子女；操劳家务，主持外事；还得把夫君本该承担的责任承担起来。啊！内心的幽怨、苦楚、勤劳、情思、想象，除了自己之外，还有谁能体会得到呢？也许是他们真的体会过“后妃之志”！

此诗在刻画思妇的行动和心态时很有艺术特色。第一章站在女人的立场，后三章是妇人想象在外的丈夫如何困苦，如何想家的情形，因为这也是文学写作上一种很好的技巧。就是当你想念一个人时，不要老说你如何想她(他)，也要从对方入手写他(她)如何想念你。说他如何想念你，就表明你是如何想念她。不过经过一番曲折的描写，文笔显得有变化，所表达的感情也就比较深厚，而更能感动读者。像后来唐代杜甫的《月夜》诗："今夜鄜州月，闺中只独看。遥怜小儿女，未解忆长安。……何时依虚幌，双照泪痕干。"杜甫在长安想念在鄜州的家人(妻子)，却偏说他的妻子正在鄜州独自望月想念他。又如王维的《九月九日忆山东兄弟》诗有两句："遥知兄弟登高处，遍插茱萸少一人"是王维在想念他的兄弟，却说兄弟登高插茱萸，发觉少了一个兄弟而想念他。宋代词人柳永的《八声甘州》其中有两句："想佳人妆楼颙望，误几回天际识归舟"，都是从对方入手写思念之情，可以说和本诗有异曲同工之妙。

此诗没有华丽的辞藻，也没有深奥的典故，却有奇特的想象。通过抒情主人公把个人的身世遭遇，无法摆脱的思念，用浅近而真挚的诗言，反反复复向读者诉说，使人心醉神迷，为之低回不已。深一层体味全诗，似觉不只是抒写离恨闺情，因为善言诗者，假闺房女子之想象，着意刻画的这一女子形象，隐然蕴含自伤幽独之感。

《卷耳》是《国风·周南》的第三篇，我们还可举《诗经》赋体的例子来欣赏。

赋是平铺直叙，直陈其事的方法。不像兴诗的想说这事物而先将别的事物说一两句来开头的。《卷耳》里说女主人公采卷耳不专心的事，一开头就写她把卷耳采了又采，只是采不满一只斜口筐；以下写她怀人，想象她男主人的路途艰辛，马疲仆病，也正在遥望家乡，饮酒解愁。连续四章，只是描写她一个人的事，也不用别的事物来做比喻。这就是最单纯的赋体。

用这个角度来看前一篇《葛覃》，也是赋体。《葛覃》篇一二两章都用"葛之覃兮，施于中谷"的景色来开头，和《关雎》篇二三四章的都用"参差荇菜，左右采之"开头手法相同。但再读下去，《葛覃》第一章虽是写景，但诗以葛之生此而延彼，兴起女之自母家而适夫家。此是一兴。再观黄鹂之鸟，至"灌木"而啾啾鸣唱，静观而聆听，忽觉犹如少女嫁于夫家和声而远闻。此是二兴。第二章接下去还是写葛，是写葛成熟以后，用来做成葛布的衣服了，实写女功之事。第三章追叙女主人公收拾好衣物要探问娘家，原来全诗一路写来，只是归结到"归宁"这件事上。所以，这不是一篇单纯的赋体。不过两诗，一篇是从这边女主人远远引到男主人(《卷耳》)，而另一篇是远远地从写葛盛鸟飞的春景，引到葛成做衣的秋景，从女主人归宁这一点来看，只是手法不同而已。

周朝人在典礼中唱诗，习惯上连唱三遍为三终，乡饮酒礼中唱民歌乡乐，就是连唱《周南》第一篇《关雎》，第二篇《葛覃》和第三篇《卷耳》。但在朝廷官式宴会上，也连带唱些乡乐的，所以，这三篇也被列入正式宴会的宴礼节目单中。

《诗三百家义集疏》："鲁说曰：'思古君子官贤人，置之列位也。'《淮南子·俶真训》云：'《诗》云："采采卷耳，不盈顷筐，嗟我怀人，寘彼周行。"以言慕远世也。'高注：'言采易得之菜，不满易盈之器，以言君子为国执心不精，不能以成其道。……"嗟我怀人，寘彼周行，"言我思古君子官贤人，置之列位也。诚古之贤人，各得其行列，故曰慕远也。'"此鲁说。这首诗，以"嗟我怀人"为怀古人，"寘彼周行"为置贤人于周官的行列。是《鲁诗》讲错了，《毛诗》也跟着错。朱熹《集传》解"嗟我怀人，寘彼周行"为"心适念其君子(指丈夫)，故不能复采而置之大道旁也。"把"周行"解作"大道"，是对的。把二章的"我马虺隤，我姑酌彼金罍"的两个"我"，说成即是第一章的"嗟我怀人"的"我"，即是妇人，又错了。钱钟书先生《管锥编》解《诗经》的《卷耳》，以先写妇人，后写丈夫，即"花开两朵，各表一枝"的写法，是对的。

《卷耳》诗旨，争论纷纭。《毛序》谓"后妃之志。"朱熹说："后妃以君子不在而思念之，故赋此诗托言方采卷耳。"又云："此亦后妃所自作。可以见其贞静专一之至矣，岂当文王朝会征伐之时，羑(yǒu)里拘幽之日而作欤？然不可考矣。"(《集传》)明何琇《樵香小记》："此必大夫行役，其家室念之之诗。"戴震《诗经补注》："感念于君子行迈之忧劳而作也。"古今解析此诗者，还有六说：一是思妇忆远，是女词。二是征夫怀归，是男词。三是两地遥念，可视为男女对唱。四是后妃怀文王，是女词。五是文王怀贤，是男词。六是妻子怀念征夫，是女词。后五说只是孤鸣，前一说几成定论。

日本的青木正儿和我国《诗经》专家孙作云《诗经的错简》认为，本是原为两首残简之诗，后来误合为一。前一章为征妇思征夫之词，后三章为征夫思家之作，只因同是怀人之作，误合一起。此说无证，然不可考。

樛木

南有樛木，葛藟累之。
乐只君子，福履绥之。

南有樛木，葛藟荒之。
乐只君子，福履将之。

南有樛木，葛藟萦之。
乐只君子，福履成之。

【概要】

南山樛木苍苍盛，诗人触景而起兴。
后妃待下无妒心，众妾和乐美德称：

【译文】

南山樛树郁郁生，葛藟苍苍攀缘盛。
葛藤缠绕樛木升，樛木宽容不拒藤。
众妾攀附得王宠，和乐君子无妒心。
君有贤良和睦处，福禄安泰国王助。
南山樛树长势高，葛藟葱葱覆盖腰。
葛藤缠绕樛木升，樛木宽容不拒藤。
众妾攀附受王宠，和乐君子无妒心。
君有慈祥善待人，福禄扶助邦国兴。
南山樛树长坚盛，葛藟油油旋绕生。

葛藤缠绕樛木升,樛木宽容不拒藤。

众妾攀附王宠信,和乐君子无骄心。

君有善心庇下人,福禄成就国业盛。

【注释】

*南:南山。《毛诗》解为"南土"。 樛(jiū):枝向下弯曲的树。 葛藟:野葡萄之类的蔓生植物,枝形似葛藤。藟(lěi),葛类,葛与藟相似,两种蔓藤。累:本义为绳索,系;此处指缠绕,攀缘。作者以葛蔓攀附高树比喻自己攀附贵族。

*乐:和乐。 只:语气词。或在句中,或在句末。 君子:自众妾而指后妃,犹言小君内子也。一说贵族,此指文王。一说统治阶级的通称。 福履:福禄。此"履"字通于"禄"。 绥之:使之安泰,安抚。一说赐予,降下。

*荒:覆盖,掩盖。《集传》:"荒,奄也。" 陈奂《传疏》:"奄与掩通。"

*将:扶助。

*萦(yíng):缠绕,回旋。

*成:成就。

【品鉴】

《樛木》是一首颂后妃之德的诗,即文王的姬妾赞美后妃之德。《毛序》说:"后妃逮下也。能言逮下,而无嫉妒之心焉。""后妃能逮下,而无嫉妒之心;故众妾乐其德而称愿之。曰:南有樛木,则葛藟累之矣;乐只君子则福履绥之矣"(朱熹《集传》)。上述二说,点明诗旨,颇有道理。然而有人说此诗是文王的姬妾赞美后妃之德,这是旧时代文人的独出心裁,这实在有些穿凿附会了;果真如此吗?其实不然。

那么,此诗为何那样脍炙人口呢?其中的道理应该发人深省!那就是通过赞美后妃之德,弘扬真理,即人与人之间应该和睦相处,相互宽容、理解、庇护、扶助、安抚、成就事业,才能构建和谐的太平盛世。

《樛木》一诗,共分三章,每章四句。诗一开端,就始终让人们的视线锁定繁茂的葛藟所攀缘的樛树上,让人们始终笼罩于这一景象所生成的氛围之中,热烈的情绪也就始终不懈。首章前两句说:"南有樛木,葛藟累之。"诗言:南山生有樛树,郁郁葱葱长茂盛,然葛藤巨荒苍苍攀缘之而盛长。葛藤缠绕攀附樛木而升,但樛木宽容而不拒藤。

三章诗所言之“樛木”无不冠之以“南”,“南”绝非一简单的方位词。在周人的心目中,它有向阳的意味,因而有生育、繁衍、富庶的意义。这与周人以农业生产为主要衣食来源有关。《诗经》中所谓“南亩”“南东其亩”,是对长期农业生产经验的总结。“南”与藤类植物结合起来,也就是神灵崇拜与经验结合起来。

葛藟:野葡萄之类的蔓生植物,枝形似葛藤。藟,葛类,葛与藟相似,两种蔓藤。陆玑《毛诗草木鸟兽虫鱼疏》云:“藟,一名巨荒,似燕薁,亦延蔓生,叶如艾。”苏颂云:“千岁藟,生泰山川谷,作藤生,蔓延木上,叶如葡萄而小,四月摘其茎,汁白而甘,五月开花,七月结实,八月采子,青黑微赤,冬惟凋叶,此即《诗》云‘葛藟’者也。”《草木》云:唐开元末,隐民姜抚,年几百岁。召至集院,言服常春藤使白发还黑,长生可致。这些传说无疑发酵于原始的藤类植物的崇拜。而《本草纲目》说:千岁藟补五脏,益气,续筋骨,长肌肉,久服,轻身不饥耐老,通神明。葛藟之所以有千岁藟之名,与古人的藤树崇拜不无关系。上述之说,阐明了“藟”之习性。徐鼎在按语中给出的证据是《左传·文公七年》的一则记载,当时宋国政变,宋昭公有意除掉群公子,时任司马的乐豫劝谏说:“公族是公室的枝叶,如果剪除了枝叶,干与根就没有东西来遮蔽了。葛藟尚且可以遮蔽其根本,所以君子以之为喻,何况是一国之君呢?”(清·徐鼎《毛诗名物图说》)。根据这则记载,葛藟之所以有遮蔽本根之功,是因为藤蔓盘礴,因此《樛木》中的“累”“荒”“萦”都是形容葛藟的茂盛。

《毛传》《集传》皆以为此诗为起兴,兴者,兴而引起,“先咏他物以引起所咏之辞也”(朱熹《集传》)。从这一解说,可以理解“乐只君子,福履绥之”二句,乃是首章所咏之本体;首两句则是引起所咏之辞的兴体。但这类起兴的形象与下文的“所咏之辞”,在意义上有某种相似的特征,因而能起一定的比喻作用,即毛、郑派所说的“托物起兴”“兴喻美刺”;即有比喻意义的起兴。这样的起兴,在《诗经》中较为普遍,也称之为“兴而比”。如《关雎》《桃夭》等亦属于这一类。

樛木之坚,久经风霜而不凋谢,坚强不屈,满身葛藟,宽容不拒。那么,从首章看,是以樛木起兴,樛木的枝条下垂,所以葛藤很容易攀缘而上。然后兴而引起所咏之辞,即“乐只君子,福履绥之”,以葛藤缠绕樛木的意象,比拟“福履”伴

随着君子。“福履”向来被解释为“福禄”或“幸福”之类的义项，古今很少出现什么争议，于是整个首章的意思，就是葛藤攀附樛木而盛，但樛木宽容而不拒，好比福禄犹如葛藤缠绕樛木一样围绕君子，诗旨豁然鲜明。

就诗论诗，《樛木》像是一首祝福诗，而古代的经典解释，还是照例把它牵扯到后妃之德的问题上去，树枝一般都是向上生长的，向下弯曲的就显得很不寻常。个中道理可以越发掘越深刻，宋代张纲给皇帝讲《诗经》的故事，便有一番哲学发挥，《华阳集》卷二十五曰：臣闻后妃正位宫闱，同体天王，顾夫人嫔妇之属，贵贱之势固有间矣。惟贵贱之势有间，故每以逮下为难。《小星》言惠及下而曰："夫人无妒忌之行"，《樛木》言逮下而曰："无嫉妒之心"，然则逮下之事唯无妒忌者能之耳。木上竦曰乔，下曲曰樛(即树木向上竦立称为乔，向下弯曲叫作樛。今用“乔木”之词)。乔则与物绝(如果乔一味地向上，就和其他事物不断疏远)，故《汉广》诗里曰："南有乔木，不可休思"(南方杨树枝叶高，树下行人休憩少)。高耸的树下很少有阴凉，人是没法乘凉的；而弯曲的树下才是乘凉的最佳地方，只有枝叶向下弯曲，才有机会亲近其他事物，所以才说“南有樛木，葛藟累之”。樛则与物接，故曰："南有樛木，葛藟累之"。葛藟，在下之物也，以木之樛，故得附丽以上，谕嫔妇之属所处在下，以后妃有逮下之德，故亦得进御于其君。若是者，上恩达于下，下情通于上，闺门之内不失其和矣。文王之治，始于忧勤，终于逸乐，后妃逮下而闺门以和，则内治成矣，文王安得而不乐哉！唯乐其内治之成，所以能安享福禄，故曰："乐只君子，福履绥之"。臣尝观《易》之设卦，刚柔相杂而变生故，或吉或凶，相为倚仗，唯谦之为体，自卦、繇、彖、象，以至六爻之辞，无一言及于凶、咎、悔、吝，以是知谦之为德，所以致和于天下，无往而不利。既无凶、咎、悔、吝，则福随之矣。夫逮下而无嫉妒之心，谦德也，以是而和其闺门。则其君子免于凶、咎、悔、吝，而安于福禄也宜矣。张氏之言，将《樛木》诗旨阐释得淋漓尽致。

葛藟长不高，处于低下的位置，只有借助于树木枝干的弯曲，才能攀附而上，这正是后妃与嫔妾之间的关系的贴切比喻。那么，寓意是什么呢？众妾犹如葛藟攀附樛木一样攀缘帝王，冀望得到宠信。然而，后妃虽然位居第一夫人，而作为和乐君子，不但逮下(众妾)毫无嫉妒之心，反而宽容、庇护、善待下人，能够谦和礼下，积极为其她嫔妃创造得宠的机会，如此，和睦相处，才能内治而美，王业而成，家和万事兴。因此"福履"如"葛藟"一样，不但萦绕在她身上，而且"绥之""将之""成之"，三词皆是歌颂她为文王带来的福禄，更是由于她的安泰、扶助、成就了文王建国之大业。那么，使众妾如此乐于歌颂美德之人是谁呢？似乎应是后妃一流的人物。后妃能"礼贤下士"，众多嫔妾才有机会去攀缘那个唯一的皇帝，礼仪由此而大盛。《樛木》的主旨正是兼德，由此可知，儒家宣扬先内治齐家而后治国的道理，如果后妃真能做到这个圣德，修身齐家，国泰民安，太平盛世便指日可待。

诗以"葛藟"缠绕"樛木"兴而比之后，引出"乐只君子，福履绥之"，这两句诗曾给古人造成一种困惑：这里的"君子"到底指谁？《诗经》里的君子一般指贵族，想象丰富的古人，巧妙地把她联想为圣德之君的后妃，但如果"南有樛木，葛藤累之"，是以葛藤缠绕樛木而不拒，来比拟众妾攀缘帝王受宠，而位高之后妃不拒而"不妒忌"的圣德，那么，众妾攀缘的君王到底是谁呢？那只能转到周王身上了。如果要想做到文意连贯，"君子"应该是文王的"后妃"才对。因后妃具备不妒忌的美德，援引别的女子来获丈夫宠爱，故这位后妃不但福禄攀缘，而且扶助君王完成建国大业。如此，以"君子"指代后妃，符合字面之义。

这样一来，所谓"君子"当是"小君内子"的简称，古人经典解释恰好与《毛序》之说相弥合。但这样的解释，曾引起其他经学者的质疑，朱熹果断地说："君子，自众妾而指后妃，犹言小君内子也"（《集传》）。一种峰回路转的弥合争论是：所谓"君子"，指的还是后妃。后妃能够援引众妾宠幸于王，宛如樛木之垂援引葛藟攀附，以致家和万事兴，文王自然就是最大的受益者。文王受益，后妃自然也会相应受益，故《樛木》是一首称颂贤人之德的诗。

此诗三章，在每章的首两句中，诗人奇妙而反复地运用同一形象化的暗喻，使喻体本身栩栩如生，自然能唤起读者的丰富想象，并极力玩味它的喻义。从而对所表达的事物，产生鲜明而深刻的印象。

《诗经》中普遍地使用了重章叠句的章法。重章叠句，就是全诗各章的结构和语言几乎完全相同，中间只换了几个字，甚至只换一两个字，形成反复咏唱。如《樛木》诗的后两章，每章只改动二字，大体意思和首章相同，运用的是《国风》中常用的重章叠句的复沓形式。以反复咏唱逐层推进。这种形式，又称复沓结构，是《诗经》的又一艺术特色。重章叠句，便于记忆，利于传唱，反复咏唱同一个

内容，一唱三叹，也加强了艺术感染力。复沓结构有多种艺术效果。

一、借助音乐效果。如名篇《樛木》，是众妾感后妃之德而称颂的歌，通过三章每章四句的复沓形式，以鲜明的节奏和优美的韵律，创造出浓郁的意境。诗的内容，本来几句话或一句话就可以说完，如《樛木》：后妃逮下，能言逮下而无嫉妒之心。如果不采用复沓形式的重章叠句，那就索然无味。如"采采卷耳"，意在言先，亦在言后，从容涵泳，自然生其气象。通过反复咏唱，借助音乐效果，激发人们的情感，展开联想。使人们从更换的几个动词（首章"累""绥"，次章"荒""将"，末章"萦""成"）的动作，感受出意境。亦如清代方东树所说："只换数字，而备成一幅图画，言外又见圣世风俗，太平欢乐之象。"南山樛树郁郁生，葛藟苍苍攀缘盛。葛藤缠绕樛木升，樛木宽容不拒藤。众妾攀附得君宠，和乐君子无嫉心。君有贤良和睦处，福禄安泰国王助。这一幅图画，正当呈现出太平欢乐之象。方玉润《诗经原始》："三章只易六字，而往复迭咏，殷勤之意自见。"方氏之说，颇有启迪。

二、加强主题。《诗经》中有一类诗歌重章迭唱，反复强调一种思想或愿望，来加强主题。如《樛木》，三章每章四句，每章二、四句更换一字，所更换的字词都是近义词，它们的更换并不改变句意，而是以不同的词汇和韵调，一而再，再而三，强调一个思想：

首章云：众妾攀附得君宠，和乐君子无嫉心。君有贤良和睦处，福禄安泰国王助。

次章云：众妾攀附受君宠，和乐君子无妒心。君有慈祥善待人，福禄扶助邦国兴。

末章云：众妾攀附君宠信，和乐君子无骄心。君有善心庇下人，福禄成就国业盛。

如此重章迭唱，反复加强了君子无嫉妒之心，与众妾和睦相处；并能安泰、辅佐、成就文王建国之大业的主题，突出了后妃之德。

三、层层递进。《诗经》中采用重章迭唱的复沓结构，经各章换几个字，起到一章接一章推进诗意发展的作用。如《樛木》三章每章四句，写君子无嫉妒之心，与众妾和睦相处；并能安泰、辅佐、成就文王建国之大业。首章"葛藟累之"，（葛藤巨荒缠绕它）；次章"葛藟荒之"，（葛藤巨荒覆盖它）；末章"葛藟萦之"，（葛藤巨荒旋绕它)。首章“福履绥之”,(福禄安泰他);次章“福履将之”,(福禄扶助他);末章“福履成之”,(福禄成就他)。诗人在每章第二句、第四句中,依次更换了六个具有层层递进的字眼,既深化了诗歌的主题意义,又抒发了诗人的殷切之情。从福禄的初步降临“绥之”,到福禄的永久保持“将之”,至福禄的完全“成之”,步步加强语势,层层加深主题,把后妃成就王业之德的诗旨,表达得入木三分。当然,重章迭唱的复沓结构形式不一定每章只换两三个字,也时常多换几个字,各章的结构和基本文句相同,仍属于重章叠句。当然,还要注意复沓形式的变化。即有一些诗歌并不是全诗重章叠句,而只复沓一部分,或在每章之前几句,或是每章的后几句。如《周南·汉广》三章章八句,只重唱各章后四句。《豳风·东山》四章每章十二句,只重叠首四句。这类部分复沓,多表现在章句较多的诗篇。

螽斯

螽斯羽,诜诜兮。
宜尔子孙,振振兮。
螽斯羽,薨薨兮。
宜尔子孙,绳绳兮。

螽斯羽,揖揖兮。
宜尔子孙,蛰蛰兮。

【概要】

贤人仁厚子孙多,如螽斯群处和集。
有是德宜有是福,诗人赋诗颂此事:

【译文】

螽蝗之羽拍打飞，诜诜然和集而行。
能以长股相作声，一生九十九子丁。
您的子孙繁衍生，振振然兴旺盛众。
贤人如螽子孙盈，和睦相处德福盛。

螽蝗之羽拍打飞，薨薨然众多而行。
能以长股相作声，一生九十九子丁。
您的子孙繁衍生，绳绳然相继之盛。
贤人如螽子孙盈，和谐相处德福盛。

螽蝗之羽拍打飞，揖揖然会聚而行。
能以长股相作声，一生九十九子丁。
您的子孙繁衍生，蛰蛰然和集繁盛。
贤人如螽子孙盈，和顺相处德福盛。

【注释】

*螽(zhōng)斯：俗名蝈蝈，蝗属；长而青，长角长股，能以股相切作声；一生九十九子。螽蝗生子最多，信宿即群飞。故此诗用以祈颂多生子孙。 羽：即蝗虫之羽。 诜诜(shēn)：群集螽斯振股相切之声。 兮(xī)：语气词，相当于现代汉语的啊、呀、呵、嗬等词。

*宜：使合宜。含有祈祝之义。言其有是德而宜有是福也。马瑞辰《通释》："古文宜作"宜"。窃谓宜从多声，即有多义。'宜尔子孙'，犹云多尔子孙也"。 尔：您。指被祝福的人。《集传》训"尔"为"螽斯"。 振振：众盛。陈奂《传疏》："振振、绳绳、蛰蛰……子孙众多，又皆贤也。"《毛传》训"振振"为"仁厚"。

*薨薨(hōng)：象声词，即蝗虫群飞之声。《毛传》："薨薨，众多也。"《集传》："薨薨，群飞声。"薨是翃(hóng)的假借字。

*绳绳：形容连绵不断。《集传》："绳绳，不绝貌。"《韩诗外传》引《诗》曰："承承，相继之盛也。" 牟庭《诗切》："绳绳，犹承承也。" 陈乔枞《遗说考》："古文以

绳为黾的假借。"《毛传》训"绳绳"为"戒慎。"

*揖揖(音缉):会聚,或作集。《毛传》:"揖揖,会聚也。"《周南》假"揖"以为"辑"。辑,古集字。《大雅·板》:"辞之辑矣,民之洽矣。"《新序》引作"集"。《鲁》《韩》诗作"集集"。马瑞辰《通释》:"揖盖集之假借。"《广雅·释诂三》:"集,聚也。"音义均同。

*蛰蛰(zhé):形容众多。《集传》:"蛰蛰,亦多意。"《毛传》训"蛰蛰"为"和集"。

【品鉴】

《螽斯》的诗旨是什么,《毛序》云:"《螽斯》:'后妃子孙众多也,言若螽斯。不妒忌,则子孙众多也。'"《郑笺》:"忌有所讳恶于人。"此诗通篇以螽斯作比,咏物也是咏人,使诗旨显豁明朗。

子孙,是生命的延续,晚年的慰藉,民族的兴旺,家族的希望。多子意味着多福,华夏先民自古怀有子孙昌盛之望。多子多福的观念,在尧舜之世已深入民心。诗中反复吟咏"宜尔子孙",用多子的"螽斯"作比,阐明人丁兴旺,后继有人,显得福贵;以见其祷子兴旺之切,正是先民这一观念诗旨的强烈抒发。

《螽斯》一诗,共分三章,每章四句。全诗采用迭唱形式,三章意思是并列的,但略有区别,首章侧重颂扬多子多福,其乐融融;二章侧重颂扬子孙昌盛,和睦相处;三章侧重颂扬子孙贤良,相处和集融洽。

朱熹《集传》基本沿袭《毛诗》,强调了"比"的手法,说:"比者,以彼物比此物也。后妃不妒忌,而子孙众多;故众妾以螽斯之群处和集,而子孙众多比之。言其有是德而宜有是福也。"朱熹把《螽斯》的作者定为"众妾",以至于姚际恒驳斥说:"朱子以《关雎》为宫人作,《樛木》《螽斯》为众妾作,岂当时周室充下陈者,尽如班姬、左贵嫔、上官昭容之流耶!"(清·姚际恒《通论》卷一)

近现代以来,旧解渐被抛弃。高亨《今注》以新时代的政治观阐释《螽斯》,诗旨骤然一变:"这是劳动人民讽刺剥削者的短歌。诗以蝗虫纷纷飞翔,吃尽庄家,比喻剥削者子孙众多,夺尽劳动人民的粮谷,反映了阶级社会的阶级实质,表达了劳动人民的阶级仇恨。"陈子展《直解》从戴震"《螽斯》,亦不美上也"一句话出发,推断这首诗是奴隶社会的民间歌手对主子的明颂暗讽,因为诗的语气虽是

颂扬，却以害虫作比。——这个解释虽然未必正确，却点出了《螽斯》诗中一个很让人困惑的问题，即为什么用害虫来比喻一件美好的事？

公木、赵雨《诗经全解》认为："这是一首祝愿多子多孙的原始祝咒歌。樊树云《诗经宗教文化探微》认为：螽斯，就是蝗虫，据说能产九十九个卵子。能繁衍这么多新生命的神物还不值得崇拜赞叹吗？所以唱出：'螽斯羽，诜诜兮。宜尔子孙，振振兮。''绳绳兮'、'蛰蛰兮'，希望氏族兴旺，子孙众多。苏东天《诗经辨义》认为此诗是借螽斯祈祷子孙繁盛，成章安康，活泼、团结、勇武的巫歌。樊、苏二说相类，可以信从。"这里何人祝咒？为谁多子多孙而祝咒却避而不谈。

程俊英、蒋见元《注析》则避开了这个难题，只是说："这是一首祝人多子多孙的诗。诗人用蝗虫多子比喻人的多子，表示对多子者的祝贺。"这是现代比较主流的解释，其他的解释，例如说《螽斯》是小孩子逗弄蝈蝈的歌，或是以螽斯为圣物的祭词，莫衷一是。

要辨析这些争议，首先要搞清楚螽斯到底是一种什么动物。在此首先要解决的问题是：所谓螽斯，是完整的一个专用名词，还是单独称"螽"即可，"斯"只是一个语助词，陈奂《诗毛氏传疏》训"斯"为"语助词"。这方面的论述很多，大略来说有三种主要的解释：一是释螽斯为蚣蝑；二是释螽斯为蝗虫；三是释螽斯为蚱蜢；四是释螽斯为蝈蝈。如袁梅《诗经译注》说："螽——zhōng(音中)，《说文》：'蝗也'。昆虫名，蝗之一种，俗名蝈蝈，能鼓翅发声。因其产卵众多，故本诗用以喻人子女众多。古人的错误思想，认为子女多是一种可喜的事。斯，语词，犹'之'字。同类者有'兔斯首'、'麟之趾'"。

螽斯，朱熹《集传》说："螽斯，蝗属，长而青，长角长股，能以股相切作声；一生九十九子。"《诗缉》曰："螽蝗生子最多，信宿即群飞。"《尔雅·释虫》："蛰螽，蚣蝑。"郭璞《注》："蚣蝑也，俗呼……"扬雄《方言》："舂黍谓之蛰蝑。"陆玑《毛诗草木鸟兽虫鱼疏》："幽州人谓之舂箕，即舂黍蚣蝑也；长而……长角长股股鸣者也，或谓似蝗而小班，黑其股似……五月中以雨股相切作声，闻数十步是也。"《公羊传》："螽，何以书记灾也？"蔡邕《月令章句》："其类乳于土中深埋，其卵江东谓之蚱蜢，……"郑樵曰："蚣蝑，即一种大青蚱蜢，股长而鸣……"郑康成《笺》："凡物有……阳情态者无不妒忌蚣蝑不耳；各得受气而生子，故诜诜然众多，后妃之德能如是则宜然。"蔡元度《名物解》："螽斯虫之不妒忌，而一母百子，故诗以为子孙众多之说，五月螽斯动股，言股成而奋起之也。”《尔雅》：“螽……于是时股成而奋起之，方春尚弱也。字从冬，冬终也；至冬而终，故谓螽也。”愚按：“螽斯，蝗属，大小不同，稻田中多有之……”清徐鼎《毛诗名物图说》一书中以为螽斯就是斯螽，是蝗属，有大有小，稻田多见。程俊英、蒋见元《注析》云：“螽(zhōng 终)斯，蝗螽一类的虫，又名蚣蝑，斯螽，是多子的虫。”

在引述的各类记载里，《春秋·文公三年》有“雨螽于宋”，这是秋天发生的事，《公羊传》解释说：“雨螽者何？死而坠也。”看来这一年发生过一场奇异事件，死去的螽斯在宋国境内从天而降，好像下雨一样。《左传》也说“秋，雨螽于宋，队而死也”，但《穀梁传》的解释不同，说：“灾甚也。其甚如何？茅茨尽矣。著于上，见于下，谓之雨。”

《春秋》常有对“螽”的记载，大多发生在秋天。既然史官郑重其事地多次记录在案，“螽”应该是蝗灾才对。

如果取蝗虫的解释，就避不开前边出现的一个问题，在农业社会里，蝗虫给人类带来的是毁灭性的打击(南宋楼钥《酺神》讲除灭蝗灾，即用《诗经》典故说：“惟尽除振振揖揖之灾，庶几有薿薿芃芃之望”。在这一个对偶句里，出句“振振揖揖”出自《螽斯》，指蝗虫，对句“薿薿芃芃”一出《莆田》“黍稷薿薿”，一出《载驰》“芃芃其麦”，指代丰收)，所以《螽斯》用蝗虫作为喻体，就不可能是歌颂或祝贺的意思。但如果按陈子展说的“明颂暗讽”，一定要满足一个前提，即统治者确实很愚蠢，以至于听不懂诗里的讽刺。

就诗论诗，很容易领会到本诗系称颂之辞，颂祷有圣德之人必有多子多孙之福。通过以螽斯多子作比，即可领悟诗旨。至于诗人为何取螽斯作比呢？这虽很难揣测，但妇孺皆知，螽蝗是一种生殖能力特别强的动物，生子最多，一只成虫每次产卵众多，一生九十九子；年生两代或三代，繁殖快，适应能力强；信宿即群飞，活动范围广，能以股相切作声。故此诗以螽斯作比，寄情于物；子孙众多，言若螽斯，诗人正是从这一角度取比的。“虽若美之，实含刺意”，这未免有曲解之嫌，原因是有人怀疑，以为螽斯是害虫(总把它同灾难联系在一起)，本身又不美。可想而知，比喻总是跛腿的，诗人只是取螽斯多子、群居而已，至于其他未必顾及。况且螽斯属蝗类，虽产子多，未必就指那种毁害庄家的蝗虫。

至于“诜诜”等六个重言词到底是什么意思，迄今聚讼纷纭。我们不妨关注

一下《螽斯》的这一难点，至今主要的两种解释：一是训之为形容词。二是训之为象声词。

“诜诜”，如《毛传》训为“众多”；《集传》训“和集貌”，兼有多意。在《诗经》里寻找内证，“诜诜”仅此一见。

“振振”，《毛传》训“仁厚”；孔颖达《正义》、欧阳修《诗本义》、陈奂《传疏》训“众多”；朱熹《集传》、马瑞辰《通释》训“盛貌”。《周南·麟之趾》：“麟之趾，振振公子”；《毛传》训为“信厚”。王先谦《诗三家义集疏》训为“振奋有为貌”。一说诚实貌。《召南·殷其雷》：“振振君子”，《毛传》训“信厚”。三家《诗》训“振奋有为貌”。《鲁颂·有駜》：“振振鹭，鹭于下。鼓咽咽，醉言舞。”

古人解释虽有各异，但至少可以断定这里的“振振”不会是象声词。《有駜》的“振振”较难定释。从文意上看，鼓之“咽咽”确有几分象声词的可能，那么，基本处于对应位置的“振振”或许也是象声词，而《毛传》的解释则是“群飞貌”。总之，以《诗经》内证看，“振振”作为象声词的可能性虽然不能完全排除，但更不能确指。

“薨薨”，《毛传》训“众多”，形容词；《集传》训“群飞声”；《齐风·鸡鸣》谓“虫飞薨薨”、《大雅·绵》谓“度之薨薨”，皆可作象声词。

“绳绳”，《毛传》训“戒慎”，《集传》训为“不绝貌”；《大雅·抑》有“子孙绳绳”，释为绵延不绝之义，所以绝不会是象声词。即便这些解释不能确定，至少可以确认“绳绳”应是形容词。

“揖揖”，《毛传》《集传》皆训为“会聚”，《大雅·板》：“辞之辑矣，民之洽矣。”《新序》引作“集”。《鲁诗》《韩诗》皆作“集集”。马瑞辰《通释》：“揖盖集之假借。”《广雅·释诂三》：“集，聚也。”音义均同。“蛰蛰”，《毛传》训“和集”，《集传》训“多意”，《尔雅·释诂》训“静”。如此则可以排除象声词的可能性。

王念孙《经义述闻》云：“首章之振振，言其仁厚；二章之绳绳，言其戒慎；三章之蛰蛰，言其和集；皆称其子孙之贤，非徒其子孙之众多而已”。三章意思并列，通过变换动词来显示区别。方玉润《诗经原始》说：“诗只平说，难六字炼得甚新。”《诗经》运用叠词颇为奇特，而此诗的独特魅力在于：六组叠词，锤炼整齐，音节优美、韵律铿锵，造成了节短韵长的审美效果。

那么，此诗既是取螽斯多子作比，奈何开头要从螽斯之羽写起呢？宋人严粲解释得好:“螽蝗生子最多,信宿即群飞。因飞而见其多,故以羽言之”(《诗缉》)。前两句是描写螽斯(彼物)为比体,后两句是称颂之贤人(尔)为喻体。第三句“尔”,朱熹认为是指螽斯,如此解释固然通达,通篇作比体,以物喻人,而不出正义,今人称为借喻,这可以看做是后世咏物类比体诗的发端。但不及将“尔”看作所颂之人,含义更深。

《螽斯》是《周南》的第五篇,我们举作《诗经》比体的例子来欣赏。朱熹分《诗经》六义为三经三纬。三百零五篇的经文,分为《风》(十五国风)、《雅》(小雅大雅)、《颂》(周、鲁、商三颂)三类,称三经;而作法可分赋、比、兴三体,用这三体来织成经文,所以称三纬(经是织布的直线,纬是织布的横线)。朱熹在《集传》里,对赋、比、兴都下有简单的定义。他说:“赋者,敷陈其事而直言之者也;比者,以彼物比此物也;兴者,先言他物以引起所咏之辞也。”意思是说:赋是平铺直叙;比是用那物比喻这物;兴是先说别的来引起真正要说的事情。像这篇《螽斯》,并不是单纯地描写螽斯,直说她子孙的众多,试加体味,你可以知道,每章前两句描写螽斯繁盛,只是要用来和下两句称其多子多孙做一个比喻。所以是用前两句的“彼物”来比后两句的“此物”。这样我们可以明白,这篇诗用比喻法的比体,而不是用直陈法的赋体,和《卷耳》篇确实只是从头到尾描写一位主妇采卷耳时的所见、所闻、所作、所思的不同。《螽斯》三章,连续用螽斯作比三次,意义不变,仅将第一章中“诜诜”“振振”两对协韵的叠字,在第二章中换上“薨薨”和“绳绳”,更在第三章换上“揖揖”和“蛰蛰”,吟诵起来便觉子孙格外兴旺繁盛,而简单的音调,也就反而觉得韵味深厚,这是《国风》的特色之一。

在远古,人口极度匮乏,人类随时面临灭绝危险,而且由于人类内部的竞争,也急需扩大自身的人口规模,因而生殖就是社会的头等大事。华夏祖先把人生的幸福同多子多孙,世世代代生生不息联系在一起,保留着浓厚的部落氏族的血缘意识,同时,也体现了他们的生存法则:多子多福,人多势众,以量的优势去参与生存竞争,使短暂的个体生命用遗传的方式,得到无限延伸,这也许是人类永恒的主题!

桃 夭

桃之夭夭，灼灼其华。
之子于归，宜其室家。

桃之夭夭，有蕡其实。
之子于归，宜其家室。

桃之夭夭，其叶蓁蓁。
之子于归，宜其家人。

【概要】

仲春桃花盛华夏，男女正婚成室家。
之子之贤归夫家，知有和睦幸福家：

【译文】

桃树夭夭少壮盛，花朵灼灼色鲜明。
桃之光华以德荣，正婚之时男女会。
如花胜玉少女情，活泼温善德色美。
少女之贤夫家归，和顺成家万事兴。

桃树夭夭少壮胜，果实蕡蕡硕大盈。
桃色斑驳果熟盛，正婚之时男女会。
如花胜玉少女情，活泼温善德色美。
少女之贤夫家归，和睦家室邦国兴。

桃树夭夭少壮盛，枝叶蓁蓁繁茂胜。
枝叶苍苍花鲜红，正婚之时男女会。
如花胜玉少女情，活泼温善德色美。
少女之贤夫家归，和善一家族人兴。

【注释】

* 桃：木名，花红，果实可食。 之：语助词。 夭夭：桃有华之盛者，其少壮也。枖之省借，三家《诗》作"枖枖"。枖，音同夭，夭、枖古今字。《说文》："枖，木少盛貌"。一说茂盛娇娆貌。一说死，摧折，少壮而死。 灼灼：花朵盛开鲜明貌。《集传》："灼灼，华之盛也，木少则华盛"。"灼灼"为"焯焯"之通假字。 其：代词。这里指代作用虚化，语意不明显，为句中衬字。 华(音花)：同花。《毛传》："华，谓色有光华。"色有光华亦谓荣。《说文》："华，荣也。"《国语·鲁语》："以德荣为国华。"

* 之子：是子，即今言"这个人"，此指嫁者而言。之，是。子，男女的通称。一说圣物(这里自然指桃子)的灵魂。 于归：古代女子出嫁谓"于归"。周礼仲春令会男女，然则桃之有华，正婚姻之时。或单称归，即往归于夫家之意。 宜：男女婚嫁，年时俱当，和善相处。马瑞辰《通释》："宜与仪通。《尔雅》：'仪，善也。'凡《诗》云宜其室家、宜其家人者，皆谓善处其室家与家人耳。"室家、家室、家人，义同，皆指配偶，夫妇。古人称女子有夫曰有家，男子有妻曰有室。室谓夫妇所居，家谓一门之内。

* 有：形容词前语助词。朱广祁《论稿》：谓"有"与形容词结合犹重言，即"蕡蕡"。 蕡(fén)：指果实硕大，颜色斑驳，成熟而盛。刘心源谓："斑緋，斑驳是也。然则'有蕡其实'即'有斑其实'。桃实将熟，红白相间，其实斑然。"《说文》："蕡，杂香草。"段玉裁《注》："(蕡)当作杂香草，盖此字之本义。若'有蕡其实'，特假借为坟大字耳。" 实：果实。

* 家室：犹室家。倒文易字换韵。

* 蓁蓁(zhēn)：形容枝叶茂盛。又作溱溱。《毛传》："蓁蓁，至盛貌。"《集传》："蓁蓁，叶之盛也。"

* 宜其家人：含有与夫家整个家庭关系和顺的意思。家人，一家之人。一说即族人们。

【品鉴】

《桃夭》也是《诗经》中的名篇。《毛序》解释认为,这是由于后妃德化而不妒忌所致,男女以正婚姻以时,使国中男女皆得婚配,无鳏寡之民。这是编诗之意,还是作诗之意,却很难揣测。诗反映的是贤德少女婚嫁之事,编者所取重在"男女以正婚姻以时"上。因诗大约与《关雎》产生在同时期,表现出的是一种文王之化的欢愉情调,因而便与后妃德化挂上了钩。《毛序》所谓"不妒忌""男女以正婚姻以时""国无鳏民",皆由此诗生发而出,是诗的经学的意义。《诗经》作为儒家经典毕竟传承了两千多年,切不可因其所谓"附会""非诗本义"而全面否定其经学意义。

清高侪鹤《诗经图谱慧解》卷一,康熙四十六年手稿本。原《注》:"《周礼》:'仲春令会男女,盖桃有华时也。物象既昭,昏因正始,化行俗美于斯见矣。'"这个说法出自《周礼·地官司徒·媒氏》:"仲春之月,令会男女。于是时也,奔者不禁。若无故而不用令者,罚之。司男女之无夫家者而会之。"是说仲春时节,由朝廷出面令男女成婚,这时候就算有私奔的也不加禁止,而对该嫁娶而无故不嫁娶的却加以处罚,对那些过了结婚年龄,却尚未成婚的男女,还要帮助他们成婚。

《礼记》曰:"仲春之月,桃始花。"《集传》云:"周礼仲春令会男女,然则桃之有华,正婚姻之时也。"可见,上古时期,仲春之月,当桃花盛开之时,也是男女欣喜相约婚配之日。桃花怒放,美景之盛,男女寻觅佳偶,和睦相处成幸福之"室家"。这种婚配民俗的无数次重复,在民族的心灵中烙下了深深的痕迹。

《桃花庵》中少年尼姑陈妙禅,观望盛开的桃花,那生命之火,再也无法抑制,终于爆发了与少年书生张学富如火如荼的爱情。《婆罗岸》中修行了数百年的百花蛇,却经不起"春天桃花大放"的刺激,演出了一段欲发勃发的故事。在古代戏剧小说中,像《桃花艳史》《桃花影》《桃花扇》等,无不与情爱有关。

因而在古代文学中,桃花往往与男女私情联系在一起。今人又称艳遇叫"桃花运""桃色事件",文学作品中桃花与女色的微妙联系,不正是发轫于《桃夭》吗?"既和周公之礼,又符《桃夭》之诗",就是出自这里。妇孺皆知,"桃花运"一词原是算命术语,具体事宜就不在此赘述了。而《本事诗》中有这样一个故事:唐代诗人崔护,苦读半日,忽见春光撩人,便放下书本出去散步,后无意中迈进一片桃林，为桃花所吸引。花盛之中，见有一户人家，饥渴之时前去讨水喝。原本以为开门的定是一位老农，却不想遇见了一位芳龄少女，且生得如花似玉，不免一惊。后交谈数语，顿然生情。少女之家尽是墨香，两人相处融洽，可天色已暗，便相约再见。第二年仲春之月，鬼使神差，他又到此，但是桃花依旧，昔日农屋已上锁，人事已非。崔护思念之切，许久终于敲开屋门，老农一句"你杀死她"使崔护获悉自己朝思暮想的如桃之女，在对自己的思念中"夭夭"而逝。崔护扑于少女遗体上，悲痛欲绝，少女竟然出奇而活，后终究成为配偶。故创作了著名的"去年今日此门中，人面桃花相映红；人面不知何处去，桃花依旧笑春风。"诗人咏桃，并非止于描摹状物，而是桃花引起了诗人内心的触动。

鉴于《桃夭》，有学者一致认为：这是一首恭贺新娘的诗。那么，这会不会是桃花夫人的婚庆之歌呢？今人皆知，桃花夫人是春秋时期息侯的夫人，因其面如桃花、惊艳天下而得名"桃花夫人"，却少有人知道桃花夫人生性喜欢桃花，得名并非只因美丽那样简单。那一年，息夫人在桃园中观赏桃花，息侯伴其左右，美人赏花，君子观美。突然侍从来报，说是有要事启禀，息侯不得不稍时离开，待会来时，却发现不见了夫人。一寻不见，二寻不着，息侯不免有些焦急，问过侍女，几次得到的回答都是"夫人就在园中"。侍女见息侯百寻不得其果，就偷偷地指给他看——息夫人身着青枝绿衣，面若粉桃花开，穿行在桃林之中，活脱脱一幅花神入凡的曼妙画卷。息侯看得如醉如痴，便脱口赞道："夫人之美，就像一朵盛开的桃花！"自此，"桃花夫人"的美称，便传扬天下。

而彼时《桃夭》已开始成为一首流行的诗歌，那么息夫人嫁往息侯时，一路几百里不绝于途的歌声，会不会就是《桃夭》呢？

《桃夭》是中国诗歌史上第一次把美女比作鲜花的诗，有一种开先河的先锋感，何况对于一位出嫁途中的少女呢？桃花在诗中是有着深刻的内涵，它寄托远古先民，对于人生的无限憧憬。桃花是一种喜气的花，热闹的花，它不比梨花那么素淡寡寒，所谓银碗盛雪，那也是士大夫轻微的撇世小情调，世俗的人们还是热衷于桃花的灼灼其华，在有些荒凉的初春，永远胜芳不败，不正符合着勃勃生机、欣欣向荣、多子多福的人生吗？自从这个比喻出现后，历代用桃花来比喻少女的诗篇数不胜数；最有名的，当数唐代诗人崔护的《题都城南庄》。

"文王之化，自家而国，男女以正婚姻以时；故诗人因所见以起兴，而叹其女

子之贤,知其必有以宜其室家也”(朱熹《集传》)。朱子之评,虽然废《序》,但最终没能摆脱所谓“文王之化”的经说,认为是“女子之贤”,必有和顺之“室家”,细细体味,甚有道理。然清方玉润却有异议,他在《诗经原始》中说:“《桃夭》不过取其色以喻‘之子’,且春华初茂,即芳龄正盛时耳,故以为比。……何诗又以为美后妃而作?……且呼后妃为‘之子’,恐诗人轻薄亦不止猥亵如此之盛耳!”虽有歧义,却无独到见解。

首章写华,旨在说美德的重要。诗一开首,就勾画出一幅茂盛的桃林之图:“桃之夭夭,灼灼其华。”扑面而来的娇艳桃花,一下子就把人的心灵占满了,给人以强烈的色彩感。诗以鲜艳的桃花,隐喻女子的年轻美丽与贤德,归至于夫家,必能成为和睦幸福之“室家”。

但一般认为,“夭夭”是“桃有华之盛者,其少壮也。”(《毛传》)也就是说,桃华初开之盛,正在茁壮成长的阶段,鲜艳夺目,丰姿撩人,正适宜比喻出嫁的少女。《姜斋诗话》云:“‘桃之夭夭’,‘其叶蓁蓁’,‘灼灼其华’,‘有蕡其实’,乃穷物理。夭夭者,桃之稚者也。桃至拱把以上,则液流蠹结,花不荣,叶不盛,实不蕃,小树弱枝,婀娜妍茂为有加耳。”其说别具一格。

“桃之夭夭”一句,后来被人用谐音而作“逃之夭夭”,成为一个妇孺皆知的成语,但“桃之夭夭”的含义却甚难定解。

然“夭夭”确有“少”的意思,比喻小孩子死了叫“夭折”、摧折,即少壮而死。《广雅·释诂》:“夭,折也。”这种用法在先秦古籍也能找到若干例证,这让人感到有些不可理解。

“灼灼”二字,真是让人有仿佛照眼欲明的感觉,活画出一幅春末夏初的桃园美景:暖风轻拂,绿树成荫;桃花竞放,枝叶青青,郁郁葱葱。这一切多么美,多么诱人啊!正是男女婚配寻偶,自在地赏玩景物的好时光!然而,生活在这里的女主人公怎么样呢?

“灼灼其华”的“华”:就是“花”,“华”是本字,“花”是俗字,是六朝以后才有的字。华谓华色,有光华亦谓荣。《说文》:“华,荣也。”以德荣为国华,暗喻少女有德。林锡龄《诗经审鹄要解》云:“‘夭夭’训少好,重在少上,可以稚弱衰老作衬,以桃少则华盛,兴女贤则家宜。”林氏之说,明确指出诗以桃树少壮而华盛,以兴少女之贤则必有和睦幸福之家。

那么，首两句用现代汉语说就是：桃树夭夭然少壮而盛，花朵灼灼然泽色而明，桃之光华以德为荣，以兴而比所咏之辞。

诗虽然采用兴而比的手法，却没有对出嫁女子多一分笔墨去描写，只是用短小精悍的语句："之子于归，宜其室家。"周礼仲春之月，桃花盛开之时，正是男女欣喜相约之日。桃花怒放，美景之盛，男有才貌，女有盛德，方能寻觅成为佳偶。然而，这个肌肤洁白的佳人，正如灼灼然鲜艳的桃花，德色双美；但她要出嫁了，出归于夫家，相敬如宾，活泼贤良，知她必有和顺幸福之"室家"，并成内治，家和万事兴。但青春易逝，外表的美丽总是暂时的，最重要的是那愈久愈纯的内在美德。因而，如花胜玉之少女之贤德，归至于夫家，必然成为和睦幸福之家。诗的头两句，表面上是写花，实际上在写那位充满一股青春气息的少女之美，既写她外表美，又写她内在美。

接下来的两节重叠复沓，只是巧换几个字眼而已，便将其中的玄妙一揭而尽。

第二章写实，旨在讲传宗的重要性。仍然先以"桃之夭夭，有蕡其实"二句作兴而比法，桃树夭夭然少壮之胜，果实蕡蕡而硕大；桃色斑驳，果实累累而熟盛，正婚姻之时，令男女相会。而如花胜玉的少女，活泼温善，德色双美。少女之贤而归于夫家，必有和睦家室而致国家兴旺。表明春华秋实，自然界植物如此，人也同样。因此，诗亦以果实累累隐喻"之子"早生贵子，多子多孙，繁衍家族，这在当时是十分重要的。所以，桃花少女欢欢喜喜归夫家，贤淑而有德，和顺相处，必能组成美满幸福之家。

第三章写叶，旨在告知天下，少女之贤，将以自己的种种之善事待人对物，必有和睦之室家。桃树夭夭然少壮之盛，枝叶蓁蓁之繁茂而胜；然则枝叶苍苍桃花红，正婚姻之时，仲春之月，令男女相会。而如花胜玉之少女，活泼温善，德色双美。少女之贤而归于夫家，和善一家，族人兴旺。

《桃夭》的作者，应该是既懂得如何种植桃花，又深知桃花之习性，也更懂得欣赏少女应具备的德容，不然不会将这两者的共同之处拿捏得如此准确而巧妙。百姓田间，再没有什么鲜花，能像桃花这般花色鲜明，果实丰硕，枝繁叶茂。"窈窕淑女，君子好逑"，要的不也是貌如桃花、德美人贤、能生养、懂持家的女性吗？

全诗以桃树的花、果、叶作兴而比，逐次展开，极富层次。而每章仍然结以“宜其室家”“宜其家室”“宜其家人”，可见“宜室宜家”的重要性。但是，要能“宜室宜家”却不是简单的事，在旧日的贵族大家庭中，“桃花女”除了会做各种家事的女功之外，还要应付人事。而在人事中，上侍奉公婆，中扶助丈夫、照顾大伯小叔、姑姑妯娌，下又操心侄辈们，外又招待亲戚朋友；要在这样一个环境中，与族人和睦相处，应付自如，非有较高的修养、内在的美德不可。即使在今日，相处小家庭也是同样的道理。因此，此诗特别强调“宜其家室”。《礼记·大学》引此诗说：“宜其家人，而后可以教国人”。所以，一个“宜”字，把修身、养德、齐家、育民、治国之道，都包含在其中了。

《桃夭》简短的十二句，再现了三月桃花汛下的自然胜景之美，兴比所咏之辞：贤女“宜其室家”的完美归宿。透过诗人的笔端，看到的不仅仅是对贤女美容的肯定——如花胜玉，德容双全，而且，同样看到少女其他方面的更为重要的肯定，那就是，嫁夫之后的“宜室宜家”，也就是朱熹所说的“而叹其女子之贤，知其必有以宜其室家也。”“宜其室家”的具体事项，则体现在和顺持家之余，势必养育多子多孙。“其叶蓁蓁”一句，将蓁蓁然桃叶之盛，隐喻一位女子繁盛的养育能力，远古社会强调人丁兴旺，繁衍兴盛可见一斑。

此诗在短小精悍的三章中，前两句描写的皆是自然美景与人生胜景的交相辉映。桃树夭夭之盛，桃花灼灼之艳，每到仲春时节，桃花怒放之时，如花胜玉的贵族少女，此刻正在出嫁的途中，嫁车之盛，浩浩荡荡，穿梭在一片郁郁苍苍的桃林之中，灼灼然桃花鲜艳，仿佛笑颜为她依依送行……少女出嫁，不正如盛开的花期一般喜气热闹吗？这也是一层桃树夭夭然繁盛的铺垫，隐喻着“之子于归”的精神上的故乡——灵魂一旦安定下来，之后会怎么样？于是，到了结尾一句，诗人才透露出人生的责任来——“宜其室家”“宜其家室”“宜其家人”。

考察细研《诗经》，孔子排列篇章的先后顺序，颇有深意。可以看出，古人把少女美德看得极重。从首篇的《关雎》，圣德之君婚配贤德之女，辗转反侧，日思夜慕，渴望与她结为秦晋；到第二篇《葛覃》，淋漓精致地描写一位贤女探望父母，而在娘家的女功之事，明写她的勤、俭、孝、敬；再到第三篇《卷耳》，夫君远役，闺门思念；然后就是第五篇《螽斯》，以螽蝗展羽之飞，繁衍之盛，暗喻嫁女多子多孙之福；第六篇就是《桃夭》，仿佛一幅桃华美景之图，图中亭亭少女，不仅艳若桃花，而且同样有着贤淑的美德，故知其必“宜其室家”。还原到如今的现实语境中来，也就是一位少女之德，不仅体现在美容上，而且还要体现在家庭乃至社会事业上。仔细想想，这也是要求天下女人的一种高难度的综合素质啊！西子捧心式的倾城佳人，在生活里毕竟鲜寡，更多的则是家常布衣、粗茶淡饭的芸芸之女。那么，《桃夭》诗里隐喻少女的体态容貌，宛如“桃之夭夭，灼灼其华”，显得虚无缥缈，那也不过是古人对于少女之贤的追求罢了。

《桃夭》，诗意三变，句法也三变，是《国风》中常见的“渐层式”，即一层深似一层，或一层浅似一层，随着事情的进展而变化。而诗的每章前两句注重写景，每章后两句着重写人，局势有所变换；但又紧紧围绕着一个中心，就是把人写好，写景是为了反衬人。这样，诗的气脉就一气贯串，而使结构臻于完整。在艺术风格方面，则采用兴而比的艺术手法和重叠复沓的结构形式，可见，赋、比、兴和重章叠句是《诗经》的一大特色。

兔 罝

肃肃兔罝，椓之丁丁。
赳赳武夫，公侯干城。

肃肃兔罝，施于中逵。
赳赳武夫，公侯好仇。

肃肃兔罝，施于中林。
赳赳武夫，公侯腹心。

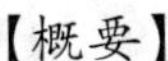

【概要】

德化俗美贤才众，罝兔猎人才可用。

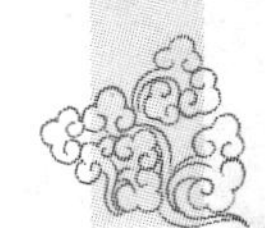

故诗人因其所事，以起兴而美颂之：

【译文】

捕虎必用大罗网，肃肃整饬网眼匡。
敲打木桩丁丁响，密密兔网固木桩。
赳赳然勇武雄壮，武士英武气昂昂。
捍卫公侯的城墙，众贤才智皆用上。

捕虎要设大罗网，肃肃整饬网眼匡。
网设九达之道旁，猎人凶猛捕禽忙。
赳赳然勇武雄壮，武士威猛气昂昂。
尽忠公侯的伴当，保护邦国好勇将。

捕捉禽兽入罝网，肃肃整饬网眼匡。
网设茂密林中央，猎人英勇捕兽强。
赳赳然勇武雄壮，武士英勇气昂昂。
守护公侯心腹将，捍卫邦国保边疆。

【注释】

* 肃肃：肃为“缩”之假借字，借作“缩缩”，兔网整齐严密貌。兔罝本结绳为之，言其结绳之状则为缩缩。缩缩为兔罝结绳之状，犹赳赳为武夫勇武之貌。兔罝(jū)：兔罟，即捕兔的网。晋郭璞《尔雅音图》，嘉庆六年影宋绘图本重模刊，艺学轩藏版。上图“鸟罟谓之罗”，下图“兔罟谓之罝”，从画面来看，画家是把兔罝当作捕兔子的细网。 椓(zhuó)：敲击打桩，用以固网。 丁丁(zhēng)：丁丁连言，作状声之词，音变而为“钲”之音，象声词。敲击木桩之声。

* 赳赳：雄壮勇武貌。《韩诗》赳作“纠”，假借字。 武夫：指勇武之士。 公侯：诸侯。或说周代统治阶级的爵位。周天子下面有公、侯、伯、子、男(其中子、男同等)四等爵位。 干城：借以比喻御外卫内的守卫之士，如干如城。干，通“捍”(hàn)，捍卫，字也作“捍”，即捍卫。《尔雅·释言》：“干，捍也。”

* 施：设置，布置。 中逵(kuí)：即逵中的倒文。逵指四通八达的大道。郭璞

云:“四道交出九达谓之逵。”中,指大路中间。一说语词。

* 好仇(qiú):指好帮手。仇与“逑”通,匹耦。陈奂《传疏》:“仇,匹也。……公侯好匹,言武夫能为公侯之好匹。匹当读为‘率由众匹’之匹。《假乐笺》云:‘循用忠臣之贤者,其行能匹耦己之心。’《晋语》:‘国人诵之曰:若狄公子,吾是之依兮;镇抚国家,为王妃兮。’韦《注》曰:‘言重耳当伯诸侯,为王妃耦。’并与诗仇字义同。”

* 中林:林中的倒文。牧外谓之野,野外谓之林。

* 腹心:心腹的倒文,最亲信之人,指同心同德尽忠的人。同心同德之谓,则又非特好仇而已。

【品鉴】

文王施行德化,使邦国社会风俗变得美好。所以,邦国涌现出众多贤才。即使设网捕虎的猎人,也是雄赳赳气昂昂,是威武忠勇的好武士。他们体格健壮,孔武有力,都可以用来卫国又御侮,都是国君的好“干城”,心腹之将。因此,《兔罝》就是一首赞美文王化行俗美、贤才众多而英武忠勇邦国的好诗。

然而,此诗虽赞美猎人的英武忠勇,但实际颂美文王德化之盛。《毛序》解释《关雎》主题是“后妃之化”,认为由于《关雎》后妃之德,把良好的道德风尚,化行于天下,使社会风俗变得更美好。故人人都追求个人品德的修养提升,致使贤人众多,人才辈出。《郑笺》与《孔疏》再做进一步阐释说,布置罗网而捕虎,此是卑微之事,但猎人在做这个卑微之事时,非但没有轻率敷衍,反而赳赳然英勇威武,毫无畏惧,尽忠敬业,由此见微知著;可见风俗甚好,文王德化之盛,贤才众多,皆可用来捍卫邦国。朱熹《集传》也延续《毛序》之解:“化行俗美,贤才众多,虽罝兔之野人,而其才之可用犹如此;故诗人因其所事以起兴而美之,而文王德化之盛,因可见矣”。这就是古人阐释最主流的《兔罝》诗旨。

然而,如何能合乎逻辑地推导出《诗序》所谓“后妃之化”之意,古人也不都能信服,故聚讼纷纭:

崔述阐释说:“余玩其词,似有惋惜之意,殊不类盛世之音。……太平日久,上下恬熙,始不复以进贤为事,是以世胄常蹑高位而寒畯苦无进身之阶。文士或间一遇时,而武夫尤难以逢世。以故诗人惜之曰:此林中之施兔罝者,其才智皆

公侯之干城、公侯之腹心也。惋惜之情，显然言外。”他认为那些武士“是以世胄常蹑高位而寒畯苦无进身之阶，”无非是公侯之“干城”“腹心”而已，是惋惜之词（《读风偶识》）。

方玉润解释：“窃意此必羽林卫士，扈跸游猎，英姿伟抱，奇杰魁梧，遥而望之，无非公侯之选。识者于此有以知西伯异世之必昌，如后世刘基赴临淮，见人人皆英雄，屠贩者气宇亦异，知为天子所在，而叹其从龙者之众也。诗人咏之，亦以为王气钟灵特盛乎此耳”（《诗经原始》）。方氏评说，颇有见地。此上两说，虽有歧义，但对理解诗旨，甚有益处。

王先谦《诗三家义集疏》云：“韩硕曰：殷纣之贤人退处山林，网禽兽而食之。文王举闳夭、泰颠于罝网之中。”《韩诗》解释说，殷纣王时，贤人退隐山林而居处，布置罗网捕捉禽兽以充食，日子过得荒芜清苦。然文王在游猎罝网中发现了闳夭、泰颠两位贤人，并举荐其委以重任。

此说见于《墨子·尚贤》，后者详尽的上下文，正好是对前者最好的解读：古代圣王治国育民的风格，则是任贤崇德，所以，即使耕耘之民、还是从事手工艺者，甚至商贾，如有超人才力，就会得到重用，甚至得到高官厚禄和决策的权力。官爵不高，就得不到民众的尊敬；俸禄不厚，就得不到民众的信服；缺乏决策的权力，就甚难获得民众的服从。所以，以这三种东西授予贤人，不是为了赏赐他们的贤德，而是为做朝政之事。所以，要依据人的贤良品德、能力大小，授之以相应官爵；依据官爵之高低，确定其相应之责；根据他们的功劳，给予相对奖赏。如此一来，官员就不会永远富贵，民众也不会永远贫贱。有能力的就重用他，没能力的就降免他。所谓“举公义，辟私怨”，讲的就是这个道理。所以古时，尧在服泽之阳举用了舜，禹在阴方之中举用了伯益，商汤在庖厨之中举用了伊尹，周文王在“罝网之中”举用了闳夭、泰颠两位贤人，天下无不因此而大治。

由此推想《韩诗》说的由来，大约就是从《墨子·尚贤》这一句“文王举闳夭、泰颠于罝网之中，授之政，西土服”附会而来，只缘一说“罝罔”，一说“兔罝”。至于《墨子》的说法有什么根据，这就很难考证而清。毕竟这段话里，谈到的所谓服泽之阳、阴方之中，再不见其他典故，只是前代学者宅心仁厚，相信作者言必有据罢了。

《兔罝》一诗，诗共三章，每章四句。基本采用赋体艺术手法，直陈其事。每章的前两句写设网，后两句称颂武夫，而在设网的描绘中，也寓有赞美之意。

“兔罝”，捕兽的网。古时捕鱼用网，捕兽也用网。围猎时把网安置在适宜的地方，再从四面八方，把野兽朝设网的地方驱赶，将其赶进罗网，然后一网打尽。“兔罝”，写的不是捕兔，而是捕虎；兔训为“虎”，《释文》本作菟。《左传·定公四年》说：“楚人谓虎于菟。”故只有“赳赳武夫”才能与捕虎之事相称。

武夫即武士，也就是设网捕兽之士；指的不是野人猎户，而是一国之士，其身份显然是下等贵族，属于诸侯、大夫以下士的阶层。《左传·桓公二年》师服语：“故天子建国，诸侯立家，卿置侧室，大夫有贰宗，士有隶子弟，庶人、工、商，各有分亲，皆有等衰，是以民服事其上而下无觊觎”，这里描述的就是当时由上到下的社会分层，自士以下就属于庶人了，而士这个阶层，虽与国君的血缘甚远，但多少还是沾亲带故的。其言行举止，仍受礼制的约束，而不像庶人那样，被排除在礼制之外。国家遇到战事，士需要承担保家卫国的义务，在一国之祖庙领受武器，组成军队，共御外侮。“公侯”的身份，显然是诸侯之流的上等贵族。

诗的前两句是场景描写：围猎场上，武士们东奔西跑，你追我赶，忙忙碌碌，有的织网，肃肃然张张整饬网眼甚严密；有的打桩，丁丁然之声响不停，虎罝整整齐齐，固定于木桩之上；有的把网挂在山林里，有的把网设在九达之道旁。这两句话，描绘出一片繁忙景象和紧张气氛。后两句直抒胸臆：赳赳然武士威武雄壮、气昂昂，是捍卫公侯的好勇士，众贤才智，可为保家卫国而用。

远古时，人们以狩猎为生。到了周代，虽然农业已有发展，粮食是主要食品，但有战事就打仗，农事间隙仍狩猎，往往开展大规模的狩猎活动，一年四季都打猎。故春季打猎谓之蒐，夏季打猎谓之苗，秋季打猎谓之狝，冬季打猎谓之狩。据《左传·隐公五年》记载：“皆以农隙以讲事，”所谓“讲事”，就是讲武艺之事。不过这时的狩猎，往往带有军事训练、军事演习的性质。但实际情况可能更加接近于《国语·周语》中虢文公对周宣王的进谏，所谓“三时务农，而一时讲武”，在冬天农闲时，对国人进行军事训练。

而另一层意义是，以猎物祭奠神祖，这是远古的传统风俗。周代所谓“国之大事，在祀与戎”，狩猎与祭祀这两件邦国头等大事紧紧相连。狩猎为生活，打猎为军演，《毛诗》曾说过：“习于田猎谓之贤”，可见田猎的重要性，且狩猎有甚多的礼仪需要遵守，维护礼制也就是维护政治稳定。

然而，诗人描写武士雄“赳赳”，这是点睛之笔，表明其英勇顽强、贤人众多，是全诗的中心主题。武士的忠勇卫国，对文王德化之盛做了明确暗示，达到了含蓄有致、事简言丰的效果。因此，研读此诗，令人油然生出一股忠勇卫国的情操。“肃肃”二字，就有一种严肃整饬的气氛，再加上形容武夫的“赳赳”二字，使人不禁想到那些雄赳赳、气昂昂、保家卫国的战士，他们多么英勇善战！故诗人看见武士张网捕虎，个个英姿勃勃，不禁联想道：文王施行德化，涌现出众多贤才，就连猎人也威武凶猛；成为御外卫内的邦国勇士，其才智皆为邦国所用。

“借代”是后世诗人常用的一种修辞手法，它始于《兔罝》。诗以“干城”借代保家卫国而有才智的武士，而这些贤士，不仅是国家的“干城”，而且是国军的善匹将，可以为其献计谋策；不仅是国君的勇猛干将，更是国君最亲信的僚属；他们卫国御侮，不畏艰险，忠心耿耿。与国君同心同德，共同为国，有这样的武士，难道还怕外敌入侵吗？难道还有打不败的敌人？诗中以“腹心”指代忠心耿耿而最信任的大臣，形象生动，王化之盛也就不言而在其中了。

雄“赳赳”状其形象之英武，“干城”“好仇”“腹心”写其品质好。“可为公侯之干城，言勇而忠也；可为公侯之美匹，言勇而良也；可为公侯之腹心，谓机密之事可与之谋虑，言勇而智也。”（宋·严粲《诗缉》）严粲的解评，可谓深得诗旨。《孔丛子》所载的《谏格虎赋》描述的正是相近于《兔罝》的“田猎之至乐”的场景：

“于是分幕将士，营遮榛丛，戴星入野，烈火求踪。见虎自来，乃往寻从。张罝网，罗刃锋，驱槛车，听鼓钟。猛虎颠遽，奔走东西。怖骇内怀，迷冒怔忪。耳目丧精，值网而冲。扃然自缚，或只或双。车徒抃赞，咸称曰工。乃缚以丝组，斩其爪牙，支轮登较，高载归家。孟贲被发瞋目，蹂猾纷华。故都邑百姓，莫不于迈。陈列路隅，咸称万岁。斯亦田猎之至乐也。”

在这一捕捉猛虎的场面中，武士们在榛榛丛木遮阴之下，披星戴月，进入山野，用烈火焚烧草木，寻求虎踪。突见猛虎自来，便前往跟踪寻觅。武士们张开罝网，携带刀锋，驱赶猎车，听候钟鼓的指令；惊得猛虎颠沛流离，东奔西跑，迷冒怔忪，耳目丧精，值网而冲，扃然自缚，或只或双。于是，猎车队伍浩浩荡荡，满载而归。队伍里最勇武的武夫，都市的百姓，莫不迈前，排列路隅两边，皆呼喝彩万岁。而《兔罝》设网捕虎的“赳赳武夫”，岂不正是“被发瞋目，蹂猾纷华”的孟贲的逼真形象吗？他们不正是公侯的干城、腹心吗？

我们知道，文学作品的艺术风格，是与它所产生的时代和作者的思想感情不可分的。因此，《诗经》在思想感情上、艺术风格上，都有一种来源于淳朴生活和发自纯真之心的朴实、自然之美，而这往往正是一般文人作家所难以达到的。所以说，《诗经》在篇章结构上，有一种章节回环、叠句复沓的特点，如《兔罝》一诗，由三章构成，而章与章之间字句相同，只对应地变换少数字词，如首章第二句“丁丁”，二章第二句换“中逵”，三章第二句换“中林”；首章第四句“干城”，二章第四句换“好仇”，三章第四句换“腹心”；第三句“赳赳武夫”是叠句，反复咏唱，加深主题。如前面的《关雎》《葛覃》《卷耳》《樛木》《螽斯》《桃夭》都是例子，而《兔罝》更不例外。所谓重章，并不是把完全相同的字句再罗列一遍，而是改变或替换一些字词后的复唱。这就产生了两种情况：

一、字词虽变而意义相同。如《关雎》的最后两章；《樛木》三章；《桃夭》三章；《兔罝》三章。《诗经》中这类同义复沓的重章之歌较多，其回环复沓的咏唱，加强了抒情效果。

二、改变字词后，使诗章间形成意义上的层递关系。如《卷耳》：“陟彼崔嵬，我马虺隤。我姑酌彼金罍，维以不永怀。陟彼高冈，我马玄黄。我姑酌彼兕觥，维以不永伤。陟彼砠矣，我马瘏矣。我仆痡矣，云何吁矣！”诗人长时间往复徘徊在同一个地方的形象，表明他忧伤不断的程度愈来愈重。再如《兔罝》：

捕虎必用大罗网，肃肃整饬网眼匡。敲打木桩丁丁响，密密虎网固木桩。赳赳然勇武雄壮，武士英武气昂昂。捍卫公侯的城墙，众贤才智皆用上。

捕虎要设大罗网，肃肃整饬网眼匡。网设九达之道旁，猎人凶猛捕禽忙。赳赳然勇武雄壮，武士威猛气昂昂。尽忠公侯的伴当，保护邦国好勇将。

捕捉禽兽入罝网，肃肃整饬网眼匡。网设茂密林中央，猎人英勇捕兽强。赳赳然勇武雄壮，武士英勇气昂昂。守护公侯心腹将，捍卫邦国保边疆。

三章之间为并列关系，后两句用“干城”“好仇”“腹心”赞颂武士的品质之盛，层递而进，越来越浓烈。方玉润解释此诗时，顺次指出“此层浅”“此层深”“此层更深”。姚际恒解释说：“‘干城’‘好仇’‘腹心’，知一节深一节。”讲的都是这种层递关系。

这类重章就不是简单的复唱，而是在意义上或情思上有所添加。这种诗在《诗经》中也有一定数量。当然，重章复沓也是民歌的一般特点，它带有诗歌发展

初期较为粗放的痕迹。

芣苢

采采芣苢，薄言采之。
采采芣苢，薄言有之。

采采芣苢，薄言掇之。
采采芣苢，薄言捋之。

采采芣苢，薄言袺之。
采采芣苢，薄言襭之。

【概要】

化行俗美室家和平，妇人无事生养安心。
采摘芣苢岂有何用？宜子之效治生之孕：

【译文】

采采然青青车前草，多生道边而花盛茂。
五月采苗八月采实，始采他而子实入药。
采采然青青车前草，多生道旁而子盛茂。
有得子实宜子之效，子治难产不孕莱药。

采采然苍苍车前草，多生道旁而花盛茂。
五月采苗八月采实，拾取他而子实入药。
采采然苍苍车前草，多生道旁而子盛茂。

捋取子实宜子之效，子治难产不孕菜药。

采采然葱葱车前草，多生道旁而花盛茂。
五月采苗八月采实，衣襟贮之手执其衽。
采采然葱葱车前草，多生道旁而子盛茂。
衣襟贮之掖于带间，子治难产不孕之症。

【注释】

* 采采：形容词。茂盛众多、花色鲜明貌。或说动词，指采了又采，反复持续的动作。看文察义，释为动词较好。 芣(fú)苢(yǐ)：一种草药，因其多生于道旁，故俗称车前子，又名牛舌草。子实和全草皆可入药。据说有宜子之效，古人以为可治妇女不孕或难产之症。陆玑云："马舄，喜在牛迹中生，故云车前当道，幽州人谓之牛舌草，可煮作茹，大滑其子治妇人难产。" 薄言采之：即言车前甚多，轻易可采。薄，语助词，无义。言，当读如"焉"，通"焉"，语词，无义。闻一多《匡斋尺牍》："薄与伯通。"《汉书·严助传》："'王居远，事薄遽'，薄遽即伯遽。薄本是外动词，薄言二字连用为副词成语。薄言即薄而，实际也就等于薄薄然。"采，指刚开始采车前草。按上"采"字又递进一层。《集传》："采，始求之也。"

* 有之：采取而既得之。《集传》："有：既得之也。"《大雅·瞻印篇》："人有土田，女反有之。'有之犹取之也。"闻一多《风诗类钞》："有，藏之也。"

* 掇(duō)：摘取。胡承珙《毛诗后笺》(下简称《后笺》)："掇是拾其子之既落者，捋是捋其子之未落者。"《说文》："掇，拾取也。拾，掇也。"

* 捋(luō)：成把地从茎上抹取。捋与寽，音同而义有异。采芣苢五指持之，而捋其子，故字当作寽。捋仅言捋取。

* 袺(jié)：手执衣襟以承物。《集传》："袺，以衣贮之而执其衽也。" 李巡曰："极衣上衽于带。" 王先谦《诗三家义集疏》："《鲁诗》曰：'袺谓之袸。'……采物既多，以袖受之，此袺之义也。"

* 襭(xié)：将衣襟翻转掖在腰带间兜东西。《集传》："襭，以衣贮之而扱其衽于带间也。" 朱骏声《定声》："兜而扱于带间曰襭，手执之曰袺。"

【品鉴】

虽然芣苢是什么植物,诸家聚讼纷纭,解说不一,但在芣苢宜子之效这一点上,则是一致的。芣苢是一种多年车前科草本植物,种子是较普通的一种中药,可治妇女难产与不孕之症。故古人以为妇人采摘它食之,即可通过车前草的药物作用,而冀望怀孕生子,祈求子孙兴旺。

闻一多《神话与诗·匡诽尺牍》云:现在请你再把诗读一遍,抓紧那节奏,然后合上眼睛,揣摩那是一个夏天,芣苢都结子了,满山遍谷,都是采摘芣苢的妇女,山谷中歌声袅袅。这边人群中有一个新嫁的少妇,正拈着那希望的珠玑出神,羞涩忽然涌上她的脸颊,一个巧笑,急忙地把它揣在怀里了,然后她的手只是机械似地替她摘,替她往怀里装,她的喉咙只随着大家的歌声哼者——一片不知名的欣慰,没遮拦的狂欢。不过,那边山坳里,你瞧,还有一个佝偻的背影。她也许是一个中年的硗确的女性。她在寻求一粒真实的新生的种子、一个祯祥,她在给她的命运寻求救星,因为她急于要取得母亲的资格以稳固她妻的地位。在那每一掇一捋之间,她用尽了全副的腕力和精诚,她的歌声也便在那“掇”“捋”两字上用力地响应着两个顿挫,仿佛这样便可以帮助她摘来一颗真正灵验的种子。但是疑虑马上又警告她那都是枉然的。她不是又记起以往连年失望的经验了吗?悲哀和恐怖又回来了——失望的悲哀和失依的恐怖。动作、声音,一齐都凝住了。泪珠在她眼里打转。

“采采芣苢,薄言采之。采采芣苢,薄言有之”。她听见山前那群少妇的歌声,像那回在梦中听到的天乐一般,美丽而辽远。

闻一多认为“采芣苢的习俗,便是性本能的演出”(《神话与诗·匡诽尺牍》)。是女性对新生命的热烈追求和厚望。其认为“芣苢”音与“胚胎”相近。字或作桴苡,桴、胞古音相近。胚胎、胞胎皆新生命之萌芽。闻一多如此阐释,是因为他考证出了“芣苢”和“胚胎”在训诂上的渊源,确凿了芣苢为车前草,车前草被古人认为有宜子之效之说。因而,从这一层意义上讲,采芣苢实际是一种带有宗教意义的活动,是捋取一种新生命。蓝菊荪《今译》认为,“当时社会妇女是以生育来奠定她的家庭地位的。细玩此诗,当写采摘车前子的妇女的忧喜交集的情绪。”依然确定此诗是“妇人乐有子”。

那么,“芣苢”到底是什么植物?晋郭璞认为芣苢是“今车前草,大叶长穗,好生道边,江东呼为蛤蟆衣。”陆玑却以为是“马舄,舄在牛迹中生,故云车前当道,幽州人谓之牛舌草,可煮作茹,大滑其子治妇人难产。”王肃引《周书》王会介绍说:“芣苢如李,出于西戎。”但遭到王基的批驳,他说:“王会所记杂物奇兽皆四夷,辽国各赍土地异物以为贡……非周南妇人所得采,是芣苢为马舄之草,非西戎之木也。’”王氏阐明芣苢为马舄之草,非西戎之木。《尔雅》进一步解释说:“芣苢,马舄;马舄,车前草。”《图经》说:“春初生苗,叶布地如匙面,累年者长及尺余,如鼠尾;花甚细,青色微赤,结实如葶苈,赤黑色;今人五月采苗,七、八月采实。”苏颂云:“然今人不复有啖者,其子入药最多。”郭璞又云:“芣苢赘云车前之草,别名芣苢。”陆德明云:“其子治妇人生……”从上述之解,可以确定“马舄”就是“芣苢”之草,这是古人最经典的释义。

“读者试平心静气涵咏此诗,恍听田家妇女,三三五五,于平原旷野、风和日丽中,群歌互答,余音袅袅,若远若近,忽断忽续,不知情之何以移,而神之何以旷。则此诗可不必细绎而自得其妙焉……今世南方妇女,登山采茶,结伴讴歌,犹有此遗风焉”(方玉润《诗经原始》)。方氏这段精湛的阐述,往往被现代的《诗经》研究者所赞叹,他所提供给我们的形象画面,那才是真实的,具体的,寓于审美价值的。但若说他完全观之以诗人视角,其中毕竟也透露了考据上的一点论断:既然《芣苢》是农家妇女“群歌互答,余音袅袅”之讴歌,“属于劳动者歌其事”一类的作品,自然就排除《韩诗》那种略带悲情的解释。虽然未说,这是妇人采车前子以求生子的场景,但也表现了勤劳中的一种欢乐氛围。

方玉润的文字奇特之处,在于绘声绘色地描绘出一幅妇女们采摘车前草的热闹繁忙图景。而根据方氏的精辟阐述,再从探研诗句上看,《芣苢》一诗,表现的仅仅是妇人们采掘车前草的场面景象吗?但从这一场景中,可以判断出一个社会稳定、政治仁厚的太平盛世,“方得王民的皞皞气象”。“读此诗者可以意会而不可以迹求,细妇人之词,非天下康熙而兵戈之忧,夫妇相守而无征役之悲,时和年丰而流利之苦,何以使其优游自得?想与赋诗而乐其事哉!”(黄光升《毛诗微言》引)黄氏之说,颇有道理。清高侪鹤《诗经图谱慧解》卷一,康熙四十六年手稿本。但这幅图不叫《芣苢图》,而叫《乐世芣苢图》,因为画家所理解的《芣苢》,是以采摘芣苢的景象,作为周代太平盛世的一个缩影:“唐虞载含哺景象,有周载采芣苢景象,真化日无边。生逢乐世,不可摹状。”

这里突出了太平乐世的一个"乐"字,表明这个时代无处不充满着欢乐。故丰坊进一步阐明说:"林希逸曰:'《芣苢》一诗,形容胸中之乐,并一乐字亦不说;此诗法之妙,盖当时稚童歌谣如传记所载《康衢》之谣,《击壤》之歌,皆自乐其乐。而莫知其乐之所自,所谓王者之民皞皞如也,至是无一物不得其所矣。太和会合,虽无知之童斗草之戏,偶然之谣词,而皆出于中声。是以太史肄之于乐,夫子录之于经"(《鲁诗世说》)。此说仍然围绕一个"乐"字,至于"乐"到了什么程度?丰坊认为是"虽无知之童斗草之戏,偶然之谣词。"

那么,妇女们采芣苢到底是为了食用呢?还是一种无知之童斗草之戏,偶然之谣词,或是采摘车前子的劳动讴歌?诸家解说皆有歧义。

如果芣苢宜子之效之说成立,那么,丰坊认为妇女们采芣苢食用只是一个方面,此外当有另一种娱乐,那就是妇女儿童的斗草之乐。"杭城春日,妇女喜斗草之戏"(明·田汝成《熙朝乐事》)。斗草是古代盛行于民间妇女儿童间的一种游戏。春夏期间,草木茂盛,百花齐放,妇女儿童们往往游戏田野之外,你抢我夺,采摘花草,以斗胜负而嬉戏。其活动形式花样多,或比采花草品种的鲜艳美丽,或比采花草数量的多少,或在花草丛中,比抓蝴蝶的多而美。"一带裙腰绣早春,踏花时节小园频。斗他远志还惆怅,惟有宜男最可人"(清·李震声《百戏竹词·斗草》)。"宜男"是一种美丽花草,由其命名也知它是与生育有关系的。这与古人认为芣苢有宜子之效是一脉相通的。"《芣苢》,儿童斗草嬉戏歌谣之词赋也"(伪申培《诗说》)。丰坊《鲁诗世说》、伪申培《诗说》皆以为《芣苢》是妇女儿童斗草之歌谣,但也蕴含着妇女们对新生命的希望。

愚按:《韩诗》说:"芣苢,木名,实似李直曰车前瞿口。芣苢,又云:'泽舄也,臭恶之菜,我犹采取不已者,以兴君子虽有恶疾,我犹守而不离去也。以芣苢为木,亦如王会所说不免王基之驳矣。"这里《韩诗》提出不同的解释:一是以为芣苢是木名,但王基给予驳斥否认。二是认为《芣苢》的主题是:以芣苢兴君子虽有恶疾,但我忠贞不渝、守而不离去,并以为芣苢是恶疾之草。三是反映出作者是起兴之女。

然而,王先谦《诗三家义集疏》云:"《鲁》说曰:'蔡人之妻者,宋人之女也。既嫁于蔡而夫有恶疾,其母将改嫁之。女曰:'夫不幸,乃妾之不幸也,奈何去之?适人之道,壹与之醮终身不改。不幸遇恶疾,不该其意。且夫采采芣苢之草,虽其丑恶,犹将始于捋采之,终于怀襭之,浸以益亲,况于夫妇之道乎?彼无大故,又不遣妾,何以得去!'终不听其母,乃作《芣苢》之诗。君子曰:'宋女之意,甚贞而壹也。'"(刘向《列女传》也有此记载)

这里说的是宋人之女"蔡人之妻"的故事,故事说:宋国有一位如花胜玉的少女,嫁往蔡国;然出嫁之后,婚姻不幸,发现夫君患有恶疾。为此,母亲屡次规劝她改嫁,可她果断地回答说:"夫君的不幸,也就是妻妾的不幸,既然已嫁,成为他的妻妾,就应该尽心尽力、忠贞不渝地侍候他一辈子,就算他患了恶疾也是同样,奈何弃君而离去呢?就像采采然茂盛的芣苢之草,虽其臭恶而味道不美,但依然用手掇取、五指捋取、衣襟盛之、衣襟伫之,浸以益亲,更何况夫妇之道呢?彼无大故,又不遣妻妾,何以得去!"贞女最终未听母亲之劝,并作《芣苢》之诗,以阐明忠贞之志。故君子赞叹道:"宋女之意,甚贞而壹也。"这个故事,是王先谦引自《鲁诗》,而刘向《列女传》的《诗经》学,被认为是与《鲁诗》一脉相承,殊难确证。如果经学者附会用此典故,那么,便认为《芣苢》是颂美贞女之诗了。

在艺术手法上,《韩诗》解《芣苢》之诗为起兴,但朱子认为"化行俗美,室家和平,妇人无事,相与采此芣苢,而赋其事以相乐也。采之未详何用?或曰:其子治产难"(朱熹《集传》);朱熹之释与《韩诗》截然不同,他认为《芣苢》是赋体,即"赋其事以相乐""其子治难产",且对《芣苢》诗旨持折中态度。

《芣苢》是一首采芣苢而宜子之效的短歌。《诗序》认为《芣苢》:"后妃之美也。和平则妇人乐有子矣。"诗意是说,文王推行后妃德化,是国家风俗仁厚,百姓都被文王德化,共乐和平,和平则妇人乐于生子。所以,妇人闲逸无事,相约而采"芣苢",冀望怀孕生子;之所以乐于生子,是因为天下太平,政治稳定。因此,全诗通过妇女采摘芣苢之事,反复咏唱,以祈求家族子孙繁盛,兴旺发达,故劳而赋诗以赞美。

我们知道,我国从前,妇女生子与否是关系到一个家族人丁繁盛、兴旺发达的重要事情。一位出嫁的女子,如果多子多女,就意味着续接香火,传孙接代,荣华富贵;家族功劳之大,地位之高。如果不生子育女,就有被休回(离婚)娘家的危险。所以,妇女们总希望自己能多生儿育女,传孙接代;子女越多,自己在家的地位就越高,权力就越大越巩固,而也就认为越有荣华富贵。所以,在我国北方,布置新房时,要特别请一位多子多女的老太太为新人铺床。一边铺床,一边在床

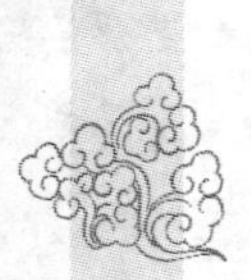

的四角塞上李子和枣，同时念念有词地说着吉利话："一对李子一对枣，一对丫头一对胖儿，"预祝新婚夫妇要立(栗)子早(枣)，即早生贵子，并且儿女双全，至少各有一对。

《芣苢》，诗凡三章，每章四句，每句四言。总之为四十八字，内用"采采"，字凡十三；"芣苢"，字凡十二；"薄言"，字凡十二。六节每节只换一字，除语气助词外，仅余五字。全诗只用了六个不同的动词：采、有、掇、捋、袺、襭，浅显生动，明白如话，把妇人采摘车前草的劳动场面和乐趣情状，描绘得惟妙惟肖、栩栩如生。而叙情委曲，从事始终，与夫经行道途，招邀俦侣以相容与之意，蔼然可掬。天下至文，即此诗中可见和平之盛世！

首章，始言"采"者，乃相约之词；继言"有"者，有甚多"芣苢"之实；写开始采而获得，文字浅显。

次章，先用"掇"字，即用手拾取芣苢之实；后用"捋"字，即用五指捋取子实。逐层增多，极富层次。

末章，用"袺"字，先于"襭"字，表明采摘甚多，只有用手扯起衣襟而仁之，后将衣襟干脆系在腰带上，装满盛起，然后再用衣襟兜回家。

把当时妇女采摘、兜回的情态和劳动场景，绘声绘色地表现了出来。这是古代妇人之歌，她们对劳动生活体验至深，因而表现得生动真切。条理自然，文化至矣。

此诗运用重章叠句的形式和诗意"渐层式"，为后世诗歌创作树立了楷模，曾受到古今许多有识之士的赞赏。"此三章皆再起采采之文，明时妇人乐有子者众，故频言采采，见其采者多也。六者亘而相须。首章言采之、有之。采者，始往之辞；有者，已藏之称，总其终始也。二章言采时之状，或掇拾之，或捋取之。卒章言所成之处，或袺之，或襭之。首章采之，据初往，至则掇之、捋之，既得则袺之、襭之，归则有藏之。于首章先言有之者，欲急明妇人乐采而有子，故与采之为时，所以总终始也。六者本各见其一，因相首尾，以承其次耳。掇、捋事殊，袺、襭用别，明非一人而为此六事而已"(《正义》卷一《芣苢》)。阐释精辟，内容深刻，颇得诗旨。如戴溪《续吕氏家塾读诗记》卷一解析说："《芣苢》，国之妇人作也。《关雎》之化行，则天下和平，妇人皆乐于有子。'采采芣苢'，凡六言之，采取、收拾、执衽、襭裾、其同辈相乐，一时嬉戏，尚可想也。"戴氏之说，短小精悍，颇得深意，读后使人豁然开朗。

全诗采用赋体艺术手法，直抒胸臆，完全白描。不加雕琢，诗中有画，和谐自然，自有无限情趣，并运用章句重叠复沓的方法，构成了深远清新的意境，描绘了一幅真切动人、争先恐后、讴歌欢愉、采摘车前子的劳动画面。

汉广

南有乔木，不可休息。
汉有游女，不可求思。
汉之广矣，不可泳思。
江之永矣，不可方思。

翘翘错薪，言刈其楚。
之子于归，言秣其马。
汉之广矣，不可泳思。
江之永矣，不可方思。

翘翘错薪，言刈其蒌。
之子于归，言秣其驹。
汉之广矣，不可泳思。
江之永矣，不可方思。

【概要】

文王德化自近而远，先普及于江汉之间。
有以变其淫乱之俗，出游之女人望之见。

知端庄非前日之求，乔木起兴而复咏叹：

【译文】

南方之木竦而秀起，少阴之木耸立又奇。
少叶无阴不可休憩，出游之女人望见之。
汉水之域贤女静一，不可追求令人痴迷。
汉水广阔而流漓漓，不可潜行而游岸堤。
长江绵长而水湍急，不能乘筏而渡江堤。
游女之贤端庄贞秀，非复前日之不可求。

草木翘翘然高扬生，错杂草木可伐为薪。
伐薪就要伐灌牡荆，收割荆楚而运输勤。
游女出嫁饲养骏马，亲迎婚姻御轮之礼。
汉水广阔而流漓漓，不可潜行而游岸堤。
长江绵长而水流急，不能乘筏而渡江堤。
游女之贤端庄贞秀，非复前日之不可求。

蒌蒿翘翘然高高盛，错杂蒿草可以为薪。
盖伐薪要伐蒌蒿薪，收割蒌蒿而养壮驹。
游女出嫁而饲养驹，亲迎婚姻御轮之礼。
汉水广阔而流漓漓，不可潜行而游岸堤。
长江绵长而水流急，不能乘筏而渡江堤。
游女之贤端庄贞秀，非复前日之不可求。

【注释】

* 乔木：高耸而又上勾，上竦者，其上曲，其下少枝叶，故树荫不足以荫蔽人。 休：即“庥”，遮蔽之意。木以高其枝之故，故人不得就而止息。借言乔木本可休而不可休，以喻游女本可求而不可求。 息：《韩诗》“息”作“思”，《集传》“思”作“息”。《释文》：“休息……本或作休思。”《释词》：“思，语助词也。《诗·汉

广》曰：‘南有乔木，不可休思’。《毛传》曰：‘思，辞也’。他皆放此”。

* 汉：水名，汉水。 游女：出游之女。江汉之俗，其女好游，汉魏以后犹然，如大堤之曲可见。 求：得，求到。 思：用在句末者，谓语尾助词，无实义。《笺识》：“此‘思’亦‘哉’之借。”此言假“思”以为“哉”。用在句中者，谓语助词。

* 泳(yǒng)：水中潜行。

* 江：水名，长江。江水出永康军岷山，东流与汉水合，东北入海。 永：水流而长。三家《诗》永作“羕”；《说文》引“羕”；《韩诗》作“漾”。 方：桴，即木筏、竹筏。此作动词，即乘竹筏渡河以追踪汉女。《毛传》训“方”为“泭。”《国语·齐语》：“方舟设泭。” 韦昭注：“方，并也。编木为泭。”

* 翘翘(音乔)：本指鸟尾上的长羽，比喻草木丛生而高扬秀丽。王引之《经义述闻》认为是众多之貌。 错薪：指草木杂柴。《诗经》中多以析薪、伐薪隐喻婚媾。 言：首句之“言”字均为助词。 刈(yì)：用镰刀等工具割去植物。 楚：灌木名，即牡荆。马鞭草科，落叶灌木或小乔木，南北皆有，又名荆，俗名荆稍。杂薪之中尤翘翘者，我欲刈取之。比喻众女皆贞洁，我又欲取其尤高洁者。

* 之子：犹云是子，这个人；或训为彼子，那个人。 于：是动词词头，无实义。 归：妇人谓嫁曰归。古代女子嫁则归于夫家，故出嫁曰于归。

* 秣(mò)其马：喂其马。秣，饲养。六尺以上曰马。秣马，秣驹，即婚礼亲迎，御轮之礼。

* 蒌(lóu)：植物名，今名蒌蒿，菊科，草本植物，多生于水滨，叶像艾，青白色，高四、五尺。可做饲料。刈其楚、刈其蒌与束薪、析薪、栗薪含义相若，均喻婚姻。且上古之时，析薪、束薪、合卺皆是婚礼中的仪式；薪、瓠，均为婚礼中必备之物。

* 驹：少壮的骏马。马六尺以上称马，五尺以上称驹。

【品鉴】

《周南·汉广》开启了两个文学主题：

一是“挑逗与礼拒”主题，二是遇仙主题。前者的代表有汉乐府的《陌上桑》，有民间戏剧里的《秋胡戏妻》，套路总是男人轻薄调情，而女子不但以礼自守，还以智慧的言辞把男人羞辱了一番。

在这个主题里，还有一则不大为人熟知的唐突圣人的故事，郑交甫的角色

由孔子扮演，出处就是汉代三家《诗》中的《韩诗外传》：

孔子南游，要去楚国，途径阿谷，看到一位女子佩着玉佩正在河边洗衣。孔子远远看着，拿出一只酒杯交给子贡，说："看见河边有位少女吗？现在你认真想一番话过去跟她说，看看她会怎么回答。"子贡听了老师的话，拿着酒杯缓缓而去，对那女子说："我是来自北方远地的人，想去南方的楚国，大热天的，口干舌燥、心里起火，请你给我一点水解解暑吧。"

子贡的原话是很有诗意的，是一连串故作深沉的文雅挑逗。那少女也用同样的语言风格作答："阿谷的南面，弯弯的水流，无论清浊都一样流向大海，你想喝就去舀来喝，为什么问我这个妇道人家呢？"少女的这番话看来对子贡是以礼相拒了，但戏剧性的是，她居然拿过了子贡的酒杯，先逆流舀了一杯水，倒掉，又顺流舀了一杯水，跪坐在地，把酒杯放在沙滩上，说道："按照礼节，我不能亲手递送酒杯给您。"

子贡返回后，把少女不能递送酒杯的事向孔子做了回报，孔子又拿出一把琴来，把调弦的小零件卸掉，对子贡说："你把这琴拿去递给她，再想一番话，看看她怎么回答。"

子贡第二次到了那女子跟前，说道："刚才你那番话就像清风一样，让我很是舒畅。这里有一把琴，调弦的小零件不见了，你能帮我把音调好吗？"

女子答道："我既没文化，也少智慧，不懂音乐，哪里会调弦呢！"

子贡如是向孔子回复，孔子又拿出了五匹葛布，还是像刚才一样地交代。子贡又对那女子道："我这里有五匹葛布，不敢冒昧交给你，我把它们放在水边，请你务必收下。"

女子答道："你这人的做法不合人情呀，怎么能把自己的货物放在荒野呢！我年纪轻轻，不敢接受你的东西。你如果不拿走，等我的亲戚来了，他们可是很粗野的！"

《韩诗外传》讲完了这个发生在阿谷之隧的故事之后，总结道："'南有乔木，不可休息。汉有游女，不可求思'说的就是这个意思。"

因为这个故事是在唐突圣人，所以儒家一直不愿承认，传抄的版本也多有删节。但刘向《说苑》没删，最后还多了一点内容，说孔子评论这位女子既通达人情又明礼数，正是"南有乔木，不可休息。汉有游女，不可求思"的代表。但孔子为什么要这么做呢？这是不是当真有些轻浮呢？刘向说孔子这是为了观察民风，看看这女子是否知礼。如果此说属实的话，这位“汉上游女”正是因为知礼所以才“不可求思”。

那么，如果当真想求，怎么求才好呢？那就应该“翘翘错薪，言刈其楚。之子于归，言秣其马”，按照礼数走完规定程序，需要有父母之命，媒人之言，最后举办亲迎御轮之礼。在儒家的礼制传统里，总是有很多规矩要守的。

第二个文学主旨是遇仙，这与儒家礼教就没有关系了，而是进入了“浪漫幻想和私人的内心世界，近于《离骚》。其中名篇有陈林的《神女赋》、郭璞的《江赋》，最典型、最著名的就是曹植的《洛神赋》了。”

如正文中所说，洛神的原型为汉上游女，她在曹植的世界里变得美丽而不可企及，这又与屈原“美人香草”的主题相结合，使美丽不可企及的对象，由女子升华为政治理想，由爱情升华为家国之情。一切美丽而不可企及的，都可以是汉上游女，都可以是洛神，这就给原有的文学形象赋予了新的不确定性，由此远远超出了《汉广》的原有内涵”。汉上游女的形象越来越得到升华，如唐代玄宗朝的名相张九龄在《杂诗》之四和《感遇》之十都使用过这个意象：

湘水吊灵妃，斑竹为情绪。
汉水访游女，解佩欲谁与。
同心不可见，异路空延伫。
浦上青枫林，津傍白沙渚。
行吟至落日，坐望只愁予。
神物亦岂孤，佳期竟何许。

——《杂诗》之四

汉上有游女，求思安可得。
袖中一札书，欲寄双飞翼。
冥冥愁不见，耿耿徒缄忆。
紫兰秀空蹊，皓露夺幽色。
馨香岁欲晚，感叹情何极。
白云在南山，日暮长太息。

——《感遇》之十

这里，对汉上游女的渴求已经隐喻为臣子(尤其是弃臣)对皇帝的依恋，惶惶然期待着皇帝那可能永远也不会有的理解，而自己的政治理想也必须经由与皇帝的风云际会，才有成为现实的可能，而这一切，对于一个全部生命都是政治生命的知识分子来讲，又是何等的重要。

从文学性来讲，这种种的隐喻方式，自然意味着歧义空间的扩大，而歧义空间的扩大，正是文艺作品提升的一个极为重要的因素。从这一点来说，《诗经》的作品还是非常粗糙、非常原始的，虽然很有质朴之美，但这就像我们现代人欣赏原始人的住宅设计一样，欣赏归欣赏，距离产生美，但那毕竟无法和现代住宅相比。而原始的质朴在被注入新的内涵、被赋予新的解读之后，文学之美反而越来越浓郁深沉了(苏缨《诗经讲评》)。

《汉广》诗篇，是《诗经》中的名作，《毛诗》认为《汉广》主旨是："德广所及也。文王之道被于南国美化行乎，江汉之域无思犯礼，求而不可得也。"此是古人的经典之解。而《郑笺》《集传》也是古人的主流解释，他们皆认为，由于文王推行德政之教化，自近而远，先普及于长江、汉水之流域，又改变这里的淫乱之俗；贤女则能以礼自守自警，而男士则能收敛其淫乱之俗，故其出游之女，人望见之，而知其端庄静一，非复前日之可求。因以乔木起兴，江汉为比，而反复咏叹之。这种说法古今传承甚广，影响极深。

古代经学者大多遵从《毛诗》《郑笺》《集传》之说，而近代学者也大多沿用此说。如元代苏天爵品鉴说："《汉广》之诗，言文王之化及于江汉之间，而有以变其淫乱之俗，故其出游之女，人望见之，知其端庄静一，非复前日之可求矣"(《滋溪文稿》卷二十五)。意思是说，《汉广》之诗的主题是：由于文王德政之化，普及于长江、汉水流域，而改变了这两地的淫乱之俗，故贤女出游，男士远远望见她，便可看出她端庄静一，并以礼自守，非复前日之任意可追求。正如陈奂所说："按《传》以'南方之木美'兴汉上之女贞；上竦之木不可休，兴出游之女不可求。汉广不可泳，江水不可方，亦因见江、汉而起兴也"(《传疏》)。陈氏之说，甚有启迪。更重要的是，理学宗师程颐解释说："《汉广》，言汉之广大，犹云江永也。本言文王之道，南被江汉之域，因取汉水为兴。水之为限不可逾也，以兴礼义之为闲不可犯也"(宋·程颐《伊川经说》)。是说《汉广》之诗，以汉水起兴，礼之大防如同汉水之限不可逾越。可谓比拟贴切，颇有道理。但程颐之类的阐释，有学者提出质疑，如清初有“理学名臣”之谓的李光地《榕树语录》力争反驳说:“至从来说《诗》的藩篱,有说不通处,须与破除,不然都成挂碍。且如《周南》《召南》,以为皆被后妃之化之诗,若‘汉有游女’‘游女怀春’之类,何以女人都被后妃之化,变成贞洁,而男人被文王之化,尚不免于淫荡乎?”意思是说:如果文王之化所及,奈何女人们都被后妃之化,而变成了贞节之女,那么,男人为什么被文王之化,反而尚不免于淫荡?女人之贤,以礼自守,而男人却放荡不羁,难道文王之化只对女人起作用吗?

李光地在这里直接全盘质疑《毛诗》之说,并否认《周南》《召南》以为皆被后妃之化之诗,但自己竟毫无见解,而且这在逻辑上也无法自圆其说。其一,文王之化,男人追求靓丽女人,只能以礼相待;不能说男人追求女人就是“淫荡”;其二,由于文王德化,故女人是以礼自守,非复前日之可遂意追求而得;其三,诗以“后妃”作为女人们的楷模,从这个层面上说,一般针对女人而言。其四,“而男人被文王之化,尚不免于淫荡乎?”李光地如此之说,有确实佐证吗?回答当然是否。其五,《郑笺》说:“纣时淫风遍于天下,维江汉之域受文王之教化。”试想,郑玄有所考证吧,他的解说,就是很好的佐证。

诗的开首说:“南有乔木”,指的地点是南方,“汉有游女”,指的地方是汉水。而 “南国”是当时对南方诸小国的统称。朱熹说:“盖其得之国中者,杂以南国之诗,而谓之周南。言自天子之国而被于诸侯,不但国中而已也,其得之南国者,则直谓之召南。言自方伯之国被于南方,而不敢以系于天子也。岐周,在今凤翔府岐山县;丰在今京兆府鄠县(今陕西户县),终南山北。”朱子在这里,不但阐释了“周南”“召南”的来历,而且说明了“南方”的由来。而崔述进一步补充说:“成王之世,周公与召公分治,各采风谣以入乐章。周公所采,则谓之《周南》,召公所采,则谓之《召南》焉。其后周公之子,世为‘周公’,召公之子,世为‘召公’,盖亦各率旧职而采其风。是以昭、穆以后,下逮东迁之初,诗皆有之。”(《读风偶识》)。这段文字,说明二“南”名称的由来,也说明了为什么二“南”中也有江、沱、汝、汉之诗。二“南”采诗的时间很长,地域很广。

《诗经》中的女子,有一种是可以明白见出身份的,如“平王之孙,齐侯之子”(《召南·何彼襛矣》),如“东宫之妹,邢侯之姨”(《卫风·硕人》),乃至“宗室牖下”习礼的“有齐季女”(《召南·采苹》)。如果“两性之好”要求于女子的有所谓“公众

的标准”，或曰“俗情之艳羡”（范家相《说人》），那么这是很重要的一条吧，所以，她们在《诗经》里都有一个旁人看来一定是十分圆满的归宿，如《何彼襛矣》，如《桃夭》《硕人》所咏。既不及身份地位，也不论是否“宜其室家”（《桃夭》），“宜尔子孙”（《周南·螽斯》），而总是有一定身份地位的。

至于《汉广》中的“游女”，其身份地位干脆不明，究竟是何身份呢？游女，顾名思义，似乎是指出游在外的女子，出门游逛女郎。汉水流域常有女子出游、散布，这就是所谓“汉有游女”吧？

如从字义上看，“游”不等于“遊”，这位神秘女子，究竟是在陆地上游，还是在水里游？如在陆地上游，她到底是贵族女子，还是平民之女？如在水里游，这究竟是鬼神精灵一类在水面上行走，还是人类女子在水里游泳？这就必然形成了争议，于是，古人主要有两种经典的主旨解释：

在诸家聚讼风云之中，“出游”无疑是最香艳的一种。宋代朱熹解释说：“江汉之俗，其女好游，汉魏以后犹然，如大堤之曲可见也”（《集传》）。在古代，主要的对立是三家《诗》与《毛诗》各执其说。《韩诗》解释为“汉水女神”，故《昭明文选》嵇康《琴赋》注引薛君《韩诗章句》云：“游女，汉神也。”认为所谓游女者，当类凌波微步的女神，不像踏岸寻青的丽人。那么，这位女神究竟是谁呢？于是三家说《诗》，便衍生出郑交甫遇到神女的故事，也就是清代文学家引述了《列女传》里的一则故事，为《汉广》作解读：

《鲁说》曰：江妃二女者，不知何所人也。出游江汉之湄，逢郑交甫。见而悦之，不知其神人也，谓其仆曰：“我欲下请其佩。”仆曰：“此间之人皆习于辞，不得，恐罹悔焉。”交甫不听，遂下与之言曰：“二女劳矣。”二女曰：“客子有劳，妾何劳之有？”交甫曰：“橘是柚也，我盛之以笥，令附汉水将流而下，我尊其傍，采其芝而茹之，以知我为不逊也。愿请子之佩。”……遂手解佩于交甫。交甫悦，受而怀之中当心。趋去数十步，视佩，空怀无佩；顾二女，忽然不见。（王先谦《诗三家义集疏》）

这个故事是说：江妃二女，不知道是什么人，常常出游于江汉水域。有一次她们与郑交甫先生邂逅相逢，不期而遇，故非常喜悦，似乎一见钟情，但不知其是神女。郑交甫对仆人说：“我想把她们的玉佩请来。”仆人说：“这一带的人都很善于辞令，您那些花言巧语未必管用，求取不得，反而恐罹悔恨。”但郑交甫鬼迷心窍,不听仆人规劝,冒然向那两位神女索取玉佩。遂走下去,与两位女子攀谈说:“二位贤女很辛劳。”二位回话说:“客官您甚辛劳,奴妾何劳之有?”郑交甫又说:“橘是柚也,我盛之以笥,令附汉水将流而下,我尊其傍,采其芝而茹之,以知我为不逊也。愿请子之佩。”几番巧语交涉下来,两位女子竟然随手解下玉佩给交甫。双方就此告别,交甫暗自喜悦,受而揣在怀中非常小心。然趋去数十步,再想看看玉佩,却突然发现空怀无玉佩。再顾视二女,忽然全无踪影。

如从文学角度解释,汉神之说似乎没什么文学性,所以即便作“空中语”,《诗》中也没有神奇幻丽之思。《汉广》中的“汉水游女”算是略存飘忽,我们暂可抛至脑后,想想看,这样一则故事,这样一种思路,神女故事究竟要告诉世人一个什么道理?

诵读这个故事,使人沉浸在精彩的神话之中,这是一次多么神奇的邂逅,不但近代人惊奇猜想,古人也煞费脑筋,由这个主题生发过奇特的意境,最著名的就算曹植的《洛神赋》,写女神“凌波微步,罗袜生尘”,描写很奇特。这两句是名句,尽管使人捉摸不透,百般猜想,神女如在水上漂,罗袜就不可能生尘;如罗袜生尘,岂能“凌波微步”?实则“凌波微步”是纪实,“罗袜生尘”是隐喻,隐喻洛神漂行在水面上,如同驰骋在通衢大道上一样。无论神女如何飘忽,曹植描写神女之神,也蕴含着求之不得的怅惘。神女也因此升格成为美丽理想的化身。然而,溯本求源,今《汉广》诗里,故事的哲理可没有神奇色彩,仆人的那番劝谏之言,却蕴含着深刻的礼仪之理,交甫作为有地位的奴隶主,竟然无礼求玉,结果空怀不得,反成世人的笑料。所以,这个故事告诉人们一则深刻的哲理:做人要以礼相待、以礼求得,非礼勿视、非礼勿求。

如此看来,郑交甫是个非礼的经典。交甫采取了拐弯抹角的无礼手段,却让江上二妃圣女上当受骗,竟然送他玉佩。交甫如此无礼而得,得意忘形,认为二妃是天下最大的傻瓜,岂不知人家是神女,而最终空怀无得,反落得人间笑柄!

郑交甫和汉水女神的传说,较之帝舜和娥皇、女英的传说,也更加富于民间性。这是一则还没有沾染上巫风的、有关人贸然索求神的宝玉而不可得的精彩故事。

郑交甫不知何时何许人也,民间口碑也未指明。主齐说的《易林》曾说:“二女宝珠,误郑大夫”(《噬嗑之困》)。所谓大夫,恐怕也如同后世戏曲小说中的所

谓员外吧,并不能指示正式身份。《韩诗内传》说:"郑交甫将南适楚,遵彼汉皋台下,乃遇二女,佩两珠,大如荆鸡卵。"我们虽然不能据此贸然认定便是诗的本事,不过诗的主题,诗的性质,却可以从中得到说明。

无论如何,在汉水之滨邂逅了不知名的"游女",即便仅仅是出来游览的美女,按礼是不该采取不正当的手段,或无礼放肆的方式贸然去追求的,这就是"不可求思"的另一种解读:不能怀有淫荡之心,无礼去追求那些贤良之女。上博简《孔子论诗》说"《汉广》之智,则知不可得也",还有"不攻不可能,不亦知恒乎",对这两条简文,专家们的释读未能一致。但大意还是看得出来的,这是称道诗中的男主人,说他很清楚追求汉之游女是不合礼数的,所以便不去追求。简而言之:不做不该做的事,不追求不该追求的贤女,此是明智的。《汉广》便表达了这种明智。

故事总说江汉之女,受文王教化,非礼不可求。只是这样一来,便成了完全的神话,虽然此中的幻丽也很美,但离《汉广》却很遥远。

《毛诗》《郑笺》《集传》皆释"游女"是女子出游。游女虽然不是神女,却是神女一样的可望而不可即。"不可求息",不是怨恨也不是遗憾。于是,对此便出现了两种解释:

若游女是位神女,"不可求息"所表达的便是辗转反侧、寤寐求思而求不到之意,所以求之不得。

如"游女"只是人类,"不可求思"所表达的便是"非礼勿视,非礼勿听"的道理,贸然前去示爱属于非礼,所以不可求得,只有亲迎之礼,才能获娶,这与文王之化之女一脉相通。前者则是"非不为也,是不能也"。后者则是"非不能也,是不为也"。但据近年出土的上博简《孔子论诗》论及《汉广》,看得出今文学家的说法,是从前者的意思上一脉相承的。

但在古人探研的基础上,我认为三家汉神之说,似不如毛、郑、朱贤女之义为长。"文王之化,自近而远;先及于江汉之间,而有以变其淫乱之俗;故其出游之女,人望见之;而知其端庄静一,非复前日之可求矣;因以乔木起兴,江汉为比,而反复咏叹之也"(朱熹《集传》)。朱子虽然废《序》不用,但依然沿用《毛诗》之说,可见还是毛说为妥。

郑交甫神奇的艳遇故事,是江汉地域民间关于汉水女神传说的一段精彩的传文，似乎像《九歌》中的《湘君》《湘夫人》。按闻一多的推断，汉女也就是湘妃；那么，《汉广》便直接可以视做《湘君》《湘夫人》的滥觞了。如从这个思路考虑，《汉广》岂不是一首原始宗教的祭祀歌谣？若《楚辞》中的《湘君》《湘夫人》是招请湘水之神的祭祀歌，《汉广》则是招请汉水之神的祭祀歌。两者似乎还诞生于近似的时间与地域，或许真的能够以此证彼吧？

李建军《〈诗经〉与周代宗教文化研究》便以此思路分析说：楚人在祭祀活动中，不像殷人那样是用隆盛的乐舞、丰盛的祭品，甚至人牲去满足神灵的欲望，也不像周人那样是用祭者的德行、敬穆的仪式去感应神灵的心灵，而是用刻骨铭心的思恋（尤其在"淫祀"中）去挑动神灵的感情。如果说殷人是诱之以利，周人是感之以德，那么楚人则是动之以情。譬如《汉广》就是祭者用悠长的相思去拨动汉水女神的心弦，使其情不自禁，降临歆享，然后赐福于祭祀者。

苏缨《诗经讲评》分析说：又如《湘夫人》，多半是由男巫来唱出对湘夫人的绵绵思恋，然后诱她临飨。楚人这种招请神灵的方式，苏雪林用"人神恋爱"的理论来解释，并从文化人类学的角度推断"人神恋爱：是从人祭这一野蛮现象发展而来的。过常宝则用弗雷泽的交感巫术理论来剖析它。因为按弗雷泽的学说，我们的祖先从人类的生育联想到了植物的繁殖。他们根据顺势或模拟的巫术原则，认为可以通过人类的性行为来促进植物的繁殖。……过常宝认为中国古代给河伯娶妻也是以爱情或婚姻来诱降或娱乐神灵的一个例子。

张文分析《汉广》与《湘君》《湘夫人》从结构到内容的种种近似之处，可谓近年祭歌之说最详尽的阐释，但有两处极要紧的不同之处却被忽略了。一是《湘君》《湘夫人》并不是以凡人的身份去追慕神祇，而是模拟湘君与湘夫人来互道相思；而《汉广》"翘翘错薪"诸句都是《诗经》常见的婚配习语，与《湘君》《湘夫人》绚烂的对神祇世界的描写迥然不同。的确，沿着祭歌的思路，《汉广》后文"翘翘错薪，言刈其楚；之子于归，言秣其马。"这些明明在说女子出嫁的言辞又该怎么解释呢？

都云作者痴，谁解其中味。李光地《榕树语录》解释说，乔木是起兴游女持身之高俊，但接下来的"翘翘错薪"云云竟然说得好似事实一般。李光地以为诗中的那位男子，对那女子倾慕之甚，以至于甘愿为她喂马劈柴，这正是古人解释的所谓婚姻"御轮之礼"，即亲迎之婚礼。这岂不是与"不可求思"大相径庭，自相矛

盾吗？既然求之不得，怎么能举行所谓"御轮之礼"呢？实际上这是联想与写实两种不同的解读，联想就是，如果这位男子有礼有节、有德有情，那么，他可以扁舟跨越汉水、竹筏横渡江水，"不可求思"就变为可能求得了。万时华说："'不可求'，语意平平，着不得一毫意见，如言欲求不得，则非诗人言；昔可求而今不然，则非游女"。昔日可求得，而如今不能求，则非游女，难道真的是神女吗？其实不然，而是贤女，因为文王之化，风俗变美，昔日任意追求的出游之女，早已不复存在了。而如今忠贞不渝之贤女，非礼不可求得也。故《汉广》的故事，也就有了两种迥异的版本。一种是说樵夫遇见游女，吟此诗以幻想游女嫁给自己的情景；另一种是说樵夫遇见游女，正是游女嫁给他人做妇的时候，此诗是表达哀痛的。

但在古人眼里，如清马瑞辰认为，这类比喻表示的是婚姻要"待礼而成"，而不合于礼的结合（比如郑交甫那样的）是会给人带来灾难的，就像泅渡汉水和用竹筏渡过江一样危险。马氏之说，颇有道理，符合诗旨。

不过诗中说到刈楚、刈蒌、泳思、方思，很像樵夫舟子的讴歌，比经过屈原润色了的《九歌》更接近劳动人民。所以，有学者认为《汉广》是一个樵夫所唱。他热恋着一位美丽的姑娘，却得不到她。这首绝妙的诗歌，正是他在汉水之滨砍柴的时候，浩渺的水势触动了情怀而唱出的。他明明知道所爱的人不可得到，却依然不能忘记她。不仅如此，还要幻想得到她的时候，如何如何。真是痴情一片，情深似海啊！其诚挚敦厚，感人肺腑。若是如此，岂不成了"单相思"的诗吗？

但是，需要阐明的是，错薪、刈楚、秣马，这些意象并不意味着《汉广》如一些注本所谓是一首樵夫的恋歌——它们都是《诗经》里比喻婚配的习语，推起缘由，一种可能是以薪作为结婚必要的礼物，另一种可能是婚礼当时多在黄昏时分开始，所以需要甚多火把。依张启成的推断，"古人结亲，必在黄昏之时，柴薪是必要的照明物；而结亲时，又必须祭神、祭祖，要用柴火烤肉、烧肉，使神灵与先祖享用浓烈的香气，从而降赐洪福，使神圣的婚姻长盛不衰。这样，析薪与婚姻就结下了不解之缘"（张启成《国风的习用套语及其特殊含义》《〈诗经〉风雅颂研究论稿》）。

这首诗是以中原人的视野来看南方的。诗在开首拉开一个大视野，隔着滔滔汉水，遥望南方的乔树，那树林高大蓊郁，让人不禁羡慕。南方乔木甚美，本可遮阴乘凉；然而，乔树高耸而又上勾，其下少枝叶，树荫不足以荫蔽人，不可以憩息歇凉。可望而不可即，距离之美油然而生，成为统领全诗的基调。而首章连用三个比喻：

其一，借言乔木本可休而不可休，以喻游女本可求而不可求。休者，即庥阴之庥，本义为木之荫人，得为人所依止，后乃通以休为息。可是，泛泛地讲，高乔之下不可憩阴，总觉得似无道理可言，乔木之下怎么就不能栖息呢？即使是枝叶上竦下少的白杨之类，也不至于没有阴凉。试想，下文的"游女"既然不是专指汉水女神，那么南有"乔木"也应该是专指南方某一乔木而言，或许是神话传说中的一株美丽的大树。那不过是虚无缥缈不可企及的一个理想而已，只因为心理憧憬着它，却不能到达它的下面歇凉。所敬慕之人在自己心目中，乃是高不可攀而追求不到的，乔木的比喻就表明了这一点。

其二，汉水滔滔而广阔，不可以潜行泅渡岸边；就仿佛这位游女，本来可以追求的，但她却在广阔的汉水对岸，面对一片汪洋，只能高歌浩叹而已，原因是汉水之长，既不能浮游而过，又不能乘筏而渡；以喻汉水出游之女虽贤丽，对其空有爱慕之心，却不可以非礼动心追求她。"乔木"和"游女"都是人间拥有的，并不是说，不是凡人可得到的，只能凭空想象她的高大与美丽；而是说男人要追而得到她，必须以礼而得，非复前日之可求。

至于汉广四句，戴俊恩解释说："此篇正意只'不可求思'自了，却生出'汉之广矣'四句来，比拟咏叹，便觉精神百倍，情致无穷。"这里指出，此诗的正题是"不可求思"，然后以"汉广四句"作比，重章叠句，反复咏叹，强化主题；而诗的韵味主要就表现在这四句的反复迭唱上。贺贻孙又云："楚，薪中之翘翘者，《郑笺》云：'翘翘者刈之，以喻众女高洁，吾欲取其尤高洁者也'，此皆得之。盖汉女惟不可求，此乃我所欲求也，故即以'之子于归'接之，此时求且不可，安得便言于归，凭空结想，妙甚妙甚。至于愿秣其马，则其悦慕至矣，却不更添一语，但再以汉广、江永反复咏叹，以见其求之之诚且难而已。盖'汉广'四句乃深情流连之语，非绝望之语也。"解读透彻，内容深刻，使人茅塞顿开。原来"凭空结想""深情流连"，汉广、江水，全是为"不可求思"设景，则刈楚、刈蒌、秣马、秣驹，自然也都是为求思而设事。

汉水之广，将读者引入这距离的惆怅之后，诗人突然笔锋一转，将视野收拢起来，集中到游走在汉水的女子身上。值得深思的是，诗人笔墨并未花费在游

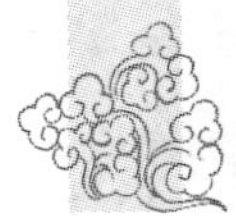

女的肖像上,或什么如花胜玉,或什么樱桃嘴呀瓜子脸,如何娇媚,怎样的神态表情,而只用一个"游"字来修饰。这个"游"字用得颇幽默,既表达出由于距离的缘故,致使女子仿佛踏云攀雾,缥缈不定,难以观尽其美,又表现出女子的自由神奇。

诗人将视线牢牢锁定在游女身上,宛如神仙飘忽大海,如痴如醉的感觉油然而生。如此,虽不形容那游女的靓丽,但她那奇特的魅力尽在其中了。遥远就意味着不能追求,求不得就紧紧伴随着道不尽的叹惜。主人不禁感叹汉水辽阔无边。

从现实意义上看,悠悠之汉水象征着无法跨越的距离。现实世界中不可追求的少女,宛如高耸的乔木,使人难以歇凉;犹如滔滔汉水一样,使人无法跨越。但诗人没有停留在对现实距离的无奈怨恨上,而是呼唤出浪漫恢宏的想象力,将现实与浪漫做了一个绝好的对比。

汉水之所以成为不可跨越的象征,关键就是因为波涛滚滚,水流湍急,水面辽阔。然而,诗人激昂咏唱:汉水之阔,虽不可泅渡,但容纳不下自己的滔滔情思;江水之大,虽不能筏渡,但冲不淡自己的滚滚愁苦。这超凡脱俗的手法,让读者从可感的汉水气势中,体会出诗人情感的强烈和气魄的不凡。

浪漫的想象,情感的激发,更加激起主人得到贤女的渴望。如同砍伐柴薪,就要砍伐翘翘之荆楚一样;正如采摘野菜,就要采摘鲜美的蒌蒿一样,那么,娶女就要娶窈窕之淑女。如果她真肯嫁给"我",那"我"一定尽力饲养骏马、修缮车厢,为她举行御轮之礼,诗人也许如此幻想。

其三,江水滚滚而悠长,不可以任扁舟航行游荡。以兴而比汉上之女虽忠贞,却在绵长江水之岸,不能用木筏渡过去,故不可以追求出游之女。这样一位高洁的贤女,只因这江汉之隔,可望而不可即,只好眺望宽广的江汉而徘徊,望着浩渺的烟波兴叹而已!我们读着这三十二个字的诗句,就仿佛觉得有人在江汉之岸,举目望树颠,低头看水涯,不禁黯然魂消,徒叹奈何之!这两个比喻,一方面写不可能之事,另一方面又将爱慕之女视为极高的理想。足见其倾慕之深、渴望之切与失望之极。江汉并举,互文见义。

上竦之木不可休,兴而比出游之女不可求。汉广不可泳,江水不可方,兴而比出游贤女不可追;亦因见江、汉而起兴。都是讲以礼办事,以德服人,才能追求而得，办事而成。但它们又有细微的差别。乔木的不可休，汉女的不可求，是真的做不到，也就说有些事本来办不到，就不要去办它。而汉水的不可泳，江水的不可方，并不是真的不可能，只是表现在失望中，依照礼遇原则，要找出切实可行的措施和办法，方可成功。不可泳、不可方，着重在说自己与她宛如江汉之隔，又没有桥梁可通过。连泳之、方之的信心和勇气也随之消失了。泛泛说，汉水之宽，江水之长，只要有信心和勇气，没有办不到的事，没有追求不到的倾慕之女。水之为限不可逾，以兴礼义之为闲不可犯，关键是不能违反礼遇与法则。否则，"不可求思"。这四句构成妙喻，皆是眼前触景生情，信手拈来。《诗经·卫风》中有一篇《河广》，诗言："谁谓河广？一苇杭之。谁谓宋远，诚予望之。谁谓河广？曾不容刀。谁谓宋远，曾不崇朝。"江河的宽窄，以及是否乘筏可渡，人的感觉会随着感情的变化而变化。要比喻事之难成，则曰：不可泳、不可方。要比喻事之易成，则曰：谁说河宽？只要一席之苇就可渡过江河了。谁说河宽？连一只小船都容不下。是不是没有客观的可信的标准呢？也不是。只是抒情诗的创作原不必拘泥于生活的细节。这种灵活的处理方法，正是诗歌艺术巧妙的地方，细细玩味是颇为有趣的。

次章前两句写草木翘翘然高扬生长，错杂草木可以砍伐为薪，然伐薪要伐牡荆，收割荆楚运输勤。这样一位鹤立鸡群的美女，正是我倾慕的对象，要娶就娶这样忠贞而高洁之女，犹如错杂草木，可以砍伐为薪，然伐薪要伐翘翘然牡荆一样，就是我要选取砍伐的柴薪。第三、四句说：这个美丽贤女如肯嫁给我，我甘心饲养骏马；即使得不到她，只好等她出嫁时，愿做她的车马夫，那也可以聊且宽慰我的思慕之情啊！但这不是诗的本义。而是旨在说，要追求姑娘，必须以礼成婚，要举行隆重的亲迎婚姻之礼，即御轮之礼。不能有不合礼的私欲之情与非分之想，否则，非礼不可求思。《韩诗序》解释说："《汉广》：'悦人也。'"果真如此，其中的爱慕之情，也正如朱子所言"悦之至"而"敬之深"。故后四句反复强调：汉水广阔而流漓漓，不可潜行而游岸堤。长江绵长而水湍急，不能乘筏而渡江堤。游女之贤端庄贞秀，非复前日之不可求。

末章与次章重章叠句，反复咏唱，加深了主题，加强了抒情的效果，只不过换了两个字，为其押韵而已。成语"个中翘楚"就是出于这诗的次章。

全诗从一位非礼而不得追求的游女所见所感着笔，视角开阖有度，有放有收；现实与浪漫，感官感受与想象如水墨相融，虚处见实，实处见虚，重章叠句，

反复咏唱，描绘出一幅绝妙的乔木高耸、汉江滔滔的美人图，颇有艺术价值。

汝坟

遵彼汝坟，伐其条枚。
未见君子，惄如调饥。

遵彼汝坟，伐其条肄。
既见君子，不我遐弃。

鲂鱼赪尾，王室如毁。
虽则如毁，父母孔迩。

【概要】

汝旁之国文王之化，妻喜夫君行役而归。
未归之时思望情深，追赋其事而作诗云：

【译文】

沿着汝河之岸前行，砍伐枝条树干为薪。
遵循汝河之域驰骋，征伐殷商条氏之戎。
夫君出征而久未归，思念之久不见音信。
思望之情寤寐之深，如同早晨饥渴难忍。

沿着汝河之岸前行，伐其枚而伐其残薪。
时间之逝而逾年新，循那汝河之堤而行。

攻殷商条氏之入侵，伐殷商条氏之残军。
至见夫君战胜而归，欣喜不远而弃我情！

汝坟之人奉王之命，供纣之役勤苦劳心。
鲂尾本白而今变赤，鲂鱼劳累而鱼尾赤。
君之劳如鳊劳尾赤，王室之政酷烈如焚。
虽如烹鲂酷烈如焚，文王之德父母之情。
望之甚近可忘其劳，故不懈怠王之事政。

【注释】

*遵：循，沿着。 汝：古水名。今洛阳以南息县以西的汝水流域。发源于出河南省天息山，经蔡颍州入淮河。 坟：河堤，水岸。 伐：有两层意思：其一是砍伐。 条枚："鸣条"的倒读，即"殷民六族"中"条氏"之国（殷商直接控制的地域）。攻伐殷商之条氏，当是殷周之际重要战役之一，详说见李平心《〈诗经〉新解》。条，树枝，枚，树干。"伐其条枚"，下章"伐其条肄"均喻婚姻、情爱。其二是攻伐。

*君子：妻称其夫为君子，此指随周邦征伐的南国贵族，也是指本诗中女歌者所念之人。 惄(nì)：忧愁，或饥渴，在此是比喻如饥如渴的相思之苦。《方言》："惄，忧也。秦、晋之间，凡志而不得，欲而不获，高而有坠，得而众亡谓之湿，或谓之惄。" 调饥：早上饥渴。隐喻如饥似渴般的思念之情。古时隐语，指性的冲动。调，通"朝"，早晨。

*肄：其一，残余枝条或新生的嫩树条，即剪后滋生出新条。《毛传》："肄，余也。斩而复生曰肄"。其二，条氏之残余势力的隐语。

*既：已经。 不我遐弃：即"不遐弃我"的倒装句。遐，疏远。

*鲂(fáng)鱼：鱼名，鳊鱼。身广扁薄，少力细鳞。陆玑《毛诗草木鸟兽虫鱼疏》："鲂，一名魾，江东呼为鳊。" 赪(chēng)：赤色。鱼劳则尾赤，鲂尾本白而今赤，则劳其矣。马瑞辰《通释》："《本草纲目》云：'一种火烧鳊，头尾俱似鲂而脊骨更隆，上有赤鬣连尾，黑质赤章。'今江南有鳊鱼，其腹下及尾皆赤，俗称大烧鳊，

殆即古之鲂鱼。诗人以鱼尾之赤兴王室之如毁,后人遂以火烧鳊名之。” 姚际恒《通论》:“鲂鱼赪尾,喻民之劳苦。” 尾:读(yǐ)。 王室如毁:指西周王朝遭犬戎之难。诗人烹调鲂鱼给丈夫吃,见到鱼尾红似火烧,联想到王室也如火焚烧。王室,指殷商王室。如毁,如烈火焚烧一样。陆德明《诗·释文》:“齐人谓火曰毁。”

* 父母:作为南国的父母国的周邦。《集传》:“父母,指文王也。” 孔迩:形容距离很近。孔,甚。迩,近。这两句的意思是:虽然官差如焚相逼,徭役繁重,但你也要想想近在身边的文王,也需要人的供养啊!这是思妇设想重逢后,劝喻丈夫的委婉之辞。

【品鉴】

《汝坟》是一首思妇诗。此诗描写汝水流域一位征夫服役而归,其妻思念她远役的夫君,而有感于久别重逢,对夫君并不抛弃她而感到欣喜,从而唱出的一首充满深情的歌。宋代朱熹认为,此诗是先被文王之化,故妇人欣喜其君行役而归,因记其未归之时,思望之情如此,追赋其事,满是抚今追昔的无限深情。

这诗的主旨聚讼纷纭,歧义甚多。有学者认为《汝坟》是战争诗。蓝菊荪以为“这次战争当系正义战,或许是武王伐纣之役呢。”诗作于殷商末年帝辛之世。这虽是《汝坟》产生的背景,但定位战争诗,似乎有点勉强。

《汝坟》“王室如毁”的训释,清方玉润认为“商辛无道,王室久如焚毁”(《诗经原始》)。崔述《读风偶识》更进一步指定“此乃东迁后诗,‘王室如毁’即指骊山乱亡之事。”杨任之认为系指“纣时苛政猛如虎”(《诗经今注今译》)。华锋释为“王室虐政把人煎”(《诗经全释》)。高亨释为“西周末年,周幽王无道,犬戎如寇,……王室也如火烧毁”(《今注》)。虽改易了诗篇的制作年代,其“王室”训释仍遵传统说解。程俊英认为“这是一首思妇的诗。她在汝水旁边砍柴时,思念她远役的丈夫。她想象已经见到的丈夫,预想相见后的愉快,对丈夫并不抛弃她而感到安慰。这是反映社会动乱的诗,《诗序》和《集传》认为诗意是赞美‘文王之化’,语涉附会,不可信。《后汉书周磬传》注引《韩诗》曰:‘《汝坟》:辞家也。’比较贴切诗旨。”此解虽贴近主题,但反对《毛序》和《集传》的传统之说。

《汝坟》一诗,全诗三章,每章四句。诗人采用起兴手法,抒情叙事,层层递进,深入情怀,道出了君子未归时少妇的盼归思望之情。

起句:“遵彼汝坟,伐其条枚”;枝曰条,干曰枚。唐代孔颖达解读为:“大木不可伐其干,取条而已;枚细者,可以全伐枝也”(《孔疏》)。这两句意谓:循着那汝河之岸,把岸上的灌木枝干一起砍掉。两句旨在先点明地点,后交代事件。它和这首思妇诗的主题也是紧密相连的,虽然意象是伐树,但向婚姻的方向作解。汝水之畔有一位少妇,正在砍伐树枝为柴薪,脑海中却刻骨铭心地思望着出征在外的君子。但“伐”字有两层意思:其一是砍伐;其二是攻伐。诗以思妇砍伐树木而象征君子远行、浴血奋战攻伐外侮:沿着汝河流域而进攻,征伐殷商条氏之戎的侵吞,将入侵之敌全部赶出境外。其含义委婉深刻。三、四句意谓在外征役的君子离家之后很久不见的思望之情。

把思妇的思念之情比作如饥如渴,像饿着肚子般难受,这个比拟是十分奇特而新颖的,实在是一种再创造,但这是字面上的意思。“调饥”一词还有一层意思,它在先秦以前常常用作男欢女爱的隐语,故此暗指妻子的性饥渴。对于夫君在外远役的妻子来说,精神上最强大的支柱,莫过于盼望夫君早日平安归来。如煎如熬,如在深渊。写别后相思之深,这层情感诗人用“未见君子”做过一般表达之后,接着用“惄如调饥”一句加以深化。出神入化,写尽了思妇思慕之深,两地相思之苦。

然而,“调饥”到底是饿肚子还是性隐喻?传统训“调”又作“輖”,其义训朝,谓即“朝”之假借字。古人朝食曰饔,夕食曰飧。朝饔少阙,是为朝饥,即早上饥渴。隐喻如饥似渴般的思念之情。闻一多一反此说,“惄如调饥”的“饥”,是古时的一种隐语,指性的行为。故他在《通义》中说:“古谓性的行为曰食,性欲未满足时之生理状态曰饥,既满足后曰饱。”

那么,“未见君子”到底是什么人?传统认为,远古时妻称其夫为君子,此指随周邦征伐的南国贵族,也是指本诗中女歌者所念之人。《毛序》阐释说:“《汝坟》:‘道化行也。文王之化行乎,汝坟之国,妇人能闵其君子,犹勉之以正也。’”此《序》所谓文王德政之化,妇人能闵其君子,犹勉之以正者,是说虽其别离之久,思念之深,而其所以相告语者,犹有尊君亲上之意,而无情爱狎昵之私。父母甚近,不可以懈于王事,而贻其忧。文王德泽之深,风化之美,皆可见知。

但也有经学者认为,此诗作于东周初年,诗中的“君子”和“父母”指的都是“为民父母”的周平王。这种解释是把“王室如毁”阐释为周王室遭遇了犬戎之

难，恰恰应在幽王失国，平王东迁的这一段历史。若推测这件事情，应该是这样的：在当时危难之际，周平王奔波东迁洛邑，而诗中的洛邑某“妇人”，因离别之久，思念之深，如早晨饥渴一般，正忧心忡忡地期待平王东迁凯旋，是“未见君子，惄如调饥”。当平王未归之时，她在汝水之岸砍柴，思念她为国操劳的夫君，预想相见后的愉快；“既见君子，不我遐弃”，当平王终于归来之后，她才长吁一口气，她已经见到了夫君，对夫君并未抛弃她而感到安慰。

周王朝虽然饱受动乱，平王终于近在身边了，是为“虽则如毁，父母孔迩”。虽然王朝之政如火焚烧、动荡未已，但父母甚近，不能懈于王事，而贻其忧；而其所以相告语者，犹有尊君亲上之意，而无情爱狎昵之私。则文王德泽之深，风化之美，皆可见知。这个人自然是《汝坟》的作者，但他是个什么人呢？——“据此，作者忧愁周王，有资格见到周王、称颂周王，又有作诗的才能，当然不会是庶民百姓，应该是洛邑的官吏”(翟相君《诗经·汝坟新解》)。

次章写征夫归来后团聚的欣慰和“不我遐弃”。起句只一字之变，情思递进，味之无尽。“遵彼汝坟，伐其条肄”句，斩而复生曰肄，肄者，是指经年又新生出的木枝。首章写夫君远役而未归，次章写夫君凯旋而已归，相配合之处，诗人显然以“伐其条枚”“伐其条肄”，来表明时间的推移。沿着汝河之岸而行走，伐其枚而伐其残薪。时间之逝而逾新年，循那汝河之堤而行，攻伐殷商条氏之主力，讨伐殷商条氏之残军。至见夫君凯旋，欣喜其不疏远不弃我！希望如星火闪现，夫君终于在远离久别之后，从战场回到了自己的身旁，重逢时夫君没有与她疏远，而是如胶似漆，夫妻之情毫无变易，并感到身居乱世和夫君能够团聚的欣慰。其庆幸快慰之情，令人读之可感。

在乱世动荡之中，家人的团聚是一种奢求。在夫君出征之后，闺中妇人不得不做起男人的活计，她出门在汝水之岸砍伐柴薪，但她没有一点怨言，只有深沉的思望。思念她远役的夫君，如今凯旋，预想感受相见后的愉快，对夫君并不抛弃她而感到欣慰。甚多《诗经》注本皆是这样解读《如坟》之诗，阐述这是西周末年的一首思妇歌谣。金性尧曾把《汝坟》的诗旨概括成一句话：“战乱中的夫妻重逢”，这并不失诗旨。梁启超把《汝坟》的手法称为用“回荡的表情法”倾吐男女之思，说得沉郁顿挫、一波三折。在《汝坟》的所有歧说中，上述解读流传最广，影响最大。

末章指责王政暴虐、劳役繁重，虽王政酷烈，但与望之甚近的父母妻子团聚，还是值得庆幸而安慰的。末章言：汝坟之人奉王之命，供纣之役而勤苦劳心。鲂鱼尾巴本白而今变赤，是因鲂鱼劳累而尾赤。夫君今之劳辛，如鲂鱼之劳而尾变赤；王室之政方酷烈如焚，虽如烹鲂酷烈如焚，文王之德如父母之情深。望之甚近的父母而可忘其劳，故不懈怠于王之政事。

前两句是对当时殷商王室之政酷烈的谴责和担忧。“鲂鱼赪尾”一句的训释，古注一般解释为：鲂鱼尾巴本白色，今鱼劳累而变赤，故用来比喻民之劳苦不堪。这大约属于古人之想象，鲂鱼之尾因劳而变赤，恐怕未必有科学依据。但诗人用这样一个想象，来比拟在国乱政酷之下，民众徭役繁重，劳苦疲惫不堪，还是颇形象的。当时文王三分天下有其二，而率商之叛国以事纣，故汝坟之人犹以文王之命，供纣之役，其家人见其勤苦而辛劳至极，深感不安。故下两句是说，夫君之劳既如此之苦，而王室之政方酷烈未已；虽其酷烈未已，社会动乱，但能回到家中与父母团聚、快乐生活，还是值得庆幸而安慰的。但文王之德如父母然，望之甚近，亦可以忘其劳累罢了。

《汝坟》一诗，歧义甚多。如从字面而论，《汝坟》似乎表现的是乱世动荡，特别是末章的“鲂鱼赪尾，王室如毁”两句阐明了这一点。那么，“鲂鱼”到底是什么鱼？“赪尾”到底又是什么尾？

诗中所谓“鲂鱼赪尾”的训释，清代马瑞辰详细解释说：“《本草纲目》说：‘一种火烧鳊，头尾俱似鲂而脊骨更隆，上有赤鬣连尾，黑质赤章。’今江南有鳊鱼，其腹下及尾皆赤，俗称大烧鳊，殆即古之鲂鱼。诗人以鱼尾之赤兴王室之如毁，后人遂以火烧鳊名之”（《通释》）。马氏在此阐释了鲂鱼的明确特征是：“其腹下及尾皆赤”，且指出鱼尾之赤是兴“王室”之如毁，但未指明是殷商王室，还是周王室。“鲂鱼赪尾”一句，除了鱼的意象之外，“尾”在古文中也有“交尾”之意。原本在古人那里，鲂鱼之所以赪尾是因为“劳”，属后天因素带来的变化。除马瑞辰之外，还有说鲂鱼的尾巴本来就是红的（许慎《说文解字》）。这问题现在倒是有了一个新的解释，说是有些鱼类的尾巴确实会在交尾期间变红，这是为了吸引异性，而鲂鱼恰恰就是此例（张启成《〈诗经〉风雅颂研究论稿》）。

宋代朱熹认为“鱼劳则尾赤，鲂尾本白而今赤，则劳其矣”（《集传》）。是说鲂鱼的尾巴本白而变红了，为什么尾巴会变红呢？旧解的主流观点是因为“劳”，这

是鲂鱼的明显特点，一旦劳累过度，尾巴就会由白变红。姚际恒解读说："鲂鱼赪尾，喻民之劳苦"（《通论》）。这到底是否有科学基础？倒是需要进一步考证，不过相信像朱熹这样的大师可能有所考证吧，只要古人相信，如此解读就可以成立。但更有学者认为，是指西周王朝遭犬戎之难，诗人烹调鲂鱼给丈夫吃，见到鱼尾红似火烧，联想到王室也如火焚烧，亦通。

另一种解释是："赪尾"并不是尾巴变红，而是尾巴变秃，这个"赤"不是颜色，而是如同"赤地千里"的"赤"，是"光秃秃"之意（清·周悦让《倦忧庵椠记·经隐·毛诗》"鲂鱼赪尾"条）。但不管是尾巴变红，还是变光秃，总之，皆是劳累所致。但是鱼怎么会"劳"，尾巴又怎么会变红、变秃，都云作者痴，谁解其中味？

清代考据大师，于鬯就研究这个问题，认为"劳"并不是劳苦的意思。鲂鱼的尾巴本来不红，一旦变红，就是死亡的征兆。"劳"除了"劳苦"的意思之外，还有一个"病"的意思，这似乎是切合"鲂鱼赪尾"一句的（清·于鬯《香草校书》卷十一）。但也有疑问，诗人奈何用病鱼作比拟呢？

据《左传·哀公十七年》，卫侯贞卜，其繇说"如鱼窥（赪）尾，衡流而方羊（方羊是游散、游荡之意）"，疏引郑众说，"鱼肥则尾赤，方羊游戏，喻卫侯淫纵"，并把"王室"作为王孙解，把"如毁"释为"性的冲动像火一样激烈"，因而认为本篇是一首情歌。除此之外，张建军论述"'鲂鱼赪尾'还具有作为季节符号的物候历法意义，因为鱼尾发红是鱼类产卵发情期，是在秋季，正是当时民俗中嫁娶之期，所以这里的'鲂鱼赪尾'既具有性的含义，又有物候历法的意义"（张建军《〈诗经〉与周文化考论》）。然而，近人因受到"弗洛伊德性张力学说的影响"（夏传才《评〈诗经古义新证〉》）往往好逞臆说，但正如夏传才先生所言，以"性张力学说"释《诗》并不具备"坚实的科学基础"。

难点在末章，"鲂鱼赪尾"紧跟的是"王室如毁"，这显然在说社会与政治层面的内容。王室应指殷商王室。朱熹云："王室，指纣所都也"（《集传》）。朱氏之说，符合诗情。如毁即如烈火焚烧一样。毁读若毁。《毛传》训"毁"为"火"。唐代陆德明《诗·释文》解释说："齐人谓火曰毁。"陆德明给出音训上的依据，将这个"毁"解释为齐人方言里的"火"，"王室如毁"即"王室如火"。但"王室如火"又该怎么解释呢？

公木教授解读说："王室如毁"应释为殷纣"王室"丧失危国，就像在大火燃烧中感到极度震动一般。周文王、武王时,“典治南国”,包括汉水流域“如坟”之国在内的诸古周南之国,已悉皆归周人所有。周之伐商,是有计划有步骤的。“汝坟”所处,与“殷民六族”中“条氏”之国(殷商直接控制的区域)邻界,“条氏”即古之鸣条,鸣条倒读即为“条枚”,“条枚”“条肄”分别是“条氏”和条氏别族的隐语(详说见李平心《〈诗经〉新解》)。征伐殷商之条氏,当是殷周之际重要战役之一,诗人笔下的“君子”打仗打得极辛苦。所谓“鲂鱼赪尾”,疲惫劳顿之至。“鲂鱼赪尾”实则略去了“虽则”二字,意谓:虽然劳累得如鲂鱼尾巴红,好在殷商王室已如包围大火中。后面两句“虽则如毁”略去了“王室”,但“虽则”作为转折语,也已明白点出“王室”是与“父母”相对言的。意谓:虽然殷商王室已如包围大火中,好在作为南国的父母国的周邦很安宁。《毛传》所谓“文王道德之化”,正见于周对这些周南之国的凝聚力与感召力当中。方玉润所谓“南国归心”,可见一斑(《诗经原始》)。这段话阐明征伐殷商之条氏,当是殷周之际重要战役之一,此是诗的背景,颇有见地。

按照传统的经典解释,此诗作于殷商末年,其时天下动乱。朱熹解读说:“是时文王三分天下有其二,而率商之叛国以事纣,故汝坟之人犹以文王之命,供纣之役,其家人见其勤苦而劳之曰:汝之劳既如此,而王室之政方酷烈未已。虽其酷烈未已,然文王之德如父母然,望之甚近,亦可以忘其劳矣”(《集传》)。而文王虽然三分天下已有其二,却仍然臣服于殷商,其德政之风渐播天下,此诗已经浸润了汝水流域。《汝坟》诗中的这位当地妇人,虽知王室之政方酷烈未已,但感召于文王之化。即使疼爱夫君为殷商的王事操劳过度,但还是勉励他不懈于王业;然文王之德如父母然,望之甚近,也可忘其劳累。

至于父母,到底是谁的父母?

有学者以为是指作为南国的父母国的周邦。父母者,实指文王。“虽然如毁,父母孔迩”两句,也可解谓:虽然官差如焚相逼,徭役繁重,但你也要想想近在身边的文王,也需要人的供养啊!这是思妇设想重逢后,劝喻丈夫的委婉之辞。文王之化,可见一斑。

在传统的解说中,有经学者曾把《汝坟》的男主人公认为是一位政治上的消极分子加以表彰。这并非异端说法,而是正统的诗学理论,三家《诗》当中的《鲁诗》解读最详,认为“鲂鱼赪尾”一章是感叹天下大乱,男主人公迫于暴虐而违心

做官办事，这是因为赡养父母，不得已而为之。

"《鲁说》曰：'周南之妻者，周南大夫之妻也。大夫受命平治水土，过时不来，妻恐其懈于王事；盖与其邻人陈素所与大夫言，国家多难，惟勉强之，无有谴怨，遗父母忧。昔舜耕于历山，渔于雷泽，陶于河滨，非舜之事而舜为之者，为养父母也。家贫亲老，不择官而仕。亲操井臼，不择妻而娶。故父母在，当与时小同，无亏大义，不罹患害而已。夫凤鸟不离于罻罗，麒麟不入于陷阱，蛟龙不及于枯泽。鸟兽之智，犹知避害，而况于人乎？生于乱世，不得道理而迫于暴虐，不得行义然而仕者，为父母在也。乃作诗曰：'鲂鱼赪尾，王室如毁。虽则如毁，父母孔迩'"（王先谦《诗三家义集疏》）。王氏之释，在此提出了新的诗旨，即"孝"敬父母，君子不愿为无道的君主孝忠，不愿为无道的朝廷当官俸禄，以借避祸害。

然苏缨教授阐释说：在传统的儒家观念里，一个正直的士人应该"用之则行，舍之则藏"，所以像屈原、阮籍这样的人，是被正统儒家看作异端分子的，会遭到正统人士的批评。儒家的另一个标准是"天下有道则见，无道则隐"，君子不为无道的君主服务，不在无道的政府当官。以这些标准来衡量，《鲁诗》所描述的这位《汝坟》的男主角看来并不是一位合格的君子。

好在儒家理论当中，既有"经"（原则性），又有"权"（灵活性），《汝坟》男主角就是儒家灵活性的一个例子。《鲁诗》的解释是：周南之妻者，周南大夫之妻也。大夫受命平治水土，过时不来，妻恐其懈于王事；盖与其邻人陈素所与大夫言，国家多难，惟勉强之，无有谴怨，遗父母忧。昔日就连大舜这样的圣君也曾经耕于历山、渔于雷泽、淘于河滨，这都是粗活儿，不是他应该做的，但他之所以去做，是因为有父母需要奉养。所以说，如果家里穷、父母年岁大，求职做官就不要挑剔；如果家境都到了需要自己亲自打水、舂米的地步，讨老婆就不要挑剔。既然父母健在，就应该适当违心地顺应社会潮流，只要大义不亏就行。凤凰知道避开罗网，麒麟知道避开陷阱，蛟龙不会到干枯的沼泽去生活，以鸟兽的智力尚且知道避害，何况人呢？生于乱世，违心地出去做官办事，只是为了赡养父母罢了。

《鲁诗》的这种说解，应当来自于《孟子》"孟子曰：仕非为贫也，而有时乎为贫；娶妻非为养也，而有时乎为养。为贫者，辞尊居卑，辞富居贫"（《孟子·万章下》）。这段文字是说：人不该因为家里穷才出去做官，但有时就是因为家里穷，才去做官的;娶妻不是为了找个人来照顾父母,但有时候就是为了照顾父母才娶妻的。为贫者,辞尊居卑,辞富居贫。

这就是儒家的从权之计,明知道不该做的事,但有时候也得从权去做。从权自然也有从权的规矩;做官不能做大官,只能做小官,不接受高薪,只接受低薪,能够养家就行了。《韩诗外传》卷一也总结为:“枯鱼衔索,几何不蠹;而亲之寿,忽知过隙;树木欲茂,霜露不凋使;贤士欲成其名,二亲不待。家贫亲老,不择官而仕。诗曰:‘虽则如毁,父母孔迩。’此之谓也。”

这是儒家的一个经典主题,《韩诗外传》在阐释《召南·小星》“夙夜在公,寔命不同”的时候也有与曾子的遭际同样的意思:曾子在鲁国莒邑做官的时候,俸禄很低,他之所以重禄而轻身,是因为要奉养父母;后来齐、楚、晋三个大国纷纷请他去做高官,但他不以为意,因为父母已经去世了,不需要努力工作来奉养了。以儒家仁、孝的标准来看,“怀其宝而迷其国者,不可与语仁;窘其身而约其亲者,不可与语孝;任重道远者,不择地而息;家贫亲老者,不择官而仕”。

可以参照的是,在对《小雅·祁父》“有母之尸饔”一句的阐释里,《韩诗外传》则直接记述曾子的以身说法,结论是:为了施展抱负而使双亲陷于贫困的人是不孝的,甚至还有这样一个似乎很难让人接受的故事:齐宣王问田过:“听说儒者为父母有三年之丧,那么对于儒者来说,到底国君重要,还是父母重要?”田过答道:“国君不如父亲重要。”齐宣王大忿道:“那为什么儒者还要离开父母去侍奉国君呢?”田过答道:“要是没有国君的土地,就没法安置我的父母;要是没有国君的俸禄,就没法养活我的父母;要是没有国君给的爵位,就没法尊显我的父母。侍奉国君终究还是为了供养父母呀。”齐宣王心里不快,却也没话作答。

这说明了在早期儒家的观念当中,“孝”是至关重要的,而“忠”的观念本来只是“忠于事”,待社会向专制集权发展之后,才升格为后世所习以为常的“忠君”思想。另一方面,这样的孝道对当时的社会环境也是很有针对性的,毕竟自春秋到战国,天下越来越乱,旧有的社会规范、价值观念不断受到新形势的冲击,“世官世禄”的传统被打破,“君子”的饭碗越来越成问题,所以要养家糊口,必然面临一个是否违心出仕的选择,如果必须违心,就必须给违心找一个正当的理由。

我们看《鲁诗》讲解,也许断错了《汝坟》的创作年代,也许误解了作者的本

义，但它的确为我们阐释了一个儒家正统的乱世求存的法则，让我们看到了在那个乱世当中，君子们面临着怎样的社会问题，会做出怎样的人生选择，他们的困境与焦虑是那样的真切。一个典型的例子是，汉代周磐素来"好礼、有行，非《典》《谟》不言，诸儒宗之"（《后汉书·周磐传》）。清代赵翼《陔余丛考》"汉儒说诗"条："《汝坟》之诗，薛汉谓王政如火，犹触冒而往者，以父母饥寒，故禄仕也。《后汉书·州磐传》：磐居贫，无以养母，尝诵《诗》至《汝坟》卒章，慨然而叹，乃出应孝廉之举。是皆以'父母饥迩'作己之父母，而非以喻文王矣。"但家境贫穷，无以奉养老母，一天诵读《诗经》，读到《汝坟》的末章，不禁慨然长叹，于是去孝廉之举，为当官做准备了。

相反的解释同样可以成立。以上的推理同样是说妻子劝丈夫为赡养父母而出仕，以这个意思来贯通全诗，应该更加顺畅。前两节说妻子焦灼地盼望着丈夫，而丈夫也终于回家了，按照这个情绪发展下来，第三节应该强化妻子的挽留才是。妻子可能是这样说的："既然你好不容易回来了，就不要再走了。天下那么乱，不是你能管得了的。父母年纪已大了，我们尽孝的日子恐怕也不多了，你真的忍心离开吗？"现代注本中，程俊英、蒋见元《注析》就把后两句解释为"虽然王室暴虐，徭役不断，你难道不想想近在身边的父母也需要赡养吗？"并且总结说："这章是诗人设想丈夫回家之后，怎样劝他不要再去服役的话"。

这样的理解，除了更能贯通诗意之外，也合情合理地降低了那位妻子的政治觉悟和理性程度。尽管诗的第三节始终无法确解，但句子之间的关系是相当明确的：以"鲂鱼赪尾"起兴，接下来是个转折，"虽则如毁"，无论这是在说王室是暴虐还是火红，宗之"父母孔迩"是劝谏之语，是以父母为由对"君子"所做的劝阻。进一步想，便会发现一个问题：鲂鱼在《诗经》里是经常出现的，是鲜活肥美为人喜爱的，如果"王室如毁"是说"王室暴虐，徭役不断"，和鲂鱼带给人的感觉显然相反。以喜感之事物起兴恶感之事物，实在不符合人之常情，所以要把这两句贯通下来，"王室如毁"表达的自当是喜感才对，于是第三节最恰当的意思就应该是这样的："鲂鱼长着红红的尾巴，王室有着大好的前程。虽然有着大好的前程，但父母年纪大了，夫君你还是留在家里不要走吧。"妻子以父母为由希望丈夫能留下来，不管外面的世界有多好，都比不上小两口的相亲相爱、耳鬓厮磨。这层意思，大约就像唐代王昌龄那首著名的《闺怨》："闺中少妇不知愁，春日

凝妆上翠楼。忽见陌头杨柳色,悔教夫婿觅封侯。"(苏缨《诗经讲评》)

麟之趾

麟之趾,振振公子。
于嗟麟兮!

麟之定,振振公姓。
于嗟麟兮!

麟之角,振振公族。
于嗟麟兮!

【概要】

文王后妃德修于身,子孙宗族皆化厚仁。
诗以神兽麟趾比兴,美公之孙仁德诚信:

【译文】

麒麟有足而适宜踶,唯麟之足踶而不踶。
麟性仁厚而足不踢,故其趾亦仁厚诚义。
文王后妃仁德诚信,故子孙亦仁德诚信。
文王后妃仁厚如麟,公子仁厚化为抚民。
然言之不足故嗟叹,嗟叹之啊神兽麒麟!
何必麕身牛尾马蹄,然后为王者之瑞气!

麒麟额头而适宜抵,唯麟之额抵而不抵。

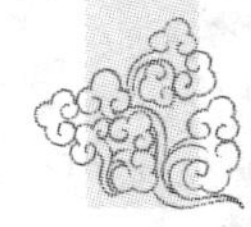

麟性仁厚而额不抵，故其额亦德厚仁义。
文王后妃仁德诚信，故子孙亦仁德忠信。
文王后妃仁厚如麟，公姓仁厚化为利民。
然言之不足故嗟叹，嗟叹之啊仁兽麒麟！
何必麕身牛尾马蹄，然后为王者之瑞气！

麒麟有角而适宜触，唯麟之角触而不触。
麟性仁厚而角不触，故其角亦仁厚诚信。
文王后妃仁德诚信，故子孙亦仁德忠信。
文王后妃仁厚如麟，公族仁厚化为恤民。
然言之不足故嗟叹，嗟叹之啊瑞兽麒麟！
何必麕身牛尾马蹄，然后为王者之瑞气！

【注释】

* 麟：即麒麟，古代传说中的仁兽。麕身、牛尾、马足、黄色、圆蹄、一角，行中规矩，游必择地，详而后处，不履生虫，不践生草，不群居，不侣行，不入陷阱，不罹罗网，王者至仁则出。古人认为又是灵兽。此以麒麟喻“公子”“公姓”“公族”。据现代动物学家考证，麟就是长颈鹿(此说还需详考)。 趾：足，即麒麟的蹄。古人认为麟之足，不践生草，不履生虫。 振振(zhēn)：仁厚；诚信。三家《诗》解为“振奋有为貌”。姚际恒《通论》云：“振振，起振兴意。” 公子：指贵族子孙，复数名词。《诗经》中称年幼的贵族为公子，即诸侯之类的子孙。与下文的“公姓”“公族”皆称文王后妃之子孙，这是阿谀者对其主子的称呼。

* 于(xū)嗟：此为赞美叹词。于通“吁”。陈奂《传疏》：“叹词，美叹之词也。美叹曰嗟，伤叹亦曰嗟，凡全《诗》叹词有此二义。”

* 定：额头。麟之额未闻，或曰有额而不以抵也。 公姓：公子，公姓，公族，公姓即公之子孙。三者是《诗经》惯有的递进关系，由子辈到孙辈到族人，正是儒家所谓“修齐治平”的顺序。但诗人用词的含义未必那么死板。

* 角：麒麟只有一只角，角端有肉。 公族：公同高祖，祖庙未毁，有服之亲。程俊英、蒋见元《注析》：“公族，诸侯曾孙以下称公族，公孙之子，支系旁生，各自成族，总括名之公族。《汾沮洳·毛传》：‘公族，公属也。’”

【品鉴】

《麟之趾》是排在周南最后的诗篇，这个排序并不是随手或偶然的，《毛诗》认为《诗经》的排序，是有着鲜为人知的深刻含义，这也许是孔子亲手删定之故。

《毛诗》梳理《诗经》的排序，认为《关雎》与《麟之趾》排位是《周南》的一头一尾，两篇遥相呼应；正是因为《关雎》文王后妃之德化行天下，后世虽衰，君王后妃之公子及宗族犹尚振振然，有似麟应之时般忠信仁厚，无以过失。如此，则体现出比较敏锐的政治眼光，深刻地揭示出当时社会所面临的重重危机，都属于出自贵族之手而具有进步意义的政治美颂。

唐代孔颖达却一反《毛序》，认为"此片本意，直美公子信厚似古致麟之时，不为有《关雎》而应之"(《正义》)。王先谦引《韩诗》之说，认为《麟之趾》是美公族之盛，而且诗兼言子姓，而专以美公族者子孙之盛。《正义》的看法和《韩诗》的解读皆认为是美颂，但前者是认为美颂"公子信厚"，实与朱熹的说解略有不同；而后者认为是美颂"公族之盛"。但细研全诗，只是从诗中"公子""公姓""公族"等名目看，是对贵族家族子孙之盛的歌颂，却是无疑的，似乎确是一首赞颂性质的作品。然而，细细一想却有质疑，因为，不论作文还是赋诗，一般是有因果关系和针对性的，比如赋诗吧，诗中要赞颂或者谴责何人何事何物？这一般是要交代清楚的，如果说《麟之趾》只是赞颂贵族子孙之盛的，那么要赞颂的贵族名何姓谁？若是赞颂所有的贵族，岂不是无源之水、无根之木吗？故此不符合逻辑思维方式的。

《孔疏》秉承《毛诗》，把《周南》十一篇划分阶段，阐释其政治含义，就是为后妃之化而歌功颂德，如此则一部《周南》，就成为儒家说教的经典。宋代朱熹梳理《诗经·周南》的排序说："按此篇首五诗，皆言后妃之德；《关雎》举其全体而言也；《葛覃》《卷耳》，言其志，行之在己。《樛木》《螽斯》，美其德惠之及人；皆指其一事而言也。其辞虽主于后妃，然其实则皆所以著名文王身修家齐之效也。至于《桃夭》《兔罝》《芣苢》，则家齐而国治之效。《汉广》《汝坟》，则以南国之诗附焉，而见天下已有可平之渐矣。若《麟之趾》，则又王者之瑞，有非人力所致而自至者，故复以是终焉。而《序》者以为《关雎》之应也，夫其所以至此，后妃之德，固不为无所助矣。然妻道无成，则亦岂得而专之哉？今言诗者，或乃专美后妃，而不本于文王，其亦误矣"(《集传》)。朱子阐明了《周南》科学排位的重要性和诗

旨的深刻含义，并明确指出，《周南》并非专美后妃之德，而其辞虽主于后妃，但其实则皆是著名文王身修齐家之效与治国之效。虽然大部分属歌功颂德的作品，但从了解当时社会的历史角度来看，它们所反映的政治内容仍然具有一定的认识价值。

然而古人解诗，总逃不脱《毛诗》观念的束缚，在古代经学家眼中的麒麟总是与儒家的政治理想及仁厚有机结合的。

那么，麟到底是传说中的动物，还是现实世界里真有原型？如果有的话，原型又是什么，是否就是《麟之趾》创作时代里人们所认识的那种动物呢？

麒麟是神话动物之一，传说仪表不凡，德行纯厚，且为太平盛世瑞祥之物。宋代经学家陆玑阐释“麟”说：“麕身、牛尾、马足、圆蹄、一角；音中钟吕，行中规矩，游必择地，详而后处；不履生虫，不践生草，不群居，不侣行，不入陷阱，不罹罗网，王者至仁则出”(《毛诗草木鸟兽虫鱼疏》)。陆玑之释，滔滔不绝，连说六个“不”字，道出了“仁厚”的含义，全然是一位君王的气象。刘向《说苑》解释“麟”说：“含信怀义，音中律吕，步中规矩，择徒而践，彬彬然动则有容仪”。由于刘向笔下的描绘，麒麟全然是既有“仁”又有“礼”的一位标准君子的化身，与陆玑的解释相近。

麒麟祥瑞之说，基于汉代极为流行的天人感应理论，如《左传·哀公十四年》服虔注：“视明礼修而麟至，思睿信立白虎扰，言从义成则神龟在沼，听聪知正而名山出龙，貌恭体仁则凤凰来仪”。在古人眼中，麒麟、白虎、神龟、蛟龙、凤凰这五种动物皆是神兽，分别对应着人世间的五种道德操守，只要政治搞得好，道德操守完备，相应的神兽就会在人间现身。麟对应的是所谓“视明礼修”，其本身是所谓的“仁兽”，自然可以类比于守礼而信厚的贵族公子。

《东京赋》有“解罘放麟”一句，薛注：“大鹿曰麟。”《说文》：“麟，大牝鹿也。”如此解释，麟不过就是体形硕大的野鹿罢了。宋人曹粹中《放斋诗说》就是排叙《说文》的训诂，最终确证所谓麟就是大母鹿。

据现代动物学家考证，“麟”就是长颈鹿。现代经学家对麒麟的原型，曾做出过重重考证，认为麒麟就是长颈鹿；但阐释麒麟的所有特征，当以王辉的说解为是：麒麟的原型是印度的犀牛，又名独角犀，现今仅产于尼泊尔和印度东北部。在殷商时代，这种犀牛曾经生活在黄河中下游流域，后来因气候环境的变化而不断南迁，故而在中原一带便越发罕见了，只是在气候环境湿热化的时期里，它们会偶然在黄河流域出现，被认为是太平盛世的祥瑞之一。虽然对“麟”的解释有歧义，但其祥瑞之兽的认识是一致的。

高亨教授说：“据《春秋》记载：‘哀公十有四年春，西狩获麟。’《左传》记载：‘西狩于大野，叔孙氏之车子（管车马的官）锄商（人名）获麟，以为不祥，以赐虞人（管家畜的官）。仲尼观之曰：“麟也。”然后取之（叔孙氏把麟取去）。’蔡邕《琴操》记载：‘孔子看见麟，乃歌曰：“唐虞世兮麟凤游，今非其时来何求？麟兮麟兮我心忧。……”’（《艺文类聚》卷十引）按《琴操》所载孔子的《获麟歌》不类春秋时代的诗句，当是后人伪造。我认为《麟之趾》一诗，可能是孔子的《获麟歌》，孔子把它附在《诗经·周南》之末。孔子的学生没有把此事记下来”（《今注》）。质疑《麟之趾》像孔子的《获麟歌》，是否确定也很难说，但“孔子看见麟，乃歌”一事若属实，名字叫麟，就是这种动物，也就是说，麟这种动物在现实生活中是存在的，只是非常罕见罢了。

至于“振振”一词，如何训诂？古今学者却有各种不同的解释。鉴于朱熹《集传》训“振振”为“仁厚貌”，这是承袭《毛诗》之“信厚貌”的延说，虽找不到《毛诗》这种训诂上的依据，但汉代经学大师郑玄阐释说：“《关雎》之时，以麟为应。后世虽衰，犹存《关雎》之化者，君之宗族犹尚振振然，有似麟应之时，无以过也”（《郑笺》）。体味这段话，郑氏也沿袭了《毛诗》的“信厚”之说，细绎全诗，符合诗旨，这是古人最经典的解读，也是最传统的诠释。

然而，《鲁颂·有駜》曰：“振振鹭，鹭于下”的解释里，且说“振振，群飞貌”；竟然使人感觉诗人望文生义，随文作解。程俊英、蒋见元《注析》解释说：“振振，振奋有为貌（从三家《诗》说）。”即三家《诗》解为“振奋有为貌”。姚际恒《通论》解释说：“振振，起振兴意。”更有甚者解为“多而成群貌”，都不甚恰当。

论据是在《诗经》中，作为叹词的“于嗟”，五首诗里皆有出现。“《诗经》中的‘于嗟’都是表达悲伤怨恨的感叹词。如《邶风·击鼓》：‘于嗟阔兮！不我活兮！于嗟洵兮！不我信兮！’《卫风·氓》：‘于嗟鸠兮！无食桑葚！于嗟女兮！无与士耽！’《秦风·权与》：‘于嗟乎不承权与！’都是。那么，《周南·麟之趾》：‘于嗟麟兮！’《召南·驺虞》：‘于嗟乎驺虞！’当然也都是表达悲伤怨恨的感叹词了”（高亨《今注》）。这里解说，影响较广的基础，在于对《诗经》所有“于嗟”一词的梳理，而这

种解释是以三例证二例，如只证《麟之趾》中的“于嗟”是“表达悲伤怨恨的感叹词”，是比较贴切的；但认为《诗经》中的“于嗟”都是“表达悲伤怨恨的感叹词”，显然说服力不强。何况《召南·驺虞》是国人以仁勇的“驺虞”来赞美“庶类蕃殖，搜田以时”的文王之化的诗歌，明显具有赞叹之意。

鉴于此，清代陈奂有最恰当的阐释：“叹词，美叹之词也。美叹曰嗟，伤叹亦曰嗟，凡全《诗》叹词有此二义”（《传疏》）。“嗟”是感叹词，既可以是美叹，也可以是悲叹，《诗经》中这两种层面的意义都有出现的可能，字面上如单言“嗟”，也有“于嗟”“猗嗟”“嗟嗟”叹词的运用。如此看来，《麟之趾》悲叹的意义越加明显，悲叹的感觉有切实的佐证。只是在于麒麟与公子、公姓、公族类比关系的确定，如果确定了诗旨是一首对文王后妃既阿谀奉迎而又悲叹讥讽之诗。那么，在此可以道破诗的悲情：因为麟性仁厚，故其趾亦仁厚；因为文王后妃仁厚，故其子孙亦仁厚。然美中不足，故又悲叹之；这个所谓“仁兽”的祥瑞之麟，何必又是麕身、牛尾而马蹄呢？然后为王者之瑞哉！大有悲而讥讽之趣。

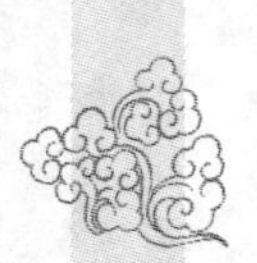

《麟之趾》一诗，诗凡三章，每章三句。而《毛序》阐释说：“《麟之趾》：‘《关雎》之应也。《关雎》之化行，则天下无犯非礼，虽衰世之公子，皆信厚如麟趾之时也。’”全诗分别用麒麟的足趾、前额、犄角的“信厚”作比，为什么会这样？这与古代对麒麟秉性仁厚的传说有关，麒麟不仅是古代传说中的神兽，而且被认为是灵兽和瑞兽。正如《公羊传·哀公十四年》云“麟者，仁兽也。”而宋人严粲进一步阐释说：“有足者宜踶，唯麟之足，可以踶而不踶；有额者宜抵，唯麟之额，可以抵而不抵；有角者宜触，唯麟之角，可以触而不触”（《诗缉》）。诗中如此分别言说，则充分表达了麒麟之性的仁厚，而将麒麟比人时，其阿谀逢迎之意也就更加具体、显豁。清代徐鼎按语阐释说：“麟、凤、龟、龙谓之四灵，盖旧说麟肉角，凤肉味，皆示有武而不用。盖麟性仁厚，趾不踢物，定不抵物，角不触物，皆言仁厚也，故诗以况之”（《毛诗名物图说》卷二）。徐鼎解读也与严粲之说相同，皆凸显了麟是“仁兽”。

“盖麟为神兽，世不常出，王之子孙亦各非常人，所以兴比而美叹之耳”（姚际恒《通论》）。姚氏阐释说“神兽”世不常出，然君王之子孙也各自并非常人，故诗人以“麟之趾”兴而比圣王之嘉瑞仁厚，而圣王之子孙也同样仁善。所以，诗人以传说中麒麟的仁厚作兴而比，来表现文王后妃德修于身，化行天下，而其子孙、宗族都化为仁厚。南宋经学大师范处义《诗补传》解读得更加具体，他说："麟，有趾而不踢，如公子之不忘动；有定而不抵，如公姓之不忤物；有角而不抵，如公族之不好竞。"尤其是把"麟之趾""麟之定""麟之角"与"公子""公姓""公族"巧妙地结合起来解说，颇符诗义，形象逼真。再具体说，诗人以麟之足之不踢、麟之额之不触、麟之角之不抵兴而比公之子孙，是说麟性仁厚慈善，所以其足也仁厚慈善；而文王后妃之德仁厚慈善，所以其子孙、宗族也同样仁厚忠诚。

清代方玉润解读得更富哲理性，他说："大凡诗家咏物，一意而分数层，体例然耳。非谓麟趾必公子，麟定必公姓，麟角必公族也。唯言子、姓、族，则由亲既疏；言趾、定、角，则自下而上，至诗中大旨；则姚氏际恒云：'盖麟为神兽，世不常出，王之子孙亦各非常人，所以兴比而叹美之耳'"(《诗经原始》)。文王后妃之子孙、宗族仁厚的含义，通过由子而姓，以至族，由亲既疏；则言趾、定、角，则自下而上，由近及远，由少及多表达了出来。故朱熹做了最经典的解读："文王后妃，德修于身；而子孙宗族皆化于善，故诗人以麟之趾，兴公之子。言麟性仁厚，故其趾亦仁厚；文王后妃仁厚，故其子亦仁厚。然言之不足，故又嗟叹之；言是乃麟也，何必麕身、牛尾而马蹄？然后为王者之瑞哉！"

然而，美中却有不足，故怨恨而又悲叹道：这个麟为什么一定是麕身、牛尾、马足、圆蹄、一角呢？然后作为王者而又有瑞祥呢？真是怪哉！怪哉！阿谀逢迎的程度已达到了登峰造极的地步，然而，讽刺嘲笑的效果更是入木三分。讽趣幽默，含义深刻。诗人绝妙的艺术写作，令人叹之。

而三章的末尾一句，更加起到了金声玉振、一唱而三叹的艺术效果。其原因都是以浓重的悲叹语调，加以重复迭唱。方玉润对此诗的末三句增加眉评说："三'麟兮'咏叹有神"，所谓"神"，即神韵。为使全诗神采全出，趣味悠长，使悲叹的气氛笼罩全篇，就一而再、再而三地重复悲叹。明的赞美之情溢于言表，暗的讥讽意味充满诗句。

此诗采用重章叠句的艺术表现形式，具有一唱三叹的韵味。《诗经》中的作品往往采取这种章节复沓的形式，这种形式看似简朴，但它可以使主题更加突出，感情抒发更加充分，使全诗悦耳动听，具有音乐美，从而收到意想不到的艺术效果。

召南

鹊 巢

维鹊有巢，维鸠居之。
之子于归，百两御之。

维鹊有巢，维鸠方之。
之子于归，百两将之。

维鹊有巢，维鸠盈之。
之子于归，百两成之。

【概要】

南国诸侯文王之化，正心修身以齐其家。
女子亦被后妃之化，嫁往诸侯贞静有德：

【译文】

唯鹊性勤善于筑巢，唯鸠性拙占居鹊巢。
盖少女嫁而居夫家，如鸬鸠占居鹊鸟家。
这个贞德淑女出嫁，要嫁往诸大夫之家。
专静纯一修身齐家，百辆大车亲迎娶她。

唯鹊性勤善于筑巢，唯鸠性拙占有鹊巢。
盖少女嫁而占夫家，如鸬鸠占有鹊鸟家。
这个贞德淑女出嫁，要嫁往诸大夫之家。
专静纯一修身齐家，百辆大车隆礼送她。

唯鹊性勤善于筑巢，唯鸠性拙住满鹊巢。

盖少女嫁而住夫家，如鸤鸠住满鹊鸟家。

这个贞德之女出嫁，要嫁往诸大夫之家。

专静纯一修身齐家，百辆大车成礼婚嫁。

【注释】

＊维：句首发语词，或用句中作助词，无实义。 鹊：鸟名，报喜，故名喜鹊。它善于在树上筑巢，其巢最为完固；鸠性拙不能为巢，或有居鹊之成巢者。 鸠：鸟名，鸤鸠，俗名鹁鸪，或秸鞠。相传因鸠性拙，常占鹊巢而孵雏鸟。 居：蹲。之：代词。

＊之子：是子，这位女子。是，这。子，女子。古代称男女皆为子。 于归：出嫁。 百两：百乘，一乘为辆。百，虚数，谓数量之多。两，通"辆"字。一辆车。御：迎娶。即驾驭百辆大车去迎娶她。

＊方：占有。居住。《集传》："方，有之也。" 戴震《诗经考》："古字方、房通，如'既方既皂'、'实方实苞'，方即房字。方之，犹居之也。"

＊将(jiāng)：护送。马瑞辰《通释》："车百两皆指迎者而言。将者，奉也，卫也。首章往迎则曰御之，二章在途则曰将之，三章既至则曰成之，此诗之次也。"

＊盈：主满。指陪嫁的人甚多。古代诸侯娶妻，带有几个媵妾，所以说"盈之"。《郑笺》："满者，言众媵侄娣之多。"

＊成：成其出嫁之礼。指以正式的礼仪送迎成婚。《集传》："成，成其礼也。"王先谦一反此说："'之'者夫人，则'成之'是成夫人，非谓能成百两之礼"(《诗三家义集疏》)。

【品鉴】

这首诗看似简单，诗旨却也不易弄清。诗凡三章，每章四句，每句四字。三章的字句和诗意基本是复沓迭唱，只是有个递进的关系而已。如此说来，只要把首章的主题探讨搞懂，全诗必然豁然开朗了。

那么，从首章解读来看，是以鸠居鹊巢兴而比，故诗一开端就叙述道：唯有鹊鸟报喜善筑巢，唯有鸠鸟性拙占鹊巢；这就是“维鹊有巢，维鸠居之”；然后联系到“之子于归，百两御之”。诗之开篇，出现的是鹊性勤苦而善筑好巢，鸠性之拙而鹊巢而住，此是二鸟的天性。故《齐诗》阐释说：“鹊以夏至三月始作室家，鸤鸠因成事，天性然也。”既然鸤鸠因成事，占居鹊巢是天性；那么，淑女要出嫁，固然住进夫家，这种男娶女嫁，当然被认为是人的天性，如鸠居鹊巢一般。

诗以鸠居鹊巢的意象，兴中有比，比中有兴，兴而比淑女出嫁至夫家，百辆豪华大车迎娶她。“百两”的“两”，今作“辆”，即一辆车。百辆豪华大车举行亲迎之礼，表明数量之多，隆礼之盛，显示其双方皆是贵族诸大夫之家。所以，此应为贵族的婚礼，并不是一般的民间婚礼。诗中还点明成婚的季节，郑玄说：“鹊之作巢，冬之架之，至春乃成”(《郑笺》)。这就是当时的婚嫁之期。陈奂解释说：“古人嫁娶在霜降后，冰泮前，故诗人以鹊巢设喻”(《诗毛氏传疏》)。这里说明了以鹊巢设喻之故。于是，整个首章的诗意就是：鸤鸠占有鹊巢而居，少女嫁往夫家而住，看起来就这样简单明了。上海辞书出版社的《诗经三百篇鉴赏辞典》就是这样翻译的：

喜鹊筑成巢，鸤鸠来住它。
这人要出嫁，车队来迎她。

喜鹊筑成巢，鸤鸠占有它。
这人要出嫁，车队送走她。

喜鹊筑成巢，鸤鸠助满它。
这人要出嫁，车队成全她。

这是一种甚有代表性的翻译，现代的各种《诗经》赏析、注本、译本对《鹊巢》这首诗基本都是这个调子。但这样理解是否准确，就需要仔细认真分析了。

从字面上理解，《鹊巢》就像是一首祝婚诗。而古代的经典诠释还是照例把它扯到后妃之化上去。《毛序》认为《鹊巢》：“夫人之德也。国君积行累功，以致爵位；夫人起家而居有之，德如鸣鸠乃可以配焉。”被认为此诗是国君之婚礼。而郑玄进一步解释说：“起家而居有之，谓嫁于诸侯也。夫人有均壹之德如鸤鸠然，而后可配国君”(《郑笺》)，虽有歧义，但还是沿袭了《毛诗》的所谓国君婚礼

之诗说。

然而，宋代朱熹却一反常态，他阐释说："南国诸侯被文王之化，能正心修身以齐其家，其女子亦被后妃之化，而有专静纯一之德，故嫁于诸侯，而其家人美之曰：维鹊有巢，则鸠来居之，是以之子于归，而百两迎之也。此诗之意，犹《周南》之有《关雎》也"（《集传》）。朱子解释主要有三点：一是因文王德化，南国诸侯能修身齐家；二是诸侯大夫之女也被后妃之化，故有专静纯一之德；三是其女嫁于诸侯，而获其家人美颂。此义影响之广，传承之久，成为主流解释。清代姚际恒阐明说："愚意大抵文王公族之女，往嫁于诸大夫之家，诗人见而美之，与《桃夭》篇略同。""此诗之意，其言鹊、鸠者，以鸟之异类况之人异类也。其言巢与居者，以鸠之居鹊巢况女之居男室也。其义止此"（《通论》），基本承袭了朱子之说，亦是传统的经典诠释。

周代各个不同姓氏的诸侯，往往互相婚配。男家有备车百辆前去迎娶，女家也有出车百辆去护送之。车队盛大，未免夸张，但也足以证明这诗所咏必是贵族之婚嫁，而且双方都是诸侯之国，才能有此排场。这首诗就是歌咏南国诸侯被文王之化，能正心修身以齐其家，其女子也被后妃之化，并有专静纯一之德，嫁往诸大夫之国，所以，家人颂美女子之贤。诗人以鹊性报喜之勤而善筑巢，鸤鸠性拙而居住作起兴，故咏淑女要出嫁，甚有百辆大车来亲迎护送之。

然而，它又不同于《周南》中的《桃夭》，《鹊巢》中的这位新娘，如果认为真是后娶的新娘，赋诗者应是那位被抛弃的弃妇，《桃夭》的作者应是少女桃花园中邂逅的亲友，对少女发出由衷地赞美，以及"宜室宜家"的祝福。从《鹊巢》描绘的百辆亲迎护送、陪嫁媵妾甚多的隆重场景来看，后妇和男方家庭皆是诸大夫贵族之家，才能有此车马、媵妾之盛。诗人正是有被遗弃的满腹伤感、甚至强忍对百辆隆御之礼的酸辛苦辣，而讽趣的咏唱了这支迎新曲。赋诗者的遭遇以及情感与《氓》及《谷风》中的女主人公类同，但诗的风格和表现形式却截然不同。《鹊巢》是借鹊巢鸠居这个含蓄的比喻，来抒发自己被遗弃的怨愤，透过描绘迎娶护送后妇的隆重场景，来指斥谴责丈夫的负心。在那两首诗中，诗人是直接谴责男方的负心，"淇水有岸，隰则有泮。信誓旦旦，不思其反。"对新妇的迎娶、对糟糠的背弃，单刀直入、直接抒发心中的愤恨，"燕尔新婚，不我屑以。毋逝我梁，毋发我笱。我躬不阅，遑恤我后。"然《鹊巢》委婉讽趣地谴责方式如不细细体味，很容易误认为是一首新婚的赞美诗。

这里需要说明的是：《毛诗》和《集传》都标明《鹊巢》为兴体，只是“先言他物，以引起所咏之辞”。或有见鸠居鹊之成巢者，诗人就歌咏，作为兴诗的开头而已，本来不必以鹊鸠比夫妇。宋人郑樵说得好：“凡兴者，所见在此，所得在彼；不可以事类推，不可以义礼求。”如果能以事类推便是比了。

这首诗通篇采用本体与喻体相结合的手法。“比”，刘勰《文心雕龙·比兴》解释说：“且何谓为比？盖写物以附类，扬言以切事者也。”这就是说，利用两种事物之间在某一方面的相似点或类同来打比方，或者是用浅显常见的事物，来说明抽象的道理和情感，使人易于理解；或者借以描画和渲染事物的特征，使事物生动、具体地表现出来，给人以鲜明的印象。《诗经》中的比，有两种：一种是纯比体的诗，一种是为起修辞作用而在文句中运用比喻和比拟。全诗是比体的，《诗经》中只有《豳风·鸱鸮》《魏风·硕鼠》《召南·螽斯》《小雅·鹤鸣》等数篇。这几篇诗中描绘的事物，不是诗人真正歌咏的对象，诗中的形象没有独立的意义，而是用打比方来表达诗人的思想感情和观点。如《鸱鸮》全篇是一只雌鸟的哀诉，诉说猫头鹰对她的迫害，以及她目前面临的艰危处境，控诉了统治者以暴力摧毁人们家园的罪行。《硕鼠》比喻盘剥苛捐杂税的达官贵人。《螽斯》取其繁殖力强和聚集不散的特点，祝福子孙昌盛。《鹤鸣》则用一连串的比喻提倡招贤纳士。

《鹊巢》采用的是一种奇特的方式，喻体和本体有机结合，用专一的形象，即鹊性筑巢而勤劳和鸠性拙笨而霸道，来比喻自己和新妇，用鹊巢暗喻自己的勤劳持家，用鸠的霸占来暗示自己被无情遗弃，鸠变成了占居她人家室的代称，“鹊巢鸠占”也成了一个谴责第三者侵入的成语。

据说，鹊性勤苦善筑巢，而鸤鸠拙笨不会筑巢；鸤鸠往往在喜鹊筑巢之后，自己抢先占而居住，这是两鸟的本性。诗中的弃妇用鹊巢被鸤鸠所占，比喻自己的家被男方再婚的女子占有，以此抒发被遗弃的愤慨，谴责男子的负心，这就是此诗的主旨。

方玉润解读说：“鹊巢自喻他人成事耳，鸠乃取譬新昏人也；鸠则性慈多子。《曹》之诗曰：‘鸤鸠在桑，其子七兮。’凡娶妇者，未有不祝其多男，而又冀其肯堂肯构也。当时之人，必有依人大厦以成昏者，故诗人咏之，后竟以为典耳”（《诗经原始》）。方氏认为鸠性慈善而多子，大凡娶妻者，未有不祝福其多子，自然认为

是祝婚之辞。但分析所谓鹊巢自喻他人成事，鸠乃取譬新婚人，可能指的就是第三者了。故近代学者认为《鹊巢》是讽刺诸侯新娶、废弃原配之诗。

那么，诗人是如何表现鸠占鹊巢这个过程的？“维鹊有巢”——鸤鸠“居之”“方之”“盈之”。鸠即鸤鸠，古代传说鸤鸠性拙而不能筑巢，常占喜鹊的窝巢；诗人用鸠居鹊巢，比喻坐享其成的新妇，以喜鹊比喻辛勤持家的弃妇。“居”是居住，此是第一步；“方”是霸占，这已不只是居住它巢，还要独自霸占，排挤喜鹊出巢，此是第二步；“盈”是占满，不仅独占，还要让自己的亲随即“媵妾”挤满鹊巢，此是第三步。故由“居之”到“方之”，再到“盈之”有一种数量上的递进关系，是霸占它宅、排挤弃妇的一步步进展过程，事件的经过是具体而完整的。

新妇逐步代替旧妇，负心郎逐步抛弃旧妇。诗人是通过迎送新人声势浩大的场景来谴责负心郎，以此表现弃妇的苦痛。虽然她的形象没有出现，却令人深感怜惜。然而，这个新妇是如何一步步迎进门的？

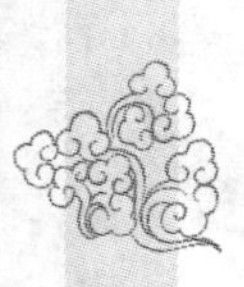

“百两御之”，“两”是“辆”的假借。这是写成婚过程的第一环。诸大夫之女的出嫁，可以想象那壮观的场面：满载陪嫁的众多车辆，庞大的迎亲队伍，车马驰骋，前呼后拥，吹拉弹唱，热闹非凡。驾驭百辆豪华大车行亲迎之礼，渲染出队伍的浩大、婚礼的隆重，表明男主人公福禄之有，地位之高，也衬托出新娶之妇的高贵。论规格，显然上了档次；论身份地位，显然不是百姓家中人。古代礼仪的档次，是身份地位的象征。人们以财物的多少来表明身份地位的高低贵贱，在这个意义上，财物、规格就变成了一种符号，财物本身的价值如同说明书，用来说明主人的社会地位。

然而，亲迎车辆之盛，愈是渲染迎接新人的铺张，愈是能表现男方的负心，也愈能反映弃妇心中的怨愤。再仔细深思，这个家庭财富的积累，不是也有弃妇的一份辛劳吗？弃妇是《氓》中所说的那种情况：“三岁为妇，靡室劳矣；夙兴夜寐，靡有朝矣。言既遂矣，至于暴矣。”不正再现于《鹊巢》之中吗？

第二环是“百两将之”，是写亲迎护送百辆大车已在返回的途中，陪嫁的彩车如此之盛，大概男方的家庭权高富有，也许这就是男方弃旧迎新的主要原因。

第三环是“百两成之”，是经举行亲迎之礼后而双方结合；经过一迎一送，两人成婚。郑玄解释说：“以百辆之礼，送迎成之。”“御”“将”“成”三字就概述了成婚的整个过程。这也是按时间顺序，写出了男方迎娶新人的过程，弃妇目睹如此场景，其忧心痛苦暗含于其中。“之子于归”一句，点明其少女出嫁的主题，意味着糟糠之妻已被彻底遗弃。

《鹊巢》一诗，共分三章，每章四句，共十二句四十八字中，仅六字之变。诗用反复咏叹手法，三章句式重叠，只是每章更换二字，例如写鸠占鹊巢，则是“居之”“方之”“盈之”；写少女出嫁，则是“御之”“将之”“成之”。收层层递进诗义、步步加深主题的艺术之效。可谓明白如话，平易近人。将古代嫁女礼仪准确生动地表现出来，为研究古代礼仪文化提供了资料。

采　蘩

于以采蘩？于沼于沚。
于以用之？公侯之事。

于以采蘩？于涧之中。
于以用之？公侯之宫。

被之僮僮，夙夜在公。
被之祁祁，薄言还归。

【概要】

南国被文王之化，诸侯夫人尽其职。
诚敬祭祀作蚕事，家人赞美叙其事：

【译文】

采蘩所以生蚕桑，亲蚕典礼蚕妇忙。
诚敬祭祖勤养蚕，驶往何处采白蘩。

先采湖泽之水畔，再采沙渚之旁边。
采来白蒿做何用？公侯宗庙祭祖宗！

采蘩所以生蚕桑，亲蚕典礼蚕妇忙。
诚敬祭祖勤养蚕，驰往何处采白蘩？
先采池泽陆地旁，再采山涧溪水畔。
采来白蒿做何用？公侯宗庙祭祖宗！

蚕妇之众如云盛，髮髻僮僮然高耸。
早出晚归公事勤，公侯宗庙祭祖神。
亲蚕之礼其隆重，首饰祁祁然蓬松。
陶陶遂遂复如然，不欲遽归敬祖宗！

【注释】

* 于以：于何。在哪里，往何处去？于，介词，往、在。胡承珙《后笺》："于又训为往。训为在者，皆由气出之义而引申之，气出必有所往，既往则有所在。" 以，"台"之假借，"台"训何，哪，疑问代名词。 采：采取，采集。 蘩：水草名，白蒿。茎似藻而细，长数寸，生节，叶如松针而繁，故名蘩。又因叶子像蓬草，故又名蓬藻。可制箔或做祭品。依古代礼俗，苹、蘩、蕴、藻，都是芼牲的水草。因而本诗中的蘩，是水中所生之蘩。不是山上生的那种蘩（皤蒿、艾蒿、白蒿）。《孔疏》："白蒿非水草，言沼沚者，谓于其旁采之也。" 沼：水池，湖泽。 沚：水中的小块陆地，即沙渚（小洲）。《孔疏》云："言夫人往何处采此蘩菜乎？于沼池，于渚沚之旁采之也。"

* 事：指祭祀之事。

* 涧：山夹水之称，即两山谷间的溪水。《毛传》："山夹水曰涧。"

* 宫：宗庙。或蚕室。

* 被：妇女的一种首饰。首服之名，在首，故曰首饰。《毛传》："被，首饰也。"《笺》引《少牢》之文，云："主夫髲鬄"，与此被一也。此"被"字本作"髲"字。一说被褐。 僮僮(tóng)：发髻高耸貌。三家《诗》"僮僮"作"童童"。《鲁》《韩说》曰："童

童,盛也。” 夙夜:夙,黎明。夜,夜晚;即早晚,指整天。 公:即君主的公所。或曰公桑。即君主的桑田。在公,指为公侯宗庙祭祀大典采蘩。

* 祁祁:假发蓬松貌。这里借形容发髻之盛,指蚕妇之众,犹如云集。《经义述闻》卷五:“僮僮、祁祁,皆是形容首饰之盛。” 薄言:句首发语词。有姑且、聊且之意。 还(音旋):音义同旋,指蚕妇回家去。

【品鉴】

《采蘩》是一首文王德化,使其夫人能尽诚敬其职之诗。

这首《采蘩》,朱熹照例解释为“南国被文王之化,诸侯夫人能尽诚敬以奉祭祀,而其家人叙其事以美之也。或曰:蘩所以生蚕,盖古者后夫人有亲蚕之礼。此诗亦犹《周南》之有《葛覃》也”(朱熹《集传》)。理由是:盖古代夫人有亲蚕之礼,不仅如此,而且此诗中的夫人养蚕祭祀之事,犹如《周南·葛覃》中夫人对纺绩之事尽职尽责一般。这种解释沿袭了《毛序》之说:“《采蘩》:夫人不失职也。夫人可以奉祭祀则不失职矣。”是以为此诗主人公乃贵族夫人自赋之诗,美颂地是夫人诚敬奉祭祀之职。但朱熹定主人公为“家人”,这是对《毛序》的一大修正。不过认为那勤劳“采蘩”“夙夜”在公所养蚕的竟是“诸侯夫人”。而《郑笺》再作阐释说:“奉祭祀者,采蘩之事也。不失职者,夙夜公也。”与诗意虽有隔膜,但这是《采蘩》的主流解释。

诚然,古代贵族夫人也确有主管宗庙祭祀的职责,但并不直接参与采摘、养蚕等劳作。《周礼·春官宗伯》记载:“世妇,掌女宫之宿戒,及祭祀、比其具。”唐代贾公彦《疏》指出所谓:“女宫”是指有罪“从坐”“没入县官”而供“役使”之女,又被称为“刑女”。凡宫中祭祀涉及的“濯摡及粢盛之爨”,皆有“女宫”负责完成。而此诗中的主人公,既称“夙夜在宫”,又直指其所忙碌的处所为“公侯之宫”,忙碌劳累不堪的情状反映了内心的怨愤,以及则其口吻显示的身份,自是供“役使”的“女宫”这类无疑。然汉代郑玄对《毛序》认为,参与忙碌祭祀活动的诸侯夫人却无异议,清方玉润所谓“仆妇众多”“蚕妇尤甚”,这种解释符合诗意,但所谓诸侯夫人诚尽其职,是说她们是公侯宗庙祭祀大典的组织和管理者,也在忙碌着这项工作,此是情理之事。

诗凡三章,每章四句。诗人采用赋体手法,直抒胸臆,把易流于呆板的内容

写得极其活泼，笔力遒劲，笔墨停匀。以叙事起句，缓缓步入，徐徐引去，而中间叙事、过渡只变数字，反复吟咏，纵横捭阖，结构奇特，章法别致，妙趣横生，却能使人耳目一新。

首章直叙诸侯夫人和仆妇、蚕妇采蘩而（白蒿）祭祖。诗一起句，便采用一问一答的设问手法："于以采蘩？"对应的是：往何处去可以采蘩？著"于以"二字，如闻设问之声；"于以"，犹言在哪里。主人公是个中人，其故自知，知而故问，此正无理而妙。从此一声发自肺腑的设问，已足见其夫人诚敬职责之重。但也回答了采蘩之地："于沼于沚"，即在水中陆地，在池塘水旁。答问之语精湛，耐人寻味。且看诗人下两句如何下笔："于以用之？公侯之事"。同样一问一答，明白地交代了夫人与仆妇们去采蘩的用途。然而，此处的"于以"，犹言做何用，与上句用法略有不同。采来白蒿做何用？公侯之家祭祖宗。设问铿锵，回答有力，答问简洁，显出采蘩之仆妇们的劳作繁忙，似乎只在往来的路途中，对询问者的匆匆一语之答。答过前一问，仆妇们的身影一闪而过，再追上后一问，那"公侯之事"的应答已传自远方，忙碌不堪，感人之深。细心体味，此二句与上二句是同位句，句法相同，亦是挽合之笔。句中两用"于以"，意蕴不同，却纯真自然，清新俊逸，令人爱不释手。程俊英教授解析说："此诗特点，是连提几个问题，为设问修辞之祖。诗人胸中早有定见，话中故意提出问题的，叫作设问。设问有提问与激问两种：提问后面必有答案，如本诗。激问后面也有一个否定的答案，但不说出来，如《伐檀》：'不稼不穑，胡取禾三百廛兮？不狩不猎，胡瞻尔庭有县貆兮？'诗人发出这两个激问，并不是要求回答，因为人人心中明白，野兽和庄稼都是剥削来的。屈原《离骚》继承发展了设问修辞手法，在《天问》中，向天提出一百多个疑问，可见此诗对后人的影响了"（《注析》）。阐述深刻，颇有启迪。

次章赋写夫人部署仆妇们采蘩祭祀公侯之祖庙。此章采用同样的手法，在四句十六字中，仅三字之易，叙事明白如话，受到了奇妙的艺术效果。在公侯之家举行祭祀之典，或宴飨宾客，便须置备醇酒芼羹，而祭祀之盛，场面甚大。所以，公侯夫人则要奉命带领宫女、蚕妇出去"于召""于沚""于涧"之地，多方采集蘩菜，把劳苦之所得，用之"公侯之事""公侯之宫"，采蘩养蚕，祭祀祖宗，祭奠宗庙，祭品摆于案头。真是将公侯夫人奉献祭祀则不失其职，表现得入木三分。而此诗的重章复沓，构成音韵之美，显得夫人愈加忙碌无暇，使人从中读出穿梭而过的夫人和蚕妇的匆匆身影，读出从那池塘之旁、沼泽之畔、山谷溪水之边，往来飘去，又急促奔往“公侯之宫”的匆匆步履！

末章叙述公侯夫人及蚕妇们早晚忙碌为公桑。此章在前二章回环往复，收诗意之妙的基础上，末章却脱尽故常，另辟蹊径，巧用叠词，不仅写出公侯夫人佩戴首饰、盛装竦然肃静，而且写出公侯夫人如何组织蚕妇采蘩，从繁忙的野外采摘，荣耀地主持宗庙供奉祭品的事务，故不分昼夜、不辞劳苦的忙碌。据上引《周礼》“世妇”注疏，在祭祀之礼的“前三日”，宫女便夜宿于公桑蚕室之中，从事洗濯祭品的工作。那么，诸夫人也不可能是等闲之辈，也是劳累无暇。由于干得是祭祀事务，不免打扮得清洁漂亮，首饰之僮僮然高耸招摇、发髻之祁祁然蓬松簇拥，皆是贵妇身份的标志，表明其中参与劳作的有夫人，除其仆妇众多外，还有蚕妇亦盛，她们祁祁然舒容缓步而归，亦不辨其人，但见首饰之簇拥如云而已，此蚕事始终之景象。而“诸侯夫人能尽诚敬以奉祭祀”，此是对祖宗“昭忠信也”；采蘩归来又进公桑蚕室行亲蚕之礼，日夜操持，不堪劳瘁，亦见劳神之苦、不失其职。从另一侧面反映了公侯夫人因文王之化，能爱岗敬业，不畏劳苦，为公侯之家操持事务，可见夫人尽孝不失德，敬业不失职的尽职精神。此又是对公族之家业的敬职尽责，以此体现文王德化的收效性和重要性。

清代方玉润解释说：“公侯之事，事者，蚕事也。公侯之宫，宫者，蚕室也。案《礼·祭义》：‘古者天子诸侯必有公桑蚕室，近川而为之，筑宫仞有三尺，棘墙而外闭之。’……盖蚕方兴之始，……仆妇众多，蚕妇尤甚，僮僮然朝夕往来，以供蚕事。不辨其人，但见首饰之招摇往还而已。蚕事既卒，……又皆各言归，其仆妇众多，蚕妇亦盛，祁祁然舒容缓步而归，亦不辨其人，但见首饰之簇拥如云而已。此蚕事始终景象”（《诗经原始》）。首饰之招摇、首饰之簇拥，可谓是身份的标志，表明其中参与劳作的除蚕妇外，还有诸侯夫人之勤劳。方氏之解，内涵深刻，生动具体，切中诗旨，是最经典的阐释。

此诗描写公侯夫人勤苦于祭礼之事务，诗人采取的是赋体和设问手法，在边问边答之中，营造出一种活泼明快的气氛。诗人没有直接描绘祭祀与行亲蚕之礼的场景和细节，而把笔墨集中在祭礼前的准备，让读者从忙碌的准备情景中去想祭祀之盛。诗歌也没有正面描写祭礼中公侯夫人的情态，只是淡淡地写到夫人的首饰、发型之竦敬，给读者留下想象的空间，颇有感染力。

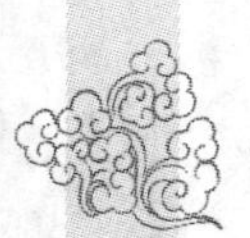

草虫

喓喓草虫，趯趯阜螽。
未见君子，忧心忡忡。
亦既见止，亦既觏止，
我心则降。

陟彼南山，言采其蕨。
未见君子，忧心惙惙。
亦既见止，亦既觏止。
我心则说。

陟彼南山，言采其薇。
未君见子，我心伤悲。
亦既见止，亦既觏止，
我心则夷。

【概要】

南国被文王化行，诸侯大夫行役外。
其妻独居空伤悲，感物之变思夫君：

【译文】

草虫喓喓鸣声叫，阜螽趯趯四处跳。
夫君行役久未见，忧心忡忡思不安。

如能见君心乐意，如能觏遇在此时。

我心放下不忧思！

升登那边南山顶，采摘蕨菜心不宁。

夫君征役久未见，忧心惙惙思不安。

如能见君情更深，如能觏遇渡人生。

我心喜悦结伴行！

升登那边南山峰，采摘薇菜心不平。

夫君远役久未见，我心悲伤思不安。

如能见君乐开心，如能遇合渡人生。

我心消愁放平静！

【注释】

* 喓喓(yāo)：象声词，虫鸣声。 草虫：此处指蝈蝈。小大长短如蝗，奇音青色，好在茅草中。一说即蚂蚱或蚱蜢。 趯趯(tì)：跳跃貌。 阜螽：蝗属，一种能鸣叫的蝗虫，或名负蠜。

* 君子：即女子对男子的称呼。统治阶级妻称其夫为君子。 忡忡(chōng)：忧虑不安貌。犹冲冲，动心貌。重言忡忡，乃加强语势，亟言情绪冲动，烦躁不安。

* 亦：语助词。 既：为已然之词。 止：一般都作为语尾助词。一说即"之"字，此处作指示代词，指"君子"。下同。 觏(gòu)：与媾、遘通用，遇合，阴阳和合。指男女相爱而结合。《孔疏》："觏，合也。男女以阴阳合其精气，以觏为合。此云遇者，言精气亦是相遇。"

* 降(古音 háng，叶音 héng)：下。即把思念之心放下，指忧思之心平静下来。古多假"降"为"夅"之假借字。马瑞辰《通释》云："按降者夅之假借，《说文》：'夅，服也。'"即指悦服。

* 陟(zhì)：登。即登山盖讬以望君子。 言：句首发语词。一说乃也。一说解为"我"字之意。 蕨(jué)：野菜名，初生似蒜，茎紫黑色，老又叶，可煮食。《集传》："蕨，鳖也。初生无叶时可食，亦感时物之变也。"

* 惙惙(chuò)：忧痛气结之貌。今按：俞樾曰："《说文·叕部》：'叕，缀联也'。惙字从叕，即有缀联之意。'忧心惙惙'，犹云：'忧心缀缀'，言忧心联属不绝也，因其言忧，故字从心耳。"一说心慌气短貌。

* 说(yuè)：《释文》："说，音悦。"，同"悦"，即喜悦。《鲁诗》作悦，《毛传》："说，服也。"

* 薇：多年生草本植物，叶从地下茎丛生。嫩苗可以食用。《集传》："薇，似蕨而差，大有芒而味苦，山间人食之，谓之迷蕨。胡氏曰：'疑即庄子所谓迷阳者。"一说野菜，又名野豌豆苗。

* 夷：平。

【品鉴】

月有阴晴圆缺，人有悲欢离合，此事古难全。离别的忧思，相聚的喜悦，以想象为心灵的慰藉，应当是古往今来人世间永恒的主题，也是人生永恒的生存状态，因而为我们提供了可歌可泣的永恒源泉。小别如新婚，久别盼重逢。长相厮守，日月淡如水；久别重逢，平静中泛起层层波澜。平淡如水，可以长久永恒；波澜起伏，可以激情澎湃。这是不可同日而语、不可相互替代的两种生存状态，但却可以相互补充。

《草虫》是一首思妇怀人之作。戴震解释说："《草虫》，感念君子行役之诗也"(《诗经补注》)。戴氏解说认为，这是一首因感物之变而思念君子之诗，说明了诗旨。古人怀人之作，通常善用愁绪的口吻表达对亲人的思念，这是合乎人之常情的。因为深印在人们记忆中的，往往是这个人认为最美好，也最值得回忆、想象、留恋的东西。但《草虫》这首怀念夫君的抒情之诗，却一反前人怀人诗词的习惯写法，摆脱俗调，将思妇置于秋天的背景下，直接以草虫鸣叫，阜螽随之蹦跳起兴；诗人开篇道："喓喓草虫，趯趯阜螽"。草虫喓喓鸣声叫，阜螽趯趯四处跳。借此二句，引出下文的全部思念和感慨。画面之内如此，画面之外可以猜想，时值深秋，她此时也许感受到秋风的凉意，目睹衰败的秋草、枯黄的树叶，大自然所呈露的无不是秋天的氛围。秋风落叶，虫鸣四起；秋景最容易勾起离情别绪，思妇不禁看到蝈蝈的鸣叫，蚱蜢的跳跃，奈何还有秋虫和鸣相随的撩拨？诗人埋在心底的相思之情，便扰乱了她的心绪，激起了她心中无限的愁思，她在苦苦思望着远役的夫君,忧心烦躁不安。所以,在草虫的鸣声中,她心中的相思之情被深深触动了。那此起彼伏的虫鸣倏然警醒她:愁煞人的深秋不觉顿然而至,但夫君远役他乡,这秋天的氛围使她忧烦不安,这孤独的环境使她愁苦无奈;那欢腾蹦跳的蝈蝈、蚂蚱,同类和鸣,相应互唤;更何况孤苦无依的闺中之妇呢!眼前的秋景勾起了她心中的愁绪,拨动了她思亲的心弦:夫君行役久未见,忧心忡忡思不安。如能见君心乐意,如能觏遇在此时,我心放下不忧思!这一意境,把读者带进了一个目迷、耳烦、心乱的境界。对夫君的惦念、担心,更使她时而"忡忡",时而"惙惙",悲伤不已。"未见君子,忧心忡忡",这是主人公思妇的主调,但这种情感并不像高山瀑布飞流直下,而似九曲黄河迂回曲折,通过对此的复沓咏唱,来抒发她对远役夫君的深思之情。

这位思妇无论在虫声和鸣的春季,还是在蝈蝈蹦跳的秋季,都是思念行役在外久不归的夫君,忧心忡忡,魂不守舍,这是何等痛苦的事!这种朝思暮想的痛苦,只有心爱的夫君突然出现在面前时,才会了解,于是她陶醉在一片虚幻的想象中,让痛苦的心在美好的想象中得到宽慰。清方玉润很欣赏对比映衬之法,他在《诗经原始》中说:"未能见则更设为既见情形,以自慰其忧思无已之心,此善言情作也。"又说:"由秋而春,历时愈久,思念愈切。本说未见,却想及既见情景,此透过一层法也。"其说颇有启迪。但诗人便以赋体艺术表现手法的笔调,出人意料地表达对夫君行役在外久不归的怀思。这确实别开生面,使读者得到料想不到的情趣。但反复玩味起来,却又觉得作者情深意切,语出肺腑,肫诚恳挚,实非敷衍委蛇,虚应故事的浮泛之交所能为。

时间悠悠而长,转到第二章、第三章时,已是第二年的春季。王照圆阐释说:"两年事尔,君子行役当春夏间,涉秋未归,故感虫鸣而思。至来年春夏犹未归,故复有后二章。"随着时空的变换,思妇的情感也在发展,表现出惆怅思绪的情趣,颇有发人深思的地方。起句:"陟彼南山",为地是遥望行役在外的丈夫。然而,为了排遣忧思,她手提竹篮,登上那南山之顶去采野菜,从山峰眺望,尽收眼帘的却是漫山遍野的薇菜,暗示经秋冬而今已是来年的春夏之交,换句话说,诗人"未见君子"不觉又多了一年,其相思之情自然也是与时俱增。她在采摘野菜之时,不禁神思悠悠,思念远役的丈夫。时序的推移,夫君久役不归的忧思都寓于景物的描写之中。大好时光,更是情思绵绵、难耐焦躁的季节,忧思也就月月

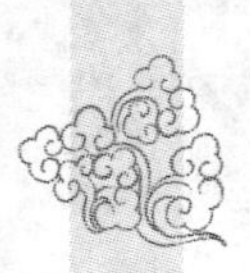

加深，年年加重。“采蕨”“采薇”只不过是寻求解脱的手段罢了。故一个“采”字，揭示了寻求和向往之意。但是，“抽刀断水水更流，举杯浇愁愁更愁”，这种徒劳的排解更激起她无限的愁思。

诗中所描写的景物富有暗示性或形象性，既具体可感，又含蓄有味。真是将思妇“惙惙”忧心，无可奈何万般难堪之情，表现得淋漓尽致。继而发出：夫君行役久不见，惙惙忧心愁不停的悲叹！无奈之余，思妇只好寄托于幻想，想象与丈夫相逢。于是，百般无聊的她，表现出缠绵悱恻依依不舍的忧思之情：如能见君情更深，如能觏遇渡人生，我心喜悦结伴行！此是夫妻间的真诚直白，感人至深，涵咏之中，别饶佳趣。她就这样执着地思念着、遐想着。主人公的情感就这样由景生情，由担忧思望到排遣忘忧，由现实的忧愁苦思到幻想中的热切兴奋。他像九曲黄河，一会儿千折百回，一会儿又直上白云；一会儿深层回流，一会儿滔天扬波。

然而，尽善尽美的境界，大概只存在于想象之中。二人世界尽善尽美的境界，大概是有分有合，有平淡真实，也有激情浪漫，有油盐酱醋锅碗瓢盆的细碎，也有潇洒旷达热情奔放的脱俗。这种境界难于企及，正因为难于企及，也就更显可贵。难以企及的理想境界存在的价值，在于它为我们提供了一个坐标，指出了一个方向。这样，即使地域阻隔、两相分离、思念绵绵，即使平淡琐碎、沉闷乏味、充满烟火气息，内心之中便有了倚靠，有了寄托。心中踏实，就不畏道路的坎坷和生活的艰辛。

三章重章叠句，复沓咏唱着“未见君子，我心伤悲”，那思念悲伤之情，日复一日，年复一年，深入骨髓，以致陷入夫君归来时的梦幻中：登上那边南山峰，采摘薇菜心不平。夫君远役久未见，我心悲伤思不安。如能见君乐开心，如能遇合渡人生，我心消愁放平静！以后同样如此深入骨髓的喜悦，这种喜悦也是一节深似一节。

诗人把这种情感写得细腻而有层次，有个循序渐进地发展过程：

草虫喓喓之鸣叫，阜螽趯趯之跃跳，应是时值深秋，深秋思妇是“忧心忡忡”，“忡忡”是形容由于思望而忧虑不安；重言忡忡者，乃加强语势，亟言情绪冲动，烦躁不安之状。这种强烈的忧思情绪，为萧萧秋风、唧唧秋虫触发而加深。

如果说首章的开头用的是以景衬情的反衬之法，那么，第二、第三两章的开头采用的却是含蓄的暗示:“采其蕨”，指的是次年春季，思妇登上南山去采蕨菜;然而,此是“忧心惙惙”,“惙惙”是形容由于思望而忧痛气结之态。这是由于春季登山,采蕨忘忧所引起的,因为忘忧的结果,不但是忧愁难忘而又增新愁。“惙惙”比“忡忡”递进一层,由思念而未见,逐渐转入忧思不安。

“采其薇”,指的应是次年夏季,思妇登上南山去采薇菜。蕨和薇都是野菜,蕨菜传说又叫野蒜苗,春季刚生出嫩叶,叶可煮食。薇菜传说又叫野豌豆,夏季茎叶柔嫩,亦可煮食,亦可生食。那么,思妇从春季到夏季,一次次地登上南山,真的就是为采摘野菜吗?恐怕是言在此而意在彼。她一方面借此劳作,来排遣其终日的忧思,一方面是要登高远眺,看看能否见到夫君的身影。其结果呢?是“我心伤悲”,“伤悲”是形容由于思望而心忧伤痛之情。

随着时间由春至夏,思妇由采蕨菜到采薇菜,她的愁思又进一层,实际上是展示了不同季节、不同环境下女主人公的不同心理状态,虽然都是揭示忧思,但忧思之心层层递进,从“我心惙惙”到“我心伤悲”。如果说“忡忡”到“惙惙”,是用心中的焦虑不安来形容愁思的话,“我心伤悲”是直接揭破忧思,不见这个主调,并对上述忧思之情加以概括。女主人公内心深切的忧思,变为思而不见的焦虑,就是由于季节的推移,音信杳然,最后产生了一种不可名状的疑虑。

谢枋得评析说:“‘惙惙’,忧之深,不止‘忡忡’矣。‘伤’则恻然而痛,‘悲’则无声之哀,不止于‘惙惙’矣。此未见之忧,一节紧一节也。‘降’则心稍放下,‘说’则喜动于中,‘夷’则心气和平。此既见之喜,一节深一节也。此诗每有三节:虫鸣、螽跃、采蕨、采薇之时,是一般意思;‘忡忡’‘惙惙’‘伤悲’之时,是一般意思;‘则降’‘则说’‘则夷’之时,是一般意思”(《诗传注疏》)。谢氏对诗意体会得细致入微,阐释得入木三分。

这种感情上的曲折和跌宕,凸显出《草虫》的艺术表现力甚有特色。这种艺术魅力,还表现在她吐露感情方式的多样化上。从时空上看,她从秋季写到夏季,从平原写到山峰;从景物写到情思,从现实写到幻想,从含蓄的暗示写到直白的抒情,在手法上采用多渠道、多侧面、多层次的表现方式,塑造了一个幽怨而执着的思妇形象。

这种艺术魅力,还来自诗中所采用的现实与幻想强烈的对比度。思妇于现实生活中是异常忧愁的,她为自己孤独凄清的生活而深感悲伤,也为远在天涯、

杳无音信的夫君而担心,尽管她想排遣、想忘却,去采蕨、去采薇,但却是“眉间心上,无计相回避”。如此极度忧愁,极度的盼望所带来的极度的失望,使她只能把自己的希望寄托于虚幻的冥想中,在沉湎的幻象中,使自己空虚的心灵得到慰藉。最后,此诗复沓咏唱这样一种主旋律:“亦既见止,亦既觏止”,如能见君心乐意,如能觏遇在此时。可谓相见之切,相思之深。诗人原写夫君行役久不见,思妇“未见君子”时“忧心忡忡”“忧心惙惙”;但诗人笔墨突兀,另辟蹊径,最后却奇特的加上三句既见夫君的喜悦之情,这原是出于无奈的自我宽慰和陶醉。这里以“既见”“既觏”与“未见”相对照,情感变化鲜明,欢愉之情可掬。这两层描写却形成了现实与幻想强烈的对比。由秋而春,历时愈久,所流露的思念愈切,其忧思之情就愈甚,无法相见的痛苦逐渐加深。本说未见,却想及既见情景,此透过一层法。但她不禁兴奋地唱出:“我心则降”“我心则说”“我心则夷”,我心放下不忧思!我心喜悦结伴行!我心消愁放平静!为什么呢?原因就是思妇幻想悠悠深思的夫君,终于出现在自己的面前了,于是,一切忧愁也随之烟消云散了。这种前后截然不同的心情,所形成的强烈对比,切实地表达了她对夫君的深思之情;把女主人公由担心到坦然,有惦念到宽慰,有忧愁到欢欣的心灵历程,表现得淋漓尽致。

然而,玩味《草虫》,使人不禁想起《诗经》中另一篇思妇诗——《卷耳》,那开头也是采野菜,野菜本一采一大把,很容易就能采满一浅筐;但这位诗中女子“采采卷耳,不盈顷筐”,连一个浅筐都采不满,因为思夫情切,无心采摘,最后干脆不采了,将菜篮放置大路旁:“嗟我怀人,置彼周行。”这几乎与《草虫》中的思妇采野菜的动机和结果没什么不同。

《草虫》一诗,共分三章,每章七句。诗以草虫、阜螽起兴,兴思妇对丈夫的思恋而忧心忡忡;后反复咏叹并用叠词,增加语势。犹如“忡忡”“惙惙”同字叠韵,描状心理活动,加强语势;“喓喓”是象声词,极绘学草虫之韵。这样便做到拟声传形,更富于形象性和节奏感。

采 苹

于以采苹？南涧之滨。
于以采藻？于彼行潦。

于以盛之？维筐及筥。
于以湘之？维锜及釜。

于以奠之？宗室牖下。
谁其尸之？有齐季女。

【概要】

南国被文王之化，大夫妻能循法度。
采集苹藻奉祭祀，家人叙事以美之：

【译文】

什么地方采浮苹？南山谷涧河水滨。
什么地方采聚藻？水流之畔任意挑。
大夫妻能循法度，供祭祀而承先祖。

用什器俱盛装它？方形筐而圆形筥。
用什器皿烹煮它？有足锜而无脚釜。
循序有常供祭祀，严敬整饬敬先祖。

何处设筵奉祭品？宗庙窗下最纯净。

何人主持奠礼盛？少女荐斋尤恭敬。

主荐豆实以菹醢，其质之美而化之。

【注释】

* 于以：往何处，在什么地方。于，在，往。以，何处。 苹：水草名，根生水底，叶浮水面，形如马蹄，花六出，白瓣黄蕊者叫白苹。茎有歧者，花黄而小，叫黄苹。叶大如钱，四叶合成如田字，面青背紫者，俗称紫背浮萍，也是苹类。苹可食，又称四叶菜。古人常用作祭品。 南涧：南山之涧。涧指两山(峰)之间深谷中的水流。 滨：水边、水崖。

* 藻：杉叶藻科，为多年生水生草本。《说文》引作薻，一种丛生水底，叶狭长而多邹，茎长数尺；另一种也是丛生水底，茎大如钗股，叶如蓬蒿，亦名聚藻。《孔疏》："藻，音早，水菜也。" 行潦：沟行雨后流水。马瑞辰《通释》："《左传》：'潢污行潦之水'，服虔注：'畜小水谓之潢，水不流谓之污。'今按行潦对潢污言，沟水之流曰衍，雨水之大曰潦。行与潦为二，犹潢与污为二，四字并举，与上文涧溪沼沚之毛、苹蘩薀藻之菜、筐筥锜釜之器句法正相类，盖失其义久矣。"一说沼泽。

* 盛(chēng)之：装起它(蕰藻)来。 维：发语词。 筐、筥(音举)：方形为筐，圆形为筥，均是竹制的盛物器。

* 湘：烹煮。盖粗熟而淹以为菹也。《韩诗》"湘"作"鬺"，湘是鬺的假借。《说文》："鬺，煮也。" 锜、釜：有足曰锜，无足曰釜，都是金属制的器皿，用于炊事。釜圜低无足，锜则器下有三足。

* 奠之：放置它(祭品，包括祭台上陈列的牲醴之类)。《释文》："凡祭而设酒，久停置之，皆谓之奠。" 宗室：指宗庙。祭祀、供奉祖先的祠堂。即大宗之庙。大夫、士祭于宗庙，奠于牖下。大宗，即大夫之始祖。 牖(yǒu)下：指在堂前门窗间设祭坛。钱澄之曰："古人庙堂南向，室在其北，户东牖西，皆南面，去牖近，故曰：'牖下'。所以不于室中者，凡昏事为女行礼，皆设几筵于户外，取外成之义，故教成之祭亦于户外设奠也。"

* 谁其尸之：谁在主持祭祀。尸，主，即主持祭祀之事。古时祭祀用人充当神，称尸。段玉裁《注》："凡祭祀之尸训主。祭祀之尸本像神而陈之，而祭者因主之，

二义实相因而生也。”有:状物之助词。齐(zhāi):斋字之省借。斋指斋戒沐浴,美好而以示恭敬。季女:少女。

【品鉴】

周代是一个高度礼治化的国家,所有制度必须循礼而行。祭祀活动的相关规定,无论是庙制、含贝、殡葬,哭丧时间等等,均有等级区别。

天地祭祀,根据出土的甲骨卜辞,“天”和“上帝”的概念在商代就已经出现,那时,人们把地上发生的事情及结果都归之于“天”的意旨。

由于相信“天”,因而重视对“天”的祭祀。上古祭天礼仪主要有郊祀、封禅和“雩”(yǔ,古代求雨的一种祭祀)祭。

郊祀。《史记·封禅书》:“古者天子夏亲郊祀上帝于郊”。《诗经·周颂·昊天有成命》:“昊天有成命,郊祀天地也。”说明郊祀最迟在西周已经存在。天子当时是在所居住的都城郊外祭天。祭天是天子的礼仪,在祭祀中还要配以自己的祖先共祭祀。

除了祭天之外,还要祭地。在古人的观念中,地是方形的。因此,祭地的地方称为“方丘”。祭地的权力由天子独享,时间在每年的夏至,在京城北郊泽水之中的方丘上举行。祭祀开始,先在地上挖坑,然而将牺牲及其祭品埋入,意思让大地母亲(古人有“天父地母”的观念)能够亲自品尝。祭祀对象是社稷、五祀、五岳。

封禅大典。祭天的另一种礼仪是,天子到泰山去举行封禅大典。传说天子在泰山之顶筑坛祭天称为“封”,在山下的小山祭地称为“禅”。《管子·封禅》说,春秋之前在泰山举行封禅的有 72 代帝王,从无怀氏、伏羲、神农、黄帝、炎帝至尧、舜、禹、汤到周成王,都曾登山封禅。

祭祀先祖,民间有宗祠,天子有宗庙。周人把敬祖看得极重,祖制规定:“建国之神位,右社稷,左宗庙。”这里,宗庙(即祖庙)已和社稷并重了。

祖庙的多少,根据等级有不同规定,天子七庙,诸侯五庙,大夫三庙,士一庙,庶人无庙,只能在家中祭祀祖先。

祭祀的祭品也有规定,天子用“会”(相当于三个太牢,牛、羊、猪各一个,称一个太牢)。诸侯用“太牢”;公卿用牛,称“特牛”;大夫用羊、猪,称“少牢”;士用

"猪",庶民用鱼。

祭祀分为大祭、中祭、小祭;大祭五年一次,称"禘(dì)祭";中祭三年一次,称"祫(qiā)祭";小祭按季节进行,春祭称为祠,夏祭称为礿,秋祭称尝,冬祭称烝。除"四时之祭"外,凡遇大事,如天子出祀、巡狩、会盟等都要祭告太庙,返回时,要祭告宗庙。祭祀时,主食不用新米,肉汁不放调料。

社稷。汉族是一个农业民族,土地崇拜观念根深蒂固。除每年夏至在郊外方丘祭地神外,还有"社稷"。社即土地,社祭就是对土地神的祭称;土地神也称后土,所谓"皇天后土"即是。社祭时,还要祭农神——后稷。后稷又称谷神,他是周人的始祖。后稷发明农业,教会人们耕作,受到后代人民敬仰。之后,"社稷"二字连用,成为国家的代称。社稷时间在春耕之前,祭祀时要用赤色牛做祭品,演奏黄钟之乐。

雩,是祭天求雨的一种祭祀。雩礼有两种,一种是夏正四月,二十八宿之二宿"龙星"出现时举行祭祀,称为庄稼祈雨,另一种是遇到旱灾时求雨。

《采苹》的歧义甚多,如明代何楷《诗经世本古义》根据《左传》襄公二十八年的记载:"……济泽之阿,行潦之苹藻,寘诸宗室,季兰尸之,敬也。敬可弃乎?"何楷认为《采苹》中的"季女",与《左传·襄公二十八年》中的"季兰"同为一人,都是指周武王元妃邑姜,认为"《采苹》为诗人美武王元妃邑姜教成,能脩此礼而作"。虽言之有理,但证据不足。

《左传·隐公三年》又云:"苟有明信,涧溪沼沚之毛,苹蘩蕰藻之荣,筐筥锜釜之器,潢污行潦之水,可荐于鬼神。……《风》有《采蘩》《采苹》,《雅》有《行苇》《泂酌》,昭忠信也。"这里将《召南·采蘩》《召南·采苹》与《大雅·行苇》《大雅·泂酌》同视为"昭忠信"之作。

但现代学者大都认为,《采苹》是描写女奴们为其主人采办祭品以奉祀祭祖之作,这更符合诗旨。

《采苹》一诗,共分三章,每章四句。

《毛序》认为《采苹》为:"大夫妻能循法度也。能循法度,则可以承先祖,共祭祀矣。"郑玄承袭毛氏之说,并进一步阐释说:"女子十年不出,姆教,婉娩听从。执麻枲,治丝茧,织纴组紃,学女事以供衣服。观于祭祀,纳酒浆、笾豆、菹醢,礼相助奠。十有五而笄,二十而嫁。此言能循法度者,今既嫁为大夫妻，能循其为女之时所学、所观之事，以为法度”(《郑笺》)。这是此诗的传统主流之说。

祭祀是上周时代的大事，在一个宗法社会里，它的政治意义之重大，这里不必去说。就祭祀的整个过程而言，固然肃穆而虔敬，但那气氛，更是亲切的，祭祀的时候所面对的鬼与神，或曰祖先与先祖，其实质朴素如人；祖先神，实在也还是生人所扮。祭祀的主要内容，正不妨说，是人与鬼神共饮食，不过与平日相比，饮食格外认真，过程且格外漫长，格外有规矩。而女子也多参与其中，场面异常宏大。与前面的《采蘩》诗类似，这首《采苹》诗也是女子在为祭祀而忙碌辛劳时所赋之歌。作者属贵族家里的女奴。

但朱熹说：“南国被文王之化，大夫妻能奉祭祀，而其家人叙其事以美之也。”朱子认为是大夫妻室家人叙述其事而美之，那么，其作者应该是大夫、大夫妻，还是女奴？

诗中固然是在描述女子采摘浮萍和水藻以祭祀祖先的事，但更真实地反映了当时女子在出嫁前的一种风俗。根据《礼记·昏义》记载，女子在出嫁前的三个月，必须在宗室接受教育：“古者妇人先嫁三月，祖庙未毁，教于公宫；祖庙既毁，教于公室。教于妇德、妇言、妇容、妇功。教成之祭，牲用鱼，芼之以苹藻，所以成妇顺也。”从《毛序》与《礼记·昏义》对应的观点分析看，似乎是女子“教成之祭”的准备过程。

此诗所言应该是一位贵族小姐(大夫妻)举行的婚前的成年之礼，因为祭祀地点在宗庙。宗庙或称宗室、公宫，正是周代上层社会女子进行“教成之祭”的地点，如把前面一些诗的有关描述，与此诗联系起来，就会看到，《采苹》中正是所谓“此言能循法度者，今既嫁为大夫妻，能循其为女之时所学、所观之事，以为法度”的完整的反映。在举行隆重的祭礼之时，那气氛是何等肃穆庄重！

首章言：

问答：什么地方采浮苹？南山谷涧河水滨。

问答：什么地方采聚藻？水流之畔任意挑。

宗旨：大夫妻能循法度，奉祭祀而承先祖。

两问两答，点明采浮萍、采聚藻的地点。

次章言：

问答：用什器俱盛装它？方形筐而圆形筥。

问答：用什器皿烹煮它？有足锜而无脚釜。

宗旨：循序有常供祭祀，严敬整饬敬先祖。

两问两答，交代盛装、烹煮祭品的器皿。

末章言：

问答：何处设筵奉祭品？宗庙窗下最纯净。

问答：何人主持奠礼盛？少女荐斋尤恭敬。

宗旨：主荐豆实以菹醢，其质之美而化之。

两问两答，点明祭礼之地和主祭之人。

女奴们小声地商量，到什么地方去采集浮苹，往何处去采摘聚藻；用什么器具盛装这些洗干净的野菜祭品；用什么样的锅来煮，放置何处是祭祀之礼的最佳神位。因为这些皆有固定而严格的规章，循礼操办祭礼之事。女奴们从“采”而“盛”而到“湘”，而“奠”到“尸”，井然有序。正如朱熹解释说：“此足以见其循序有常，严敬整饬之意”（《集传》）。这些丰盛的祭品和繁琐的礼仪，却蕴含着古人的寄托和希冀，因而围绕祭祀之礼的一切活动，都无比虔诚、圣洁、庄重。诗人不惜笔墨，层次井然地叙写祭品、祭器、祭地、祭人，将繁重而又枯燥的辛劳之态描绘得绘声绘色。

周代礼制，凡宗庙祭祖，由巫扮列祖神受祭祀，天子于次日再举饮尸燕（丧礼亦用尸礼，《周礼》《礼记》皆有记载）。此诗叙述主持祭祀之礼者为“季女”，这是表示敬祖的礼制。“季兰”“季女”皆指少女。《采苹》所咏内容，主旨在于表示虔诚敬祖之神，非实指什么人去采苹。诗中“季女”，乃是王室宗族小女，即大夫之妻，以示对祖宗、鬼神之忠信和崇敬。诗中直叙其事，从采摘、盛装、烹煮，到最后对祭祀人物的描述，这些都是对这种祭祀之礼的生动描述。

诗中最后点明，主祭就是那位叫季兰的姑娘，这一系列的工作都是在她的主持下进行的，她是主角。暗示她所受教育的成功——对祭祀过程的熟练，通过了“妇德、妇言、妇容、妇功”的全面检验。

古代，奴隶主贵族们要到宗庙去祭祀祖宗，用猪、羊和其他野菜、蔬菜做祭品，以示遵循法度和不忘祖训之意。而大夫妻子则斋戒沐浴，以洁身表敬、表淳、表诚，主持祭奠，学习礼节，遵循法度。可是，横遭剥削压迫的女奴们给她们办置菜蔬类的祭品，这首诗正是叙写女奴们办置祭品的劳动。女奴们日夜忙碌，为奴隶主贵族夫人（大夫妻）准备祭品，南山涧采苹，归来整治器皿、设置祭坛，忙个不停。一群女奴在操劳不堪的苦役中，愤然唱出了这支歌。大夫妻子祭祀，女奴们却要为她们服劳役。由此可见贵族夫人们过着怎样的奢侈生活，而劳动人民的苦难是多么深重。诗人以亲身经历的体验，看似较简单地叙述采集白苹、绿藻来祭祖的经过，似缺乏生动地描写，但有悦耳的音调来吸引人，然而有多少心酸怨恨强压心底。这首诗从内容到形式，都与《采蘩》相似，作者也当属于劳动人民阶层。

然而，此诗采用赋体和设问手法，一连用五个“于以”，一问一答，笔飞墨舞，尤为精彩。清人毛先舒《诗辨坻》中评此诗时引戴俊恩语说：“前连用五‘于以’字，奔放迅快莫可遏，未忽接‘谁其尸之？有齐季女’，万壑飞流，突然一注。”又云：“诗本美季女，俗笔定从季女赋起。且叙事絮絮详悉，至点季女，只二语便了，尤奇。”旧评还说：“五用于以字，有群山万壑赴荆门之势”。而《诗经》“于以”两字连用凡十一见，除《周颂·桓》篇：“于以四方，克定厥家”不作问句用外，其余十次都在《国风》中出现，也都作发问词，意为“于何”，形成《国风》所用的成语。本诗五见，《召南·采蘩》四见，《邶风·击鼓》四见。但大小《雅》中，却不用“于以”，而作“于何”。如《十月之交》：“于何不藏？”《菀柳》：“于何其臻？”《正月》：“于何从禄？”但《国风》中没有出现“于何”二字，如此看来，“于以”不但是《国风》专用的成语，而且是召南等地的方言，它和《小雅》的雅语是有区别的。

此诗连用六个问答句式，连绵起伏，环环相扣，思绪迭起，前波后浪；建立了民谣对答歌唱的特有风格，更觉其灵活有致。至今流行的对答山歌，以及小放牛的一人问一人答的唱法，承袭这一传统已三千多年而不衰。

诗人采用暗示手法：“南涧之滨”“于彼行潦” 暗示女奴们为祭祀而辛劳之苦；“维筐及筥”，暗示采苹女奴之多；“维錡及釜”，暗示女奴准备的祭品之丰富和劳役者甚多。而这些细腻的描绘，构成了一幅生动、具体的祭祀风俗画。并以“采”“盛”“湘”“奠”四字，写出了女奴们日夜忙碌、准备祭品的全过程。而最后一问“谁”，以“尸”写出主持祭祀者，才让诗中人物——一个虔诚

敬祖的美丽少妇突然亮相、定格，以点睛之笔写出主祭少妇的神态，于劳役女奴形成鲜明对比：恭敬的少妇主持祭祀之礼，忙碌的女奴辛苦劳作，可谓构思巧妙。

诗从语言结构来看，则是每两句之内，自问自答，音节上自然舒展而略带顿挫，六句问答，笔势几番跌宕，词义步步推进，尤为精彩。把季女祭祖的过程表现得淋漓尽致，显出诗人高度的技巧。

邶风

柏 舟

泛彼柏舟，亦泛其流。
耿耿不寐，如有隐忧。
微我无酒，以敖以游。

我心匪鉴，不可以茹。
亦有兄弟，不可以据。
薄言往愬，逢彼之怒。

我心匪石，不可转也。
我心匪席，不可卷也。
威仪棣棣，可不选也。

忧心悄悄，愠于群小。
觏闵既多，受侮不少。
静言思之，寤辟有摽。

日居月诸！胡迭而微？
心之忧矣，如匪澣衣。
静言思之，不能奋飞。

【概要】

妇人不得志于其夫，故以柏舟浮而自比。
虽柏舟坚致而牢实，不人乘载无所依薄：

【译文】

那浮行的柏木之舟，泛然飘浮河中之流。
虽柏舟坚致而牢实，不入乘载无所依托。
随波漂流无凭周游，但泛然于水中而已。
耿耿忧愁不寐难安，惴惴郁闷不能成眠。
宛如心有万重忧思，故其隐忧之深如此。
非为无酒可以消忧，遨游而解心中之愁。

铜鉴虽明察形在内，不择妍丑皆纳其影。
我心非镜不能度物，众人善恶内外度清。
我心有知善恶妍丑，善则从之恶则拒之。
不能混杂而容纳之，不能兼容好坏丑美。
虽有同姓兄弟亲情，却不依凭而托为重。
故前往谨慎告不平，反遭其怒大发雷霆。

石头可转而石头圆，但我心不比石头圆，
不能由人随可滚转；行事威仪无一不善，
不可得而简择取舍。席子卷起而席柔软，
但我心不比席柔软，不能由人随可收卷。
威而可畏仪而可象，棣棣然而富盛娴雅。
物有其容不可胜数，不能由人虽可简择。

悄悄然忧苦烦慄慄，忧心不堪犹如焚烧。
只因不妨得罪群小，满腹怨愤来自宵小。
遭遇病痛苦难既多，忍受欺侮更加不少。

静下心来仔细想想,审思此事难发牢骚。
寤觉之时以手拊心,至于擘击无可奈何!
梦醒之伤瞠目结舌,拊心捶胸忧不堪消。

红日当常常而光明,明月则有时而亏损。
试问天公太阳月亮,日月何为更迭而微?
犹如正嫡而当尊敬,众妾当卑而今反胜。
正嫡如日月更迭亏,是以忧忡忡而烦心。
至于忍辱烦冤愦眊,如衣不浣之成垢裳。
静下心来仔细想想,恨不能奋起远飞翔。

【注释】

* 泛(fàn):犹如泛泛,浮流。 柏舟:用柏木制作的船。柏,木名。 泛其流:顺水而流。这两句说柏舟无载水流中飘浮无依,暗喻怨妇身世飘零。

* 耿耿:犹儆儆,忧愁不安之状。《鲁诗》作炯。 寐:睡着。 如:承接连词,相当于"而"。古时如、而二字通用。一说如字当读如乃;乃,是也。 隐忧:深忧。这句说内心殷殷然忧思不安。《齐诗》《韩诗》作殷。深大之意。

* 微我无酒,以敖以游:非我无酒可以遨游以忘此忧,但此忧之深,非遨游可释也。微,犹非,不是。无,同非。以,介词。有"用来"之意。敖,通"遨",遨游。

* 匪:同"非",不是。 鉴:亦作鉴、监,镜子。古人盛水于鉴以照映,战国后用青铜磨制成的镜子也称鉴。2012 年 7 月 4 日,考古学者于陕西挖掘出土文物中发现了西周的青铜镜,花纹清晰,并完好无损。 茹:度,观察测度。《韩》解为"容"。此二句意谓:我的心不像镜子,好坏美丑,兼收并蓄,一齐映照;今愠于群小,遭闵受侮,如鲠在喉,所以就想找个亲人诉说一番。依此,可解为"容纳"。

* 兄弟:同姓大臣。 据:依靠。

* 薄:语助词。一说薄言为赶快。 愬:同"诉",告诉。 彼:他,他们,指兄弟。一说指女子的父母兄弟。

* 转:转动。

* 卷:卷起。石可转,以其圆;席可平,以其柔。诗人自谓,我行方志坚,非石非

席,不得由人移夺也。此自誓坚贞之词也。

*威仪:仪容态度。指周代贵族统治者所讲究修身的庄严仪容,兼有尊严、法度、礼节等含义。一说雍容娴雅貌。一说悠闲自得,或悠闲庄重的样子。 选:简择。三家《诗》选作“算”。算亦数之义,此假选以为“算”。王应麟《诗考》引作“不可算也。”盖本《三家诗》言自己仪容美备,不可胜数。一说选择爱人。一说退让。一说抛去。

*悄悄:忧伤。 愠:怨怒。一说怨恨。 于:被。 群小:言见怒于众妾。一说许多“小人”,指虐待她的兄弟等人。

*觏:通“遘”。遇见、遭遇。 闵:病痛。《鲁诗》《齐诗》“觏闵”作“遘愍”。音义同。一说闵指中伤陷害的事。一说忧念,或引申为谗言。 受侮:忍受欺凌。

*静言思之:静静地想一想(这事)。静,审义,仔细地。马瑞辰《通释》:“此诗静字宜用本义,训案。言为语词,静言思之,犹云:审思之也。”一说言同“然”义。 寤:睡醒。一说交互。 辟:通“擗”,拊心,捶胸。 摽:拊心。《韩诗》辟作“擗”。《毛诗音》:“辟,古擗字。”《释文》谓宜作“擗”。擗,拊心,即手拍胸脯。王先谦《集疏》:“言贞女审思此事,寐觉之时,以手拊心,至于擘击之也。”摽(piào)有捶击之意。《古典新义》:“本篇‘寤辟有摽’,寤当读为互。擗同捭,两手击也,摽读为嘌,有嘌犹嘌嘌,象击声。‘寤辟有摽’,言两手交互击胸,其声嘌嘌然也。”闻一多《通义》:“摽读为嘌,……象击声。”

*居、诸:皆是语助词。此言“居”字乃语助词,无义,读如“姬”。犹今“啊”“呀”。此言诸字亦为语助词,无义。 日月:指夫妇。《孔疏》:“日月喻夫妇也。”胡:疑问词,何。 迭:更迭。以更训迭,即轮回交替之意。《韩诗》作“戴”。 微:指日月亏缺无光。《郑笺》:“微,谓亏伤也。”

*如匪澣衣:是心中有忧愁似不洗的衣服有污垢,言作者内心不净。“如匪澣衣”之“匪”字,或读如“彼”;彼,代词。诗意当是此心之忧,一似那件浣衣,再三搓洗,心将碎矣。澣(huàn),洗濯。

*奋飞:鼓翼高飞。

【品鉴】

《诗经》中有两篇《柏舟》,一篇在《邶风》,一篇在《鄘风》。此诗编辑在《邶风》

之首,而与下篇相类。

此诗到底为何人何事而作?此诗的主题历来争论颇多,但诗人的身份却也纷争歧出,迄今尚无定论。简略言之,汉代时不仅今古文有争议,而今文三家也有不同分歧。自东汉郑玄《笺》《毛诗》以后,学者多信从《毛诗》说,及至南宋,朱熹大反《诗序》,作《诗序辨说》,又作《诗集传》,力主《柏舟》为妇人之诗。从诗中所用比喻的事物看,大约是一位女性——只有细心的女性对洗濯衣服方有如此深切的感受。然古史茫茫,已很难找到确切证据了。故形成汉、宋之争论。元、明以降,朱熹《诗集传》列为科举功名,影响颇大,学者多承袭朱子之说,但持质疑的也有不复少,如明代何楷、清代陈启源、姚际恒、方玉润等皆有驳论,争论不休,各持己见。

至今尚未形成一致的诗旨,今人之《诗经》选注本,译注本各有所本,或主男著,或主女作。高亨《今注》、陈子展《直解》均力主《柏舟》以为男子所作,而袁梅《诗经译注》、程俊英、蒋见元《注析》又皆认为女子所作。

然而,此诗既属《邶风》,为何却咏言卫国之事呢?南宋大师朱熹作了详解,他说:"邶、鄘、卫三国名,在禹贡冀州,西阻太行,北逾衡漳,东南跨河以及兖州桑土之野,及商之季而纣都焉。武王克商分自纣城,朝歌而北谓之邶,南谓之鄘,东谓之卫,以封诸侯。邶、鄘不详其始封,卫则武王弟康叔之国也。卫本都河北朝歌之东,淇水之北,百泉之南。其后不知何时并得邶、鄘之地,至懿公为狄所灭,戴公东徙渡河,野处漕邑。文公又迁居于楚丘,朝歌故城,在今卫州卫县西二十二里,所谓殷墟。卫故都,即今卫县。漕、楚、丘皆在滑州,大抵今怀卫澶相滑濮等州。开封大名府界,皆卫境也。但邶、鄘地既入卫,其诗皆为卫事,而犹系其故国之名则不可晓,而旧说以此下十三国皆为变风焉"(《集传》)。原来邶、鄘地既入"卫"地,其诗皆为卫事,所以《邶风》咏卫之事是无可厚非的。

鉴于《柏舟》的诗旨与作者的身份、性别,在历史上曾长期聚讼纷纭,颇有分歧。概括起来主要有以下几方面地解释:第一,解为作者是男性仁臣。第二,认为作者是女子。第三,认为是妇人,"薄浣我衣"是女功之事。第四,认为是妇人不得于其夫之诗。朱熹阐释说:"不得于其夫,故以柏舟自比,言以柏为舟,坚致牢实,而不入乘载,无所依薄,但泛然于水中而已,故其隐忧之深如此,非为无酒可以敖游而解之也。《列女传》以此为妇人之诗,今考其辞气卑顺柔弱,且居变风之

首;而与下篇相类,岂亦庄姜之诗也欤?”(《集传》)朱子独具慧眼,指出这是一首“妇人不得于其夫,故以柏舟自比”之诗,之所以“不得于其夫”,是由于受到了“众妾”的排挤。《诗经》时代盛行媵妾制,其中有许多诗都反映了这种制度。如《大雅·韩奕》记韩侯娶妻,众妾相随的情景说:“诸娣从之,祁祁如云。”《毛传》解释说:“诸娣,众妾也。”有一些诗反映了正妻与媵妾的关系。如《召南·江有汜》就写了嫡妻妒忌媵妾而又能自慰。她用长江的支流比喻丈夫的妾,并原谅他专宠媵妾,幻想有一天丈夫回心转意。《诗经》中也写了一些不那么温顺的女主人,她们自伤不得于其夫,被众妾侮辱,表现出一种委屈忧伤而又愤愤不平的情绪。《柏舟》就是一位这样的妇人的呼天抢地的独白。

总之,或说君子失志,或说寡妇守节,或说妇人不得志于夫,或说君子怀才不遇;或认为写妇女的家庭不幸,或认为一女子与意中人矢志相爱,或认为女子自伤遭遇,但皆不能排除诗人借此表达自己失意的幽愤。

然而,笔者认为这是一位正嫡的怨愤之辞,正嫡失宠于夫,受侮于众妾,无处诉说,发于歌词。而无论如何评说,却有一点是毋庸置疑的;个体的自我价值在现实中惨遭否定,痛苦忧愤成疾,以诗言志,表明自己志向高洁、矢志不渝、坚贞不屈的意志。因此,这也是一篇表达内心情感的自白书。

《柏舟》诗凡五章,每章六句。《毛传》认为此诗采用“兴”法;汉郑玄云:“舟,载渡物者,今不用而与众物泛泛然俱流水中。兴者,喻仁人之不见用而与群小并列”(《郑笺》),郑氏解为兴而比法。朱熹《集传》独标,认为首章与末章采用比喻法,二、三、四章采用赋体艺术表现手法。诗写一个人受制于“群小”,既不能奋飞,又不能退让舍弃,表达出无处诉说的满腔幽愤。

首章,抒发隐忧之深,无法排遣。首二句道:“泛彼柏舟,亦泛其流”,此两句是虚写,为设想之语。起句便以浮行的柏木之舟,泛然飘浮河中之流作比而兴,以引出正嫡妇人的身世之叹。

一支柏木小舟拉开本诗的序幕,迅速将全诗带入愤懑、孤独的氛围当中。古人以松柏比喻坚贞,这是本诗的题旨所在。一叶扁舟常被用来刻画一个人飘零于苍茫天地间的孤苦感觉。妇人不得志于其夫,故以柏舟自比。

在大海广阔的水面上, 行舟人的视野会开阔无际, 但同时也会感到无奈——目光所及的辽远,与诗人实际能活动的舟内空间的有限形成反差,当水面变得波涛滚滚时，驾舟人甚至会失去对这一叶扁舟的控制权。扁舟如人生，行舟正与人生的境遇有某种相同之处。

行舟人应该就是诗人自己，她可能就是朱子所说的正嫡。在我们进入诗的氛围之后，她借驾舟人之口，直接向世人陈述她忧心忡忡，烦恼愤懑，这正是她泛舟遨游散心的原因。

然而，以松柏为舟，虽坚致而牢实，但如无人乘载而行，也就无所依托。只能随波漂流，泛然于水中而已。但柏舟之坚，是用来乘人载物，如今却使它随波漂流，毫无所用，毫无依托；所谓“投闲置散，千古同叹”，一位有智慧、有抱负，又有才干的正嫡，却被弃置不用，她内心的痛苦至深可想而知。首两句表明，这位正嫡志坚如柏、忧深似水。以舟自喻，喻忧心之沉重而身世飘忽，亦暗喻妇人飘摇不定的心境。“以舟喻国，泛泛然于水中流，其势靡所底止，为此而隐忧，乃见仁人用心所在”（清·方玉润《诗经原始》）。这位正嫡岂能不是仁人？岂能无忧国之愁？诗一开端就抒发了抒情主人公沉郁的心情。

接着点明夜不寐的原因，是由于痛苦忧伤一齐拥积心头。因此，“耿耿不寐，如有隐忧”，耿耿然忧愁，辗转不寐却难安；惴惴然郁闷，反侧不能成眠；宛如心有万重忧思，故其隐忧之深如此。诗人笔锋落实，将一位暗夜不眠的妇人身影凸显于读者目前。非为无酒可以消忧，非遨游而解心中之愁。饮酒本可以消愁，遨游本可替人解忧，然而，她的忧愁，她的郁闷，独此“隐忧”，却非饮酒所能解，也非遨游所能消，足见忧痛至深而难解。这里既有邦国式微之痛，又有妇人不得于其夫之苦。因为，她所忧的并非全然个人，心许也为朝廷，朝廷正是众妾得势，正嫡遭殃，而正嫡看到这种情形，怎么不愁？怎么不忧？所以她这种愁，这种忧，是深沉的，是无尽的，而绝非靠饮酒、遨游就可以消忧。“隐忧”是诗眼，贯穿全篇。末尾两句，写出了作者的忧国之心与不遇其夫的伤己之情，即使美酒、遨游也不能排除自己的痛苦之伤。何楷《诗经世本古义》解释说：“饮酒遨游，岂妇人之事？”此驳斥朱熹之说，但理由不充分，因为古时妇人饮酒、遨游的，大有人在。

次章表明自己意志坚定，高洁无依。“我心匪鉴，不可以茹”，这二句是说：青铜之鉴虽明察形态在内，不择妍丑皆纳其影，但我心非镜不能度物，将众人善恶内外测度而清；我心有知善恶妍丑，善则从之，恶则拒之，不能混杂而容纳之，不能兼容好坏丑美。表白自己虽逆来顺受，但忍无可忍，不能任人宰割。辞意坚决、

果断,以青铜镜作比,阐明自己明是非,辨善恶,不能容纳丝毫丑恶之物,自己的心不像一面青铜镜,善恶美丑之人象,全然照纳镜内。她只容纳美好的,善良的;排拒那些罪恶的,丑陋的。

“亦有兄弟,不可以据”,说明同姓兄弟亦不可靠。虽有同姓兄弟骨肉亲情,却不能依凭而以托为重。“薄言往诉,逢彼之怒”,有苦谨慎地去向兄弟倾诉,不但得不到他们的支持和同情,反遭其怒而大发雷霆,自讨苦吃。于是,这位正嫡更增加了孤独寂寞之苦。这种烦忧愤懑,显然来自于自身遭到排挤;在后面的陈述中,诗人表达自己对群小妻妾的痛恨,最让她痛心的是,本来想在同胞兄弟那里得到安慰,不料却被他们无情指责为不识时务。

三章直诉其情,耿介不屈,意志坚定。前四句用比喻说明自己虽然无以消愁,但坚定地表达了自己的人格尊严,表明自己绝不受外力左右,心之坚贞有异石席,不能屈服于人:“我心匪石,不可转也。我心匪席,不可卷也”。这四句是说:她的心志不是一块滚石,石头可滚转而石头圆,但自己的心自然不比石头,不能由人随意滚转;故行为威仪无一不善,不可得而随意简择取舍。她的心志不是一领竹席,席子卷起而柔软,但自己的心自然不比席柔软,不能由人随意收卷。表明自己坚定不移的刚强意志。然而,石虽坚,尚可转,以其圆;席虽平,尚可卷,以其柔。诗人自谓,我心方志坚,非石非席,不得由人移夺,此皆是坚贞之词。而她的心志坚固平直,却是超过石和席的。她做人有一定的原则,决不因恶势力而改变自己的气节,去和那些“群小”同流合污。诗人以“石”“席”为比,语气凝重,于“卑顺柔弱”之中凸显自己意志坚定、刚直不阿的气质。

“威仪棣棣,可不选也”,这结尾两句更是正气凌然,不可侵犯。威而可畏,仪而可象,棣棣然富盛而娴雅。物有其容而不可胜数,不能由人随意简择。“威仪”一词,指妇人的仪容态度。“棣棣”一词,是指妇人的富盛娴雅。一个“选”字,古人的主流解释为“数算”,即简择取舍之意。但本章第二、四两句,都是指妇人不可随便改变心志。所以这“不可选也”,也是指妇人为人处世有一定的原则,只有一种作风,没有其他可以选择的出路。如此理解,才能和二、四两句的意思一致,而全章的诗旨也才能贯通。在全诗中,这是诗人情绪表达最为激动、最为集中的一处,也是全诗的高潮所在。诗人身处逆境,却保持不屈不挠的人格魅力,这不由得使人顿生敬意。

四章,直言凄苦,遭遇病痛,蒙受侮辱。读诗至此,不由人从怜悯而至敬佩。那么,诗人那如山如水的愁苦从何而来呢?诗的四章作了回答:“忧心悄悄,愠于群小”。悄悄然忧苦烦懆懆,忧心不堪犹如焚烧。只因不妨得罪群小,满腹怨愤来自宵小。原来是受制于“群小”,又无力对付她们,诗人一腔委屈怨愤溢于言辞之间。然而,始终不曾道破忧从何来,直至本章才挑明事端:“愠于群小”“受侮不少”。“觏闵既多,受侮不少”这一对句说:遭遇病痛,苦难既多,忍受欺侮更加不少。茕独无助,捶胸自伤,原因是被“群小”侮辱,一再遭祸受欺,倾诉了诗人的遭遇,真是满腹辛酸。诗人身患重病,忧心忡忡,不知何时因得罪“群小”受尽侮辱。

“群小”一词,从中可以看出作者的身份,朱熹《集传》解释说:“群小,众妾也。”但陈启源驳斥说:“朱子至谓群小为众妾,尤无典据。呼妾为小,古人安得有此称谓乎?”(《毛诗稽古编》)陈氏虽有驳论,却无见地,而且“妻妾”的“妾”本有小的含义,毋庸置疑。那么,“群小”是指虐待她的兄弟等人吗?回答当然是否定的,因为果然如此,她就不可能“薄言往诉”了。所以,“群小”以朱子之说为是。

“静言思之,寤辟有摽”,这二句说:静下心来仔细想想,审思此事难发牢骚。寤觉之时以手拊心,至于擘击无可奈何!梦醒之伤而瞠目结舌,拊心捶胸忧不堪消。诗人不由地抚心拍胸,连声叹息,自悲身世。这一静一动,相对有神,使人更觉如见其人,如闻其声。她静静地思前想后,愈想愈气愤,愈想愈不甘心,不禁猛然而起,拍打着胸膛,发泄她的愤懑之情。无论用什么方式,只要能表达出内心的幽愤、怨恨,便是一种发泄。发泄出来了,心里就好受了,就容易平衡了。这种效果,很像古希腊哲学家亚里士多德所说的“净化”,通过净化,保持心理的卫生和健康。而“愠于群小”更是全诗画龙点睛之笔,因为诗人的一切不幸遭遇,全是由于众群小!

末章,含垢忍辱,哀叹困境甚难摆脱,奋其高飞,由此感叹统治者昏聩。首两句云:“日居月诸,胡迭而微”,《孔疏》阐释说:“日月喻夫妇也。”程俊英、蒋见元《注析》又云:“诗人以日月无光,喻丈夫总是昏暗不明”。闻一多说:“《国风》中凡妇人之诗而言日月者,皆以喻其夫。……本篇曰:‘日居月诸,胡迭而微’,此以日月无光,喻夫之恩宠不加于己也。”上述之说颇有道理。但有学者认为,以日月蚀喻指夫君昏聩不明。姚际恒云:“喻卫之君臣昏暗而不明之意”(《通论》)。因君臣昏聩不明,故正嫡失宠,众妾得宠。

诗言：红日当常常而光明，明月则有时而亏损。试问天公太阳月亮，日月何为更迭而微？犹如正嫡而当尊敬，众妾当卑而今反胜。正嫡如日月更迭亏，是以忧忡忡而烦心。至于忍辱烦冤愤眊，如衣不浣之成垢裳。静下心来仔细想想，恨不能奋起远飞！

诗人在无可奈何倾诉之余，只好质问太阳和月亮，它们应该各有职责，各有光明，为何轮流着暗淡无光？好像自己本来有机会施展抱负，为夫君效犬马之劳。然而，却被众妾排挤，为什么？这是为什么呀？于是，她内心的烦忧，就如同天天穿着从没洗濯的垢衣一般，无时无刻不在痛苦难过之中。她再三地沉思默想，总是无法脱离这种沉重的忧愤之情。忽然异想天开，想出愿为双黄鹄，奋翅起高飞的办法，恨不能插翅高飞，只有那样，才能远离这污浊的社会，才能摆脱那邪恶的“群小”。真有突破生活的樊笼，争取自由幸福的思想。然而，她能做到吗？于是，她的痛苦达到极致，真是“沅湘流不尽，屈子怨何深！”我们看她的遭遇，简直就是屈原的前身啊！而全诗自始至终充满了一种郁结不可解的深沉痛苦之情。她婉转申诉，悱恻缠绵，凄婉欲绝，表现了诗人高超的写作技巧。一部《离骚》竟全包涵在其中了，使人读了真有“戚戚焉”之感，而久久不能释怀！

诗人的感受和感慨，虽然只是从个人的利害得失出发，视野中没有社会和人民，思想中也没有反抗和斗争，这些表现了时代的局限性和阶级的局限性；不过，诗人基于切身的现实的生活感受，发出激情的真诚的艺术感慨，还对专制社会的黑暗与统治集团的腐朽给予间接的揭露，是具有一定进步性的。

此诗最后一声无可奈何的叹息，与首句漂泊无依的柏舟遥相呼应。如此用笔，婉转掩抑，全诗字字掩抑，声声凄怨，极沉郁痛切。清宋大樽评此诗道：“曲写闺怨，如水益深，如火益热”（《茗香诗论》）。俞平伯评说此诗谓：“这诗……五章一气呵成，娓娓而下，将胸中之愁思、身世之飘零，婉转申诉出来。通篇措辞委婉幽抑，取喻起兴细巧工密，在朴素的《诗经》中是不易多得之作”（《箕芷缭蘅室读诗杂说》）。郑玄（康成）是东汉末年的大学者，连家中的男仆女婢都要读《诗经》。一日，一丫头惹郑玄生气了，就罚她跪在庭院中的泥地上，另一丫头走来，看到了就问她：“胡为乎泥中？”被罚跪的丫头答道：“薄言王诉，逢彼之怒”。问句是《式微》篇的句子，答话就是本篇的句子。两篇都在《邶风》之中。

绿 衣

绿兮衣兮，绿衣黄里。
心之忧矣，曷维其已！

绿兮衣兮，绿衣黄裳。
心之忧矣，曷维其亡！

绿兮丝兮，女所治兮。
我思古人，俾无訧兮！

絺兮绤兮，凄其以风。
我思古人，实获我心！

【概要】

卫庄公惑于嬖众妾，夫人庄姜贤而失位。
贱妾尊显正嫡幽微，庄姜伤己故作是诗：

【译文】

绿色之衣苍苍胜，窈窕淑女衣着身。
绿色外衣披在身，黄色下衣里面衬。
间色贱而以为衣，正色贵而以为里。
皆失其位反理规；犹今贱妾反尊显。
正嫡位尊转幽微，贱妾尊显凸高位，

忡忡忧心不得停，何时终止忧郁闷？

绿色之衣苍苍胜，上为衣来下为裳。
绿色外衣披在身，黄色下裳里面衬。
衣正色而裳间色，如今却要绿为衣，
黄者自里转为裳，皆失其位所益甚。
犹今贱妾转尊显，正嫡位尊反幽微。
忡忡伤心难阻挡，何时遗忘心忧伤？

绿色之衣苍苍胜，上为衣来下为裳。
绿色外衣披在身，黄色下裳里面衬。
绿方为丝视丝绸，丝丝缕缕你织绸。
她方年少又漂亮，你又嬖宠我凄凉。
然我将如之何哉？忧心思念先祖德。
遭此善处以自励，使我不至有过失。

絺葛布而绤葛麻，凄凄寒风侵袭它。
细葛衣而暖融融，粗葛衣而风凄凄。
遭遇寒风伤不起，犹已过时而见弃。
过时舍弃细葛衣，宛如抛弃结发妻。
届时不舍粗葛衣，如同宠信众妾妻。
故思故人之善处，实得我心之求益。

【注释】

*绿兮衣兮：犹绿衣兮。绿言衣之色，苍胜。衣，上身的衣服。一说外衣，此指玉米的枝秆、叶黍苞。　黄里：间色谓黄，正色谓里。此指皆失其位。以比贱妾尊

显,正嫡幽微。《百首译释》:“这句实为‘绿衣’,加两语词‘兮’折开用之”。

* 曷:何,为何。 维、其:皆语助词。 已:停,止。《诗经会通》曰:“忧虽欲自止,何时能止也。”

* 绿衣黄裳:上曰衣,下曰裳。衣正为色,裳为间色。今以绿为衣,而黄者自里转而为裳,其失所益甚。黄裳,黄色下衣。古时男女都穿裳,形状像裙子。

* 亡(读 wàng):忘之假借字,即遗忘。一说无。一说止。诗言:我心忧伤,怎能忘记呢? 此章写绿为衣,黄转裳,犹如正嫡转位,忧不能已,心不能忘。

* 丝:丝绸。一说在此形容收获的玉米之苞衣。 女(rǔ):通“汝”,你。此指其君子而言。一说指亡妻。 治:治理纺织。

* 古人:古与“故”通,义近。故人,指先祖。一说按:此诗乃悼亡之作,诗人睹物伤情。古人,谓其亡妻,是“古”当作“故”,故人,已亡之人。 俾:使。 訧(yóu):过错。

* 絺:细葛布。 绤:粗葛布。皆是夏季穿的高贵衣料。一说絺绤在此形容收获的玉米之苞衣。 凄:犹凄凄,寒风。 以:“似”的假借,像。

* 实:实在。 获:得(得意),诚心满意。

【品鉴】

《绿衣》是《邶风》的第二篇,字面的意思不是很难理解,但它到底怎么解释,和《诗经》中的许多篇章一样,却不是那么容易搞清楚的。现代的《诗经》注本一般把它当作睹物怀人之作,但真实情况远远复杂得多。

首先诗题就很难理解。“绿衣”到底是个什么样的衣服?究竟是男人穿的衣服还是妇人穿的衣服? 穿“绿衣”之人是什么样的身份和地位? 诗人为何以“绿衣”命题? 等等,并不是那么好解释的。对以上任何问题的理解如有差异,都会影响到对全诗主旨的理解,何况还有“绿衣”“古人”等词的训读问题等等,无不增加了这首篇幅短小、形式简单的诗歌的复杂性,以致至今依然聚讼纷纭、没有定解。

《绿衣》的诗旨是什么?《毛序》认为:“《绿衣》:‘卫庄姜伤己也。妾上僭,夫人失位,而作是诗也。’”这是古代传统的主流解释。卫庄姜伤己,是因卫庄公嬖妾,而夫人庄姜失去正嫡之位,故作此诗。在《毛序》的政治解诗的传统里,庄姜失位

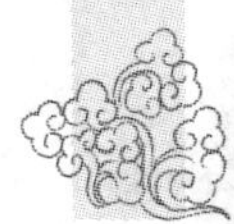

以和睦而自励的品格，成为后人的楷模。汉代国学大师郑玄又作进一步阐发说："庄姜，庄公夫人，齐女，姓姜氏。妾上僭，谓公子州吁之母，母嬖而州吁骄"（《郑笺》）。从这段话中可以看出，郑氏承袭《毛序》之说，并无歧义。然而，卫庄姜究竟为何伤己？至于宋代，朱熹再做阐释谓："庄公或于嬖妾，夫人庄姜贤而失位，故作此诗。言绿衣黄里，以比贱妾尊显，而正嫡幽微，使我忧之不能自已也"（《集传》）。朱子认为诗旨是：卫庄公迷惑于嬖妾，妇人庄姜贤良而失位，故作此诗。那么，作者自然是庄姜是无疑的，这是古代的经典解释，而且沿袭至今。清朝王先谦云："齐说曰：'黄里绿衣，君服不宜。淫湎毁常，失其春光'"（《诗三家义集疏》）。对《毛序》的说解，古无任何异议。

现代以来，朱熹之说渐被抛弃。程俊英、蒋见元《注析》以新时代的观点阐释《绿衣》，主题骤然一变：这是诗人睹物怀人思念故妻的诗。闻一多说："《绿衣》，感旧也。妇人无过被出，非其夫所愿。他日，夫因衣妇旧所制衣，感而思之，遂作此诗。"其实这位妻子究竟是死亡还是离异，都没有很确凿的佐证。但是我们细味诗意，再同后世诗词加以比较，则觉得悼亡的意味更重。诗之前三章，均以"绿衣"领起，既非妙喻，亦无深意，这里反复吟咏的，只是一件在旁人看来极其普通而于作者却倍觉亲切的衣裳，明确些说，即其亡妻之衣。作者正是借此来写其睹物生感、触目伤心之情。这种写法，在后世悼亡诗中，用得十分普遍。如晋代潘岳《悼亡诗》"望庐思其人，入室想所历"以下四句（帏屏无仿佛，翰墨有余迹。流芳未及歇，遗挂犹在壁），全写其抚悲遗物之情，虽长于铺叙，而精神、手法与此诗实一。"曷维其已""曷维其亡"写其对亡妻不能忘怀的深情。后世诗词如潘岳的"沾胸安能已，悲怀从中起"，苏轼的"十年生死两茫茫，不思量，自难忘"（《江城子》），辞意也都十分相似。"絺兮绤兮，凄其以风"，通过凄凉萧瑟的景象，来映衬自身的孤寂愁苦之情，这从潘岳"凛凛凉风生，始觉夏衾单"等诗句中可明显地见其影响。"我思古人，俾无訧矣""我思古人，实获我心"，是申述"曷维其已""曷维其亡"之意，言其情为何不能自已、不能忘怀。元稹诗"尚想旧情怜婢仆，也曾因梦送钱财"（《遣悲怀》），可为"俾无訧矣"作注。"顾我无衣搜荩箧，泥他沽酒拔金钗"（同上），"消渴频烦供茗椀，怕寒重与理薰篝"（厉鹗《悼亡姬》），正是只有这些深情的妻子才可能有的行为，在其生前实获作者之心，以致在其死后，犹觉难舍难分，直欲"待结兰他生知己"（纳兰性德《金楼曲》）。前人说《诗》三百诸体

皆备,这首小诗,可谓悼亡诗之祖。上海辞书出版社的《诗经三百篇鉴赏辞典》是这样翻译的:

绿衣裳啊绿衣裳,绿色面子黄里子。
心忧伤啊心忧伤,什么时候才能止!

绿衣裳啊绿衣裳,绿色上衣黄下裳。
心忧伤啊心忧伤,什么时候才能忘!

绿丝线啊绿丝线,是你亲手来缝制。
我思亡故的贤妻,使我平时少过失。

细葛布啊粗葛布,穿上冷风钻衣襟。
我思亡故的贤妻,实在体贴我的心。

这是一种很有代表性的解释,现代的各种《诗经》注本、赏析本对《绿衣》这首诗基本都是这个调子。但如此理解是否准确,就需要仔细分析了。

那么,下面的问题就是:大凡失去亲人的人,在相当长的时间内,心中难以自持,出处行止,总有一种惘然若失之感。那位丧偶的人劳累一天之后,回到家中,但感人去房空,一片黯然。突然一眼瞥见生前所穿绿衣之人,就仿佛看见一人身着鲜美绿衣,忙忙碌碌地操劳家务,依然是那样和善、靓丽、温柔、多情,定睛再看,那是所爱之人的身影!物在人亡,衣裳之芳泽犹存,而所爱者已长眠于地下,忧心顿时痛楚地紧缩起来。这时,原来就郁积于心的深沉悲痛再也抑制不住,发而为沉痛的呼唤。前两章首句重叠,二句八个字中连用四个"兮"字,似乎脱口而出,如闻其含泪深情呼唤、悲切叹息之声。那么,如此悲痛欲绝的那个人究竟是谁呢?是亡妻还是亡夫?——这在诗歌里并没有明确出现,但以人的一般推断来看,由"绿色"而推论出这个绿衣之人应该是亡妻,因绿色之衣一般配为女士,这仅仅是推论而已。既然睹物思人,怀念亡故之妻,从这位妻子所穿"绿衣黄里"的衣裳看,她并不是普通农家妇女,其身份当然是贵族。然而,这位贵族亡妻,在历史上是哪位达官贵人的爱妻?不得而知。

如果说前两章是总写悼念亡妻的忧伤,是虚写;那么,第三章则是具体赞扬

亡妻的才德、贤惠,是实写。诗中的男主人公手捧绿衣,看到衣上之密密针线,眼前就似乎幻化出她坐在房内纺织、飞针走线、忙于针黹女功的倩影。这使主人公极自然地通过"女所治兮"这一细节,想念她平日勤劳贤淑,夙兴夜寐,操持家务的种种情况,更加深了对亡妻的悼念之情。

那么,这位身份较高、悼念亡妻的贵族主人公又是谁呢?不得而知,没有很确凿的佐证,不能自圆其说。

在长期的共同生活中,这位贵族妻子对家族的奉献与优越性功盖千秋,此时此刻,万种风情一起涌上心头,但使他最难以忘怀、使他感受最深的是妻子生前常能纠正自己的过失。作为人妻,温柔体贴、任劳任怨、吃苦耐劳,但有见识、有智慧、有能力辅佐丈夫,当好助手,却是难能可贵的。现在这位贵族丈夫的贵族妻子,身兼多职,在夫君的心目中,她是世界上最贤良、最能干的淑女。确实"见尽人间妇,无如美且贤"。"我思亡故的贤妻"是人之常情,故诗人的悼念之情进一步深化了。

然而,"古人"到底是指什么人?古人:古与故通,义近。故人,指先祖。《尔雅·释诂》:"古,故也。"朱熹阐释说:"言绿方为丝而女又治之,以妾方少艾(年轻漂亮的人),而女又嬖之也,然则我将如之何哉?亦思古人有尝遭此而善处之者,以自励焉,使不至于有过而已"(《集传》)。这里的"古人",显然是指先祖,朱子之说,流畅通达。

清段玉裁《注》:"凡为之必有使之者,使之而为之,则成故事矣,引申之为故旧,故曰:古,故也。"段氏所说"故旧",指的是男是女,并不明确。而有学者认为此诗乃悼亡之作,诗人睹物伤情。古人谓其亡妻,是"古"当作"故",故人,已亡之人,这里指作者的妻子,这种解释不能令人信服。况且"俾无訧兮"一句,翻译为:"使我平时少过失",这里的"我",明显是指作者,故自相矛盾,不能自圆其说。

《诗经三百篇鉴赏辞典》认为:第四章说,到天气寒冷之时,还穿着夏天的衣服。妻子活着的时候,四季换衣都是妻子为他操心,衣来伸手,饭来张口。妻子去世后,还没有养成自己关心自己的习惯。到实在忍受不住萧瑟秋风的侵袭,才自己寻找衣服,便勾起他失去贤妻的无限悲恸。"绿衣黄里"说的是夹衣,为秋天所穿;"绨兮绤兮"则是指夏衣而言。这首诗应作于秋季。诗中写诗人反复看的,是才取出的秋天的夹衣。这里所谓"绿衣黄里"是说的夹衣,为秋天所穿,是没有依据的。“絺兮绤兮”则是指夏衣而言，新问题又出现了，因为絺细麻和粗绤麻成熟于秋天，故纺织成细葛布与粗葛布，其后缝制成细葛衣和粗葛衣，应该是指秋衣而言。到底哪个对呢？朱熹认为此诗末章采用的是“比”法，他阐释说：“絺绤而遇寒风，犹已之过时而见弃也。故思故人之善处此者，真能先得我心之所求也”（《集传》）。朱子之解是正确的。

然而，公木、赵雨用新观点解释《绿衣》，诗旨骤然一变，另辟蹊径，给出了另一种阐释：这可能是一首写玉蜀黍（即玉米）成熟收获的诗。据苏东天《诗经辨义》，玉米成熟收获时，枝干、叶、黍苞均是绿色的，而苞谷则是黄色。“绿兮衣兮，绿衣黄里”“绿衣黄裳”，就是描写这一自然现象。（《诗经全解》）故翻译如下：

绿色外衣披在身，黄色下衣里面藏。
心中忧伤割不断，为何此物叶不黄！

绿色外衣穿在身，黄色下衣里面藏。
心中忧伤割不断，为何此物叶不亡！

外衣好似绿丝绸，株株都是亲手栽。
思念先人之福德，没有坏处传后代！

外衣好似葛麻布，晾挂风中使干燥。
思念先人之福德，称我心意实在好。

但是，如何能合乎逻辑地导出《绿衣》原貌的正确主题，恐古人也不能够信服。

上述的简短介绍，自然并没有穷尽历代对《绿衣》的所有解释，但诸说之中，朱熹之说无疑是最香艳的一种，而在汉代，主要的对立是今文经学的三家《诗》和古文经学的《毛诗》观点。故此诗是写：因庄公迷或于嬖妾，夫人庄姜贤而失位，故作此诗。诗以“绿衣黄里”暗喻贱妾尊显，而正嫡幽微，使“我”忧之不能自已；这是古人最经典的解释，影响至深，传承已久。

《绿衣》是一首卫庄姜忧伤不已之诗。卫庄公迷惑于贱妾，使夫人庄姜贤良而失位，引发无限感伤。联想到她昔日之贤惠、文静、恩爱诸多好处。

全诗共分四章，每章四句，每句四字。诗人采用比喻或叫比拟的艺术表现手法，“比者，以彼物比此物也”，它不仅使形象更加鲜明，本质更加显露，而且还兼有寄寓一定爱憎感情的作用，在《诗经》中“比”用得很多。如《硕鼠》《汉广》等诗均是例子。

首章写正嫡幽微，使我暗淡忧伤，忧愁不已。诗言：

绿色之衣苍苍胜，窈窕淑女衣着身。
绿色外衣穿在身，黄色下衣里面衬。
间色贱而以为衣，正色贵而以为里。
皆失其位反理规；犹今贱妾反显尊。
正嫡位尊转幽微，贱妾尊显凸高位，
忡忡忧心不得停，何时终止忧郁闷？

诗的开首便以一件普普通通的“绿衣黄里”比喻贱妾位高尊显。这两句说：绿色之衣苍苍胜，窈窕淑女衣着身。绿色外衣穿在身，黄色下衣里面衬。起首一句，间用两个感叹词“兮”，《百首译释》云：“这句实为‘绿衣’，加两语词‘兮’折开用之”。故隔断词语，造成一种强烈的顿宕，即刻给人以缓慢沉重和一唱三叹的忧愁感，以下各章的首句，皆用同样的句式，复沓迭唱，从而造成全诗忧伤的氛围和怨恨的旋律，强烈地触动了读者的心弦。第二句：“绿衣黄里”，与下章的“绿衣黄裳”互文重叠。南宋朱熹阐释说：“黄之间色，黄，中央土之正色；间色贱而以为衣，正色贵而以为里；言皆失其所也”（《集传》）。间色贱而以为衣，正色贵而以为里，位置颠倒，皆失其位，违反理规；犹如今贱妾反尊显，正嫡转幽微，反映出卫公迷惑于贱妾。

近人余冠英认为“里”是“指穿在里面的衣服，即指下章‘黄裳’的裳……衣在裳外，衣短裳长。从上下说，衣在上，裳在下；从内外说，衣在外，裳在里”（《诗经选》）。

袁梅解释说：“绿衣黄里——衣是上衣，穿在外面，并短与下衣。里是下衣，穿在里面，并长于上衣。下文中的裳，也是下衣”（《诗经译注》）。程俊英、蒋见元阐释谓：“里，衣服的衬里，《说文》：‘里，衣内也。’闻一多以为里是穿在里面的衣服，但穿在里面的衣服经传称中衣或内衣，无称里衣的。且上身所穿内外都称衣，里与衣不能相对而称。黄布自可作衬里，如《檀弓》‘综衣黄里’”（《注析》）。从上下、内外的角度，分析解释“衣”和“裳”的位置关系，明显带有现代穿戴的习俗观念，脱离了古时的传统习俗；虽与朱子之说有歧义，但也阐明“衣”与“里”的位置颠倒。“绿衣”的上衣，黄色的裙裳，虽色彩格外鲜丽，但按古时之习俗，位置搭配得极不协调，故触动了作者的伤痛：正嫡位尊转幽微，贱妾位卑转尊显；使我忧心忡忡不得停，何时终止忧郁闷？诗人阐释了贱妾由卑反尊的不正常现象，而正嫡幽微，贱妾尊显，使我忧心忡忡而不能自已。勾起诗人尝遭冷遇的绵绵忧伤，多少往事在眼前浮动，令人触目伤悲。

次章写正嫡自尊转而为卑，我忧不能已，心不能忘。诗言：

绿色之衣苍苍胜，上为衣来下为裳。
绿色外衣穿在身，黄色下裳里面衬。
衣正色而裳间色，如今却要绿为衣，
黄者自里转为裳，皆失其位所益甚。
犹今贱妾转尊显，正嫡位尊反幽微。
忡忡伤心难阻挡，何时遗忘心忧伤？

诗人以绿为衣作比，阐释了贱妾由卑微转而为尊贵，正嫡由尊贵转而为卑微，失其所益。故我似杂乱无绪，忧伤烦闷而不能自已，心不能忘。诗前两章反复咏叹，全易二字，明白如话，平易近人，却将抒情主人公失位之痛，生动、准确地展示出来，在反复的吟唱中表达忧伤不已的愁情。

三章写夫君宠信小妾，夫人失位心伤不已，深思先祖尝遭幽微而和善相处，不至于过失。诗言：

绿色之衣苍苍胜，上为衣来下为裳。
绿色外衣穿在身，黄色下裳里面衬。
绿方为丝视丝绸，丝丝缕缕你织绸。
彼方年少又漂亮，你又嬖她我凄凉。
然我将如之何哉？忧心思念先祖德。
遭此善处以自励，使我不致有过失。

诗以绿为丝，又以纺织作比，引出妾方年少美丽，君子又十分宠爱她，呵护她。而夫人庄姜无可奈何！怎么办？然思祖先也有尝遭幽微冷遇，但依然和睦相处，以鼓励自己，不能使己有任何过错。此章诗人选中系绿丝来揭示主题：一是

夫人庄姜贤惠恩爱，二是夫人虽尝遭幽微，但和君子和睦相处，不能有任何过错，表现其品德高尚。

四章写正嫡虽失位，然思先祖尝遭幽微而能善相处，我心所求实得益。诗言：

绨葛布而绤葛麻，凄凄寒风侵袭它。
细葛衣而暖融融，粗葛衣而风凄凄。
遭遇寒风伤不起，犹已过时而见弃。
已时舍弃细葛衣，宛如抛弃结发妻。
已时穿用粗葛衣，如同宠信众妾妻。
故思故人之善处，实得我心之求益。

此章诗人择生活中普普通通的葛布作比，进一步揭示了主题。诗人以细葛布穿在身上御寒风暖人心，以比君子与正嫡和睦相处，两情殷殷，永驻人间；恩爱贤惠，知热护冷，关怀无比。以粗葛布穿在身上凉风凄凄，比为君子宠爱小妾，无事生非矛盾多，后院起火灾害起。诗人暗喻，已时过时舍弃细葛布，犹如抛弃恩爱贤良的结发妻；已时过时穿粗葛布，如同宠爱众小妾；故此时想起先祖遭恶遇冷时依然和睦相处，以勉励自己，所以我心里的所求，也实实在在获得了收益。这就是诗中流露出一种无可奈何、难以释怀的愁绪的原因。

《绿衣》四章，主人公心绪杂乱无章，迂回百转，千愁万忧，反复地咏叹着身世的坎坷。四章一气呵成，开头以“绿衣黄里”暗喻贱妾尊显，而正嫡幽微，使我心忧愁不能自已。结尾以“实获我心”起无奈之叹，描写细腻，措辞委婉，情感丰富。构思巧妙，由里入外，层层生发；比兴工巧，文笔悱恻，忧愁缠绵，令人百读不厌，是一篇不可多得的杰作。

燕　燕

燕燕于飞，差池其羽。
之子于归，远送于野。

瞻望弗及，泣涕如雨。

燕燕于飞，颉之颃之。
之子于归，远于将之。
瞻望弗及，伫立以泣。

燕燕于飞，下上其音。
之子于归，远送于南。
瞻望弗及，实劳我心。

仲氏任只，其心塞渊。
终温且惠，淑慎其身。
先君之思，以勖寡人。

【概要】

庄姜无子完为己子，完为陈女戴妫之子。
卫庄公卒而完即位，遭嬖人之子州吁弑。
戴妫离卫而归于陈，庄姜涕泣而远送行：

【译文】

燕燕飞巢而乐居安，参差尾翼双歧如剪。
戴妫伤离卫而归陈，犹如鸟鸣飞巢而进。
万般伤卫而归于陈，庄姜依依离别伤心。
远送行程而至郊野，迢遥目送不见回车。
抬头遥望目不可及，思望涕泣而泪涟漪！

燕燕寻巢而翱翔前，飞上飞下而舞翩跹。

戴妫伤离卫而归陈，犹如鸟鸣飞巢而进。
大归于陈而离卫伤，庄姜远送忧心凄怆。
远送一程而又一程，迢遥目送而愈痛心。
抬头遥望目不可及，伫立野外而泣涟溢！

燕燕鸣声而飞巢上，忽而低沉而下飞翔，
忽又昂扬而上飞荡，下上翻飞皆闻其鸣，
鸣又随身上下响亮。戴妫归陈悲哭凄凉，
如飞鸣之燕归巢上，大归于陈而路茫茫。
庄姜依依而心凄惶，远送她到卫之南方。
遥望不及而心惆怅，我心实在劳苦悲伤！

盖妇人不以名姓称，今称仲氏明是其字。
仲氏之德塞实不伪，渊深不流相信如友。
温和惠顺终始如一，贤淑谨慎而修其身。
又当不忘先君之德，有以助我冀不遐弃。
常思存先君之遗德，寡德之人与你共勉。
又以先君之思勉我，使我常念不失其守！

【注释】

* 燕燕：鸟名，犹燕子燕子。燕子古称元鸟，又名鳦或作乙。陈奂《传疏》："诗重言燕燕者，此犹鸱鸮鸱鸮，黄鸟黄鸟，迭呼成义之例。" 于飞：飞翔。于，句中助词。一说犹在，往。 差池：参差不齐；指燕尾长短不齐。马瑞辰《通释》："差池二字叠韵，义与参差同，皆不齐之貌。"

* 之子：被送的这位女子。据旧说指陈女戴妫。《毛传》："之子，去者也。"《集传》："之子，指戴妫也。"一说指出嫁的女子。一说指薛君之妹。一说指邶君之妹。一说指卫君之妹。 于归：大归。此指归宗。一说指出嫁。于，往。 野：郊外之野。远送于野外，是超越之常礼。

* 瞻望：遥望。瞻，视、看。 弗及：不及，不可及，即目不可及。 涕泣如雨：

泪下如雨。涕、泣均指眼泪。

* 颉(jié)、颃(háng):向上飞曰颉,向下飞曰颃。 之:语助词。

* 远于将之:是"将之于远"的倒装句,即远送她一程又一程,有依依不舍之意。于,往。将,送。

* 伫立:久立。

* 下上其音:鸟飞忽而低沉而下,忽而又昂扬而上,下上翻飞皆闻其鸣;故音随身下上。音,鸣声。

* 远送于南:远送她到卫国之南。于南,往南边去。

* 实劳我心:"我心实劳"的倒装句,我心实在痛苦不堪。实,实在,确实。一说同寔,是。劳,痛苦、忧伤。

仲氏:妇人不以名姓,今称仲氏,明是其字。《毛传》:"仲,戴妫字也。"《集传》:"仲氏,戴妫字。"一说邶君之妹在姊妹中排行第二,故称仲氏。 任:以恩相信曰任。信任之意(《郑笺》)。一说是名或姓。一说任是姓。 只:语辞。 塞渊:即性情诚实深厚。一说填入深渊。

* 终温且惠:即性情既温柔又和顺。终,既,又训极,尽。温,温顺、温柔。惠,贤良,和顺。 淑:善良。 慎:谨慎。

* 先君之思:即"思之先君"的倒文。先君,指庄公。思,遗言、遗德。 勖(xù):勉励。 寡人:寡德之人,古代国君的自称。此指庄姜自称,即诗的作者。范处义云:"先君,庄公也。寡人,庄姜自谓也。"此二句言思存先君(先父)的遗德,我这寡德之人愿与你共勉。

【品鉴】

《燕燕》是一首送别诗,对此诗旨古代学者无歧义,至于谁送谁呢?意见却有分歧。《毛序》认为《燕燕》的主题是,春秋初年"卫庄姜送归妾也。"据《左传·隐公》三及四年的纪事,卫庄公夫人庄姜无子,以庄公妾陈女戴妫之子完为己子。庄公死,完即位,为州吁所杀。戴妫以子被杀归陈,此是大归,即归而不再回卫,庄姜相送而作。汉郑玄对此进一步阐释说:"庄姜无子,陈女戴妫生子名完,庄姜以为己子。庄公薨,完立,而州吁杀之。戴妫于是大归。庄姜远送之于野,作诗以见己志"(《郑笺》)。按照这一说法,《燕燕》的作者是位女性,即卫庄公夫人齐女

庄姜。诗中所叙述的“归妾”,郑玄认为,指的是继庄公即为的桓公完的生母陈女戴妫。此是传统的经典阐释,语甚精确。

然而,《鲁诗》《齐诗》则认为此诗系卫定姜(卫定公夫人)送其守寡儿媳返归娘家之作;《列女传·母仪篇》也说这是卫定姜之子死后,定姜送其子妇归国的诗。《韩诗》又认为此诗是卫定姜送其娣(夫妾)归国之作。《诗三家义集疏》引《鲁诗》说:“‘卫姑定姜者,卫定公之夫人,公子之母也。公子既娶而死,其妇无子,毕三年之丧,定姜归其妇。’”又称诗作“先君之思,以畜寡人”。郑《注》曰:“定姜无子,立庶子衎,是谓献公。畜,孝也。献公无礼于定姜,定姜作诗,言献公当思先君定公,以孝寡人。”但这些说法,与所载史实不完全相符。

宋人王质《诗总闻》及清代以后的学者也有认为,此诗系卫女远嫁,其兄为之送别之作。清人崔述反驳朱熹《集传》云:“余按此篇之文,但有惜别之意,绝无感时悲遇之情。而诗称之子于归者,皆指女子之嫁者言之,未闻有称大归为‘于归’者,恐系卫女嫁于南国而其兄送之之诗,绝不类庄姜、戴妫事也”(《读风偶识》)。闻一多《通义》说:“王质说此诗曰:‘二月仲春乙鸟至,当是国君送女弟适他国在此时也’。崔述曰:‘但有惜别之意,绝无感时悲遇之情。而诗称之子于归者,皆指女子之嫁者言之,未闻有称大归为“于归”者,恐系卫女嫁于南国而其兄送之之诗,绝不类庄姜、戴妫事也。’按二氏并以为国君送女弟出适,是也。”闻一多又据四章“仲氏任只”一句,认为“诗为任姓国君送妹出适于卫之作”。按今存文献所载任姓国都在卫之南,与第三章“远送于南”句抵牾。近人张启成说:“《礼记·月令》注云:‘玄鸟,燕也。燕以施生时来。巢人堂宇而孚(孵)乳,嫁娶之象也。’”“‘嫁娶之象’的含义,一方面是由商人的图腾崇拜所定的。另一方面也与燕子春来人间,双双结合生卵育子有密切的关联。而《邶风》本属殷地”,“以‘燕燕于飞’起兴而引导出‘之子于归’”(《诗经风雅颂论稿》)。程俊英、蒋见元《注析》也认为“这是一首送人远嫁的诗。诗中的‘寡人’是古代国君的自称,当是卫国的君主,‘于归’的‘仲氏’则是其二妹。本诗的性质是一首送别诗,对此古代学者无异议;至于送者与被送者是什么人,则有很多不同的说法。”然而,上述诸说,似皆与诗旨有抵牾,并不比《序》说更觉可信。细审全诗,尤其是从诗的意境及所抒发情感的缠绵悱恻、细腻深沉等方面来分析,显然就是正嫡与妾告别的情景。更何况末章所咏在如此解释下反倒没有了着落,则不如从《序》。再按就本诗说,"先君之思",指仲氏之思,与他人之思不同,当以《毛序》所说为准。

然而,公木、赵雨教授对此诗给出了另一种解释:这是一首邶君武庚借嫁妹而自伤命运的诗。为什么"之子于归"会有那样强烈的忧痛?诸家说中,惟苏东天《诗经辨义》得之。据苏东天《诗经辨义》:武王封武庚于邶,派管、蔡、霍三叔监之,称"三监",皆武王弟。"邶"在今河南汤阴东邶城镇,"鄘"在新乡,为蔡叔,一说管叔居地。周公平管、蔡、武庚乱后,皆归于卫康叔。如果"邶""鄘"之风诗写的均属卫时的作品,应归入"卫风",何必又另列"邶""鄘"呢?所以把《燕燕》断为卫侯庄姜、定姜作,恐怕不妥。此诗末句云"以勖寡人","寡人"是诸侯自称,作者的身份已明,应是邶君武庚,但诗中和其他史料中找不到旁证。依诗"仲氏任只""先君之思",那么"仲氏任"当是"寡人"的妹妹(仲氏,为次女;任,是名和姓,周以前姓、名多以其所在地名命名)。"先君"是他(她)们的父亲,是否因是纣王而不敢明言?这是一首诸侯嫁妹的诗。诗末章写到他的妹子非常聪明能干和贤慧温厚。这样的妹子远嫁,自然也是门当户对,应该十分高兴才对,何以会"泣涕如雨""伫立以泣""实劳我心"呢?女儿出嫁要哭泣,一是因远离父母,情感所致;二是为示孝心。而兄弟只有高兴的份儿,尤其是身为诸侯,嫁妹如此伤心,实属反常。而且周代人认为"归妹"乃是人伦之大道,如天道之复,大吉大利之事。所以,此诗作者之"寡人"有着难以言喻的隐痛之忧,依此,又像是武庚兄妹了。国破家亡,自己为"三监"所控制,像个囚徒,唯一可亲可信、能帮助他的妹妹又远嫁离散了,其心中隐痛自然可想而知。"燕燕于飞"的春天,本来是令人喜庆的,但在他(她)们,则只有增添悲伤了。这首诗的感情是真切的,决非虚夸之词。苏说论述得很精到,唯一需要补充的是,"燕"的意象,实与"天命玄鸟"的图腾信仰有关(《诗经全解》)。

按照这样的观点解释,首要的问题就是如何贯通全诗。正是依着这个意思,公木、赵雨把《燕燕》翻译成一首女子出嫁之诗:

燕子轻盈双双飞,翅膀翻飞紧相随。
我的妹子要出嫁,迢遥相送难再回。
抬头遥望不能见,涕泣如雨涟涟泪。

燕子轻盈双双飞,上下翻飞影翩跹。

我的妹子要出嫁，迢遥相送到天边。
抬头遥望不能见，站立良久泪涟涟。

燕子轻盈双双飞，上下飞动鸣不停。
我的妹子要出嫁，送到野外一程程。
抬头遥望不能见，凄凄怆怆心不宁。

我的二妹本名任，心性仁厚且真诚。
性情温柔又贤惠，淑娴谨慎修其身。
先父遗言怎能忘？她引此语勉寡人。

在这样的解释里，古人经典解释的《燕燕》本为女主角，在这竟变成了男主角，而且末章仍不能自圆其说。妹子远嫁，自然十分高兴才对，奈何“泣涕如雨”“伫立以泣”“实劳我心”呢？即使女儿出嫁要哭泣，岂能涕泣得如丧考妣呢？恐不符合实情与逻辑。但从字面分析看，只有发生不幸的大变故，才能涕泣涟涟，悲痛欲绝。到底能不能像上述解释的那样，却没有足够的佐证。

王士禛解释《燕燕》之诗，“为万古送别之祖”（《分甘余话》），这首诗为后人称道。诗歌以细致的笔触，描写了一个感人的送别情境。在追忆中描述了凄怆的离别场景，别情一波三折，一意三迭，辗转出许多哀婉。前三章皆以飞燕入巢兴而比，引出“之子于归”之际的依依别情。诗章振笔直起，赞颂“仲氏”之德，并寄予希望，哀而不伤。以景传情，情境俱佳。

全诗四章，每章六句，每句四字，以四言为基本句式。诗以开篇前两字命题，是因为燕燕轻盈双双往来飞去，故以迭词名之，并以它开篇，起兴下文。

首章写戴妫返归陈国，庄姜送她至野外，依依不舍，泪涕如雨。诗篇开首云：“燕燕于飞，差池其羽”，是说燕燕飞巢而乐居安，参差尾翼而双歧如剪。戴妫伤离卫而归陈，犹如鸟鸣飞而归巢。先点明送别时的季节和景物，以燕燕自鸟巢飞进飞出、自由翱翔的各种情态，来引导出姐妹之间的亲密情谊。而宋代朱熹阐发说：“庄姜无子，以陈女戴妫之子完为己子，庄公卒，完即为，嬖人之子州吁弑之。故戴妫大归于陈而庄姜送之，故作此诗也”（《集传》）。此说精确，颇符诗旨。故三、四句点明送别的缘由：戴妫要返归故国，姐妹必然分别。万般伤卫而归于陈，庄姜依依难舍，离别伤心，十分惆怅。远送行程而至郊野，送了一程又一程，送了一时又一时，诀别的时刻终于到来，在宫内与自己生活之久，并建立了深厚情谊的戴妫贤妹，远行异邦，迢遥目送不见回头，抚今追昔，怎不感慨万千！“瞻望弗及，泣涕如雨”，当戴妫从自己视野中消失，而抬头遥望目不可及时，庄姜因为思望，禁不住涕泣而泪如雨下。真是姐妹情笃！

次章叙写戴妫归故国，庄姜送别，瞻望已不可见，伫立良久，泣不成声。诗言：

燕燕寻巢而翱翔前，飞上飞下而舞翩跹。
戴妫伤离卫而归陈，犹如鸟鸣飞巢而进。
大归于陈而离卫伤，庄姜远送忧心凄怆。
远送一程而一又程，迢遥目送而愈痛心。
抬头遥望目不可及，伫立野外而泣涟溢！

诗以燕子展翅飞上飞下、飞来飞往，尽情翱翔而兴而比，来反衬庄姜与戴妫离别的愁苦悲伤。

三章叙述戴妫归故国，庄姜送她至卫南，眺望不可及时，痛心万分。诗言：

燕燕鸣声而飞巢上，忽而低沈而下飞翔，
忽又昂扬而上飞荡，下上翻飞皆闻其鸣，
鸣又随身上下响亮。戴妫归陈悲哭凄凉，
如飞鸣之燕归巢上，大归于陈而路茫茫。
庄姜依依而心凄惶，远送她到卫之南方。
遥望不及而心惆怅，我心实在劳苦悲伤！

诗人以联章复迭的形式，用一个简短的曲调，反复咏唱，反复渲染了送别的场面，使整首诗犹如一支沉痛的乐章，在读者心中回荡，令人不忍卒读。

四章赞颂“仲氏”之德，善良温顺，并以先君之德勉寡人。诗言：

盖妇人不以名姓称，今称仲氏明是其字。
仲氏之德塞实不伪，渊深不流相信如友。
温和惠顺终始如一，娴淑谨慎而修其身。
又当不忘先君之德，有以助我冀不遐弃。
常思存先君之遗德，寡德之人与你共勉。

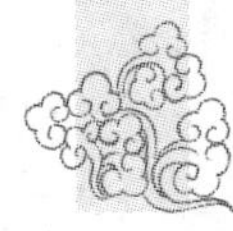

又以先君之思勉我，使我常念不失其守！

为何远归陈国的妹戴妫使正嫡姐庄姜如此眷念、依依不舍？四章采用赋体艺术表现手法，直抒胸臆，回答了这个问题。原来戴妫的内心世界是如此美好。庄姜谓仲氏(戴妫字)于我相信如友，且称仲氏之德塞实而不伪，渊深而不流，温和惠顺，终始如一，既能自善自谨其身，又当不忘先君，有以助我，相诀之辞如此，冀仲氏不遐弃。戴妫诚实、善良、和顺、温柔集一身，而且为人处世极明。临别之际，还反复叮嘱庄姜姐，铭记"先君之思"，使其常念而不失守节，思存先君之德，愿与你这寡德之人共勉励。朱熹阐释说："言戴妫之贤如此，又以先君之思勉我，使我常念之而不失其守也。杨氏曰：州吁之暴，桓公之死，戴妫之去；皆夫人失位，不见答于先君所致也。而戴妫犹以先君之思，勉其夫人，真可谓温且厚矣"(《集传》)。朱子在此道破了戴妫归陈之由与背景，并美颂其"真可谓温且厚矣"。南宋爱国词人辛弃疾在为送别族弟辛茂嘉而作的《贺新郎·绿树听啼鴂》中说："马上琵琶关塞黑，更长门翠辇辞金阙，看燕燕，送归妾。"连用三个历史典故，以抒发离别之苦。其中"看燕燕，送归妾"指的就是《邶风·燕燕》的本事。因此，《燕燕》是中国最早的送别诗，前人称为"万古送别之祖。"故还可以这样翻译：

鳦燕双飞相互引，一前一后展翅行。
春燕翱翔向南飞，犹如戴妫往陈归。
伤离卫而故国归，庄姜远送野难回。
极目遥望不能见，涕泣如雨泪涟涟。

鳦燕展翅双飞翔，飞上飞下任游荡。
春燕翱翔向南飞，犹如戴妫往陈归。
漫漫归程离悲伤，庄姜远送心凄怆。
极目远望不能见，久立野外泪流淌。

鳦燕展翅双鹏程，下鸣上叫相呼应。
春燕翱翔向南飞，犹如戴妫往陈归。
茫茫归程愁离卫，庄姜远送往南行。
极目瞻望不能见，实在劳苦心不安。

妇人不以名姓称，今称仲氏明是字。
戴妫知恩德诚信，心地诚实颇深沉。
性情温柔甚贤惠，善良谨慎修其身。
先父遗训铭记心，常念遗德勉寡人。

此诗借景抒情，情景交融，感染读者，引人入胜，正因采用了兴而比的艺术手法，使酝酿的激情按捺不住，使久蕴的清泉喷涌不息，正是"登山则情满于山，观海则意溢于海"，使读者歌者达到"化境"，诗更动人心弦，沁人肺腑。

击 鼓

击鼓其镗，踊跃用兵。
土国城漕，我独南行。

从孙子仲，平陈与宋。
不我以归，忧心有忡。

爰居爰处，爰丧其马。
于以求之，于林之下。

死生契阔，与子成说。
执子之手，与子偕老。

于嗟阔兮，不我活兮！
于嗟洵兮，不我信兮！

【概要】

卫州吁用兵暴乱，使孙文仲联陈宋。
久戍不归念家室，国人怨其勇无礼：

【译文】

擂起战鼓镗然响，踊跃系刺练兵枪。
挥舞兵器保边疆，卫国之民修筑忙。
或服役土功于国，或筑起漕城之疆。
我独南行上战场，有锋镝死亡之伤。

跟随军帅孙文仲，危苦南行将伐郑。
先告陈与宋睦邻，联合有成平纷争。
成其伐事争取胜，远役可归而不归。
使我忧心甚郁闷，忡忡然而不释宁。

何处居住何处扎？未知何处丧战马？
或有战死或有病，或有亡马伤士兵。
若我家人求下落，奔往何处寻遗骸？
军行必依荒山林，死伤病亡必其下。
故令家人寻遗骸，当于林下求我骸。

从役者念其家室，因始为室家之时，
期以死生而契阔，不相忘弃伴终身。
与您成其约誓言，相与执手偕老年。
今为死生之别离，不期偕老悲叹惜！

叹远隔万水千山！契阔之约竟如此，
今不与我生而见。叹守信生离死别！

偕老之信竟如此，今不得与我伸志。

不复生舆室家见，前约之信失诺言。

【注释】

* 击鼓：敲鼓，以助军威。 其：语助词。 镗(tāng)：犹镗镗，击鼓声，使众皆踊跃用兵。一说犹噹噹，铜鼓声。 踊跃：形容演武或战斗中跳跃击刺之状。用兵：指州吁兴兵。

* 土国：在国内服役筑土功。土，动词，在此指从事土木建筑。 城漕：在漕邑修筑城池。漕，卫邑地名，在今河南省滑县东南。

* 孙子仲：即公孙文仲，字子仲，是卫国的世卿，当时任南行的将领。 平：和，联合。 陈与宋：陈国国都在宛丘，今河南省淮阳县；宋国国都在睢阳；即在河南省商丘南。

* 不我以归：不以我归之倒文。言不与我而归也。范处义云："国人谓从公孙文仲南行，即与陈、宋有成，可以归而不归，使我忧心忡忡然而不释也。"以，犹与。 有忡(chōng)：犹忡忡；忧心忡忡然。陈奂《传疏》："有，状物之词。"

* 爰：疑问代词，犹与"于何"，与"于以"同义，在何处，在哪里。 居：居处、停留。按本句"居"与"处"对文。 处：处所。 丧：死亡、丧失。

* 于以：即于何。 求：寻求。 之：第三人称代词，为歌者自称。求不还者及亡其马者，当于山林之下。行军，必依山林，求其故处，近得之。

* 死生：一死一生。 契：隔绝。一说合。 阔：远离。严粲云："《汉书·诸葛奉传》：'间何阔'注云：'久阔不相见，则契阔为间阔之义也。言居者生，行者死，一死一生，自此间阔矣"。朱子谓隔远，是叹词，于义较顺。或说远别、久别。死生契阔是征人自述与妻子远离而生死莫测，然永不相负。 子：作者称他的妻子。成说：成其约誓之言。

* 偕老：夫妻白头到老。

* 于嗟：叹词，同吁嗟。 阔：辽远。 活：生活。《毛传》："不与我生活也"。马瑞辰《通释》："活当读为'曷其有佸'佸。《毛传》曰：'佸，会也。佸为会至之会，又为聚会之会，承上阔兮为言，故云不我会耳。"以此，"活"字可读"佸"(huó)。

* 洵(xuàn)：信。信与申(意志不得申)同。《鲁诗》《韩诗》作夐，洵是夐的假借

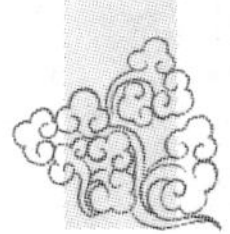

字，久远。《广雅》："敻，远也。"这里指别离已久。 不我信：我不能信守"偕老"的誓言。信，守信，信用。《孔疏》："信，古'伸'字，故易曰引而信之。伸即终极之意。"按：伸，又有"延"的意思。一说极。(《传》)即"言不与我终古(不与我活到老)也。"钱澄之曰："此承上章，言向以契阔为忧，今所忧者岂惟阔兮，且生还无望矣。复申之曰：洵哉，不得生还矣，昔日之成说不足信矣。"

【品鉴】

《毛序》认为："《击鼓》：'怨州吁也。卫州吁用兵暴乱，使公孙文仲将而平陈与宋，国人怨其勇而无礼也。'"毛公特意点明人名、地名与事件。所谓"用兵暴乱"指的是什么呢？可以推断出指的是入侵他国，即伐郑，故"国人怨其勇而无礼也"，可想而知，人民是反对此次战争的。州吁之事见《左传·隐公五年》《史记·卫世家》。

但历来解释这首诗的背景聚讼纷纭，颇不一致。《毛序》《郑笺》及三家《诗》皆以为是指春秋鲁隐公四年(前719)夏，卫联合陈、宋、蔡共同伐郑。许政伯认为是指同年秋，卫国再度伐郑，抢了郑国的庄稼，这两次战争间有士兵在陈、宋戍守(《诗探》)。姚际恒认为是说鲁宣公十二年，宋伐陈，卫穆公为救陈而被晋所伐一事(《通论》)。但不管哪种背景，此诗反映的是一个久戍不归的士卒的怨愤与忧思。方玉润谓："此戍卒思归不得诗也，又何必沾沾据一时一事以实之哉？"(《诗经原始》)颇有道理。

那么，攻伐的对象究竟为谁呢？

汉郑玄对《毛序》之说，又做进一步地阐释说："将者，将兵以伐郑也。平，成也。将伐郑，先告陈与宋，以成其伐事。《春秋传》曰：'宋殇公之即位，公子冯出奔郑，郑人欲纳之。及卫州吁立，将修先君之怨于郑，而求宠于诸侯，以和其民。使告于宋曰："君若伐郑，以除君害，君为主，敝邑以赋与陈、蔡从，则卫国之愿也。"宋人许之。于是陈蔡方睦于卫，故宋公、陈侯、蔡人、卫人伐郑。'"郑玄阐明诗的背景事件为"伐郑"。按《左传》隐公四年云："及卫州吁立，将修先君之怨于郑，而求宠于诸侯以和其民，使告于宋曰：'君若伐郑，以除君害，君为主，敝邑以赋与陈、蔡从，则卫国之愿也。'宋人许之。于是陈、蔡方睦于卫，故宋公、陈侯、蔡人、卫人伐郑，围其东门，五日而还。"伐郑在鲁隐公四年，此为事实依据。今之学者如高亨、陈子展、程俊英、蒋见元多从旧说。

然而，清儒毛奇龄则驳之云，此篇言“城漕”，州吁即已城漕，其后闵二年戴公渡河，不应当庐居或露处漕邑。其二，陈、蔡、宋、卫睦邻，共同出兵伐郑，不应说“平陈”。其三，州吁伐郑，隐公四年伐郑，围而即还，秋伐郑，败而即还，不应当说“不我以归”(详见《国风省篇》)。清姚际恒《通论》也提出异议，曾举六证以驳《序》说，并认为“此乃卫穆公背清丘之盟救陈，为宋所伐，平陈、宋之难，数兴军旅，其下怨之而作此诗也。……因陈宋之争而平之，故曰‘平陈与宋’；陈宋在卫之南，故曰‘我独南行’。其时卫有孙桓子良夫，良夫之子文子林父。良夫为大夫，忠于国；林父嗣为卿，穆公亡后为定公所恶，出奔。所云孙子仲者，不知即其父若子否也？”谓宋伐陈，卫救陈，平定陈、宋之纠纷；虽情之有理，但此为姚氏一家之言，不足为证。

然而，这些参差似乎并不影响对诗旨的理解，因为诗义不在讲史，而是在一个史的背景下叙述诗人亲历的故事。有这么一个“不我以归”的随军背景，也就足够倾诉诗人的坎坷悲苦了。攻伐对象为谁，既无法确证无误，今以为《毛序》《郑笺》之说，较《通论》为合理，姑从毛、郑之说为是。

《击鼓》是一首远征士卒思归不得而悲苦怨愤之诗。诗作于公元前 720 年。春秋初年，卫国公子州吁杀死卫桓公，自立为君，联合陈、宋和蔡国去攻打郑国。见《左传·隐公四年》。强迫卫国之民出征役，攻郑之后，领兵的将官把一些伤员、反对战争、口出怨言的士卒抛在了国外。此诗就是被抛弃的士兵所咏之歌。服役士兵，随军南征，久戍不归，惧心不宁，常有家室之思。然而生死难卜，不觉心酸，幽怨愤懑，痛苦呼号，与妻子“偕老”的誓言难以实现。全诗的格调沉重悲怆，弥漫着浓厚的绝望情绪。

全诗五章，每章四句，每句四字。诗人运用赋体艺术表现手法，直抒胸臆。赋是《诗经》中运用最多的表现手法，它可以直接叙事，也可以是直接的刻画描写，还可以是直言其志或直抒胸臆。直接叙事的诗，如大部分《颂》诗，《大雅》中的史诗，《小雅》中的宴饮诗，以及《国风》中《七月》《谷风》《氓》《定之方中》等等。这类作品，正如前面分析的，往往在叙事中熔铸着情感，“叙物以言情”。直接刻画描写的诗，如《芣苢》《召南》《羔羊》《溱洧》《齐风·卢令》《齐风·猗嗟》《十亩之间》等。这些诗作，没有刻意修饰，只是平时客观地描写场面或人物，而情感自然见出。

如《溱洧》，先言“溱与洧，方涣涣兮”，简练勾勒春水涣涣、春日和煦的背景，继而特写一对恋人相约游玩的对话，最后又转向青年男女踏春游戏热闹场面的描写。诗作从场外旁观的视角，客观记录所见，而温馨喜悦之情自然流露。再如《猗嗟》：“猗嗟昌兮，颀而长兮，抑而扬兮，美目扬兮，巧趋跄兮，射则臧兮。”铺排描绘一个猎手高大英武、射艺精湛，绝无夸饰而神形毕现，流露着作者的赞美之情。直言其志和直抒胸臆的诗就更多，如《诗经》中关于社会政治诗、情爱诗中的大多数，都是如此。

冉觐祖引《诗经正解》阐释《击鼓》说：“通诗皆危苦愁叹之词，首三章是详南行之忧，下三章是思室家之情。以‘我独南行’句作主。其《序》征役之苦，失伍之状，与恐负室家之约，俱跟上‘南行’来，惟有忧心，既无斗志，自动私情，意自一串。析言之，则首章言启行之事；次章推其启行之故；三章陈其怠慢之状，皆自征役之苦而言之也；四章述其思家之情；五章恐违室家之约，皆自思家之情而言。总所以怨也。”冉氏之言，颇符诗旨。

此诗以“击鼓”这一动宾词组为题，将古代出兵作战或教场演武，以不同的击鼓方式与鼓声变化，来指挥军队的行动，以出征贯之全篇并做主线，淋漓尽致地表现了征战者的痛苦。首章言南行之事；叙写战争的紧张气氛，表现民众对战争深重灾难的怨恨与恐惧。诗言：

擂起战鼓镗然响，踊跃系刺练兵枪。
挥舞兵器保边疆，卫国之民修筑忙。
或服役土功于国，或筑起漕城之疆。
我独南行上战场，有锋镝死亡之伤。

先叙出发之前，交代南行之故和背景。首句用一阵阵擂起战鼓镗然之声，造成一种紧张急迫的氛围，然后再交代“击鼓“之因——踊跃系刺练兵枪。“土国城漕，我独南行”，这两句说：卫国从军者自言其所为，因卫国国民，有的服役在国内做土功，有的服役在国内漕地修筑漕城疆，而我独自南行去打仗，有锋镝死亡之忧，危难沉重，痛苦不堪。诗以卫国百姓被统治者强征从军，或土功筑宫室，或漕地筑造城疆，或南行去打仗（似为侵略行为，故《序》言无礼），以紧张的战争准备场面拉开序幕，可以想象，许多卫国民众参加了这项御敌工程，其中当然包括很多“我”的相识，但随之形成反差的是，“我”不得不离开生我养我的故乡，离开相依为命的亲人,离开相濡以沫的妻子,随大军南行而远征于异国他乡。两相对比,更加突出自己的不幸,顿生凄凉绝望的情绪。在诗人眼里,国内服役虽然苦,但可以和亲人团聚,更不至于战死他乡,而南行伐郑,却是骨肉分离之痛,更有死亡不归之伤。通过对比,诗人遭遇之悲惨更加凸显在读者面前。正像吕东莱所阐发的那样:“土国城漕,非不劳苦,而独处于境内。今我之在外,死亡未可知,虽欲为土国城漕之人, 不可得也”(《吕氏家塾读诗记》)。对统治者无礼频繁地征战,民众的厌战和怨愤,尽在不言之中了。二章言南行之故;叙写士兵久戍不归,忧心忡忡。诗言:

跟随军帅孙文仲,危苦南行将伐郑。
先告陈与宋睦邻,联合有成平纷争。
成其伐事争取胜,远役可归而不归。
使我忧心甚郁闷,忡忡然而不释宁。

开首写出征之由:“从孙子仲,平陈与宋”。“孙子仲”何许人也?字子仲,即公孙文仲,是卫国的世卿,当时任南行的将领。而清王先谦根据《唐书宰相世系表》的记载,考出孙子仲即公孙文仲,与州吁同时。

至于如何解释“平”字?清姚际恒却有异议。平者,和也,即和睦联合之意。陈与宋:调解陈国与宋国的纠纷,使其和睦,从而联合陈国、宋国与蔡国去伐郑。陈国国都在宛丘,今河南省淮阳县;宋国国都在睢阳;即在河南省商丘南。《左传》隐公六年杜注:“和而不盟曰平。”《集传》:“平,和也。合二国之好也。旧说以此为《春秋》隐公四年,州吁自立之时,宋、卫、陈、蔡伐郑之事,恐或然也”。但姚际恒却有异议,解释说:“平者,因其乱而平之,即伐也”(《通论》)。似有不通。卫服役士兵随从军帅公孙子仲,联合陈、宋、蔡三国攻打郑国,远征于他乡异国,所以归乡之日遥遥无期。“不我以归,忧心有忧,”这二句说:不许我参加回国的队伍,使我忧心忡忡。诗人把叙事又推进了一层,不幸又增加了一层:士兵不但远离故土、南下征战,而且还要长期戍守异乡,如此使他们忧心忡忡。诗人倾诉打完了仗,因伤残而不带“我”回家,使“我”忧愁不已。一股征人的忧愁之情便洋溢在字里行间。历代的反战诗中,对此有不同的表现方式,如杜甫的《兵车行》, 从后方经济的萧条和妻儿的衣食无着, 来痛斥穷兵黩武的严峻后果:“君不闻汉家山东二百州,千村万落生荆棘。纵有健妇把锄犁,禾生陇亩无

东西。”汉乐府中的《巫山高》，用含蓄的比喻来表现征人有家难归的苦痛：“我欲东归，害(曷)不为？我集无高曳，水何汤汤回回？”高适的《燕歌行》，则从前方与后方、征人与思妇两个侧面，来反映征人远戍所造成的双方情感上的创伤：“铁衣远戍辛勤久，玉筋应啼别离后。少妇城南欲断肠，征人蓟北空回首。”这种艺术表现手法，都受到了《击鼓》之类等题材的启发和影响。此章为后面诗人对往昔生活的回忆埋下了伏笔。三章陈怠慢之状，皆自南行之苦而言；叙述久戍不归，无处栖身的忧惧。诗言：

何处居住何处扎？未知何处丧战马？
或有战死或有病，或有亡马伤士兵。
若我家人求下落，奔往何处寻遗骸？
军行必依荒山林，死伤病亡必其下。
故令家人寻遗骸，当于林下求尸骸。

欧阳修阐发说：“自‘爰居’以下三章，王肃以为卫人从军者与其室家诀别之辞，而毛氏无说，郑氏以为军中士伍相约誓之言。今以义考之，当以王肃之说为是。”“云我之是行未有归期，亦未知于何所居处？于何所丧其马？若求我与马，当于林下求之。盖为必败之计也。”《诗本义》欧氏之说，颇符主题。自知必死而不言死，唯言丧马，盖婉辞。士卒将行，知其必败，与其室家诀别曰：汝在家居处，我必死于是行，而丧其马。身死则马非我所有，唐人诗所谓“去时鞍马别人骑”。在古代的征战中，战马可以说是战士最得力的助手和最亲密的伙伴。《小雅·采薇》曰：“驾彼四牡，四牡殉殉。君子所依，小人所腓。”阅读此诗，马在战士心目中的地位可见一斑。汝若求我，其于林下乎，言死于林下。

这章采用含蓄手法，巧用设问的修辞格，表现远征士兵征战生活的艰辛，倾诉内心的悲痛欲绝。远征也就罢了，最让他感到惆怅的是归乡之日遥遥无期。行军之苦，将在何处扎寨？何处安营？居无定所。今天都不知道明天将会栖身何处？自己的命运根本无法把握。他的战马丧于林下，“见其失伍离次，无斗志也。”如果说战马的丧失，意在暗示这支军队军纪的涣散、秩序的混乱。反映了征人神思恍惚、丧魂失魄之状，故他忧虑着自己也将埋骨异国荒野。盖士兵久戍不归，因生忧惧，而设想连人带马，都将病死于异国旷野，弃置荒山野林之下。若我家人寻求下落，奔往何处寻找遗骸？然军行必依荒山林，死伤病亡必在其下。故令家人寻求人马遗骸，当于山林之下求之。正如《陟岵》中所说“犹来无止”，“犹来无弃”，“犹来无死”；于彼均为父母、兄长、妻子的瞩望，此则适得其反。征人联想到这些，当然更加忧伤恐惧起来，遂引起下章死生的慨叹，使战争带来的家庭悲剧更加苦楚。“爰居爰处”，宋代的传统派吕祖谦引曾巩说：“非独‘爰居爰处’，以下三章为从军者诀别之辞，一篇之意皆如此。”（《吕氏家塾读诗记》）四章追思家室之约；叙述室家之誓言。诗言：

从役者念其家室，因始为室家之时，
期以死生而契阔，不相忘弃伴终身。
与您成其约誓言，相与执手偕老年。
今为死生之别离，不期偕老悲叹惜！

这里由严酷的现实转入对往事的回忆，当年离家南征，与室家执手泣别的情景，历历在目，当年，两人曾立下誓言，夫妻要白头到老，“死生契阔”。

但“契阔”一词，诸家的解释并不一致，后世诗文用“契阔”一词，取义也很不相同，即便一人之作也是如此。杜甫“白首甘契阔”，为辛苦之意；而“如今契阔深”，却又做亲近解。不过此诗之“契阔”似仍以解作一字一义为好。朱熹《集传》训“阔”为“契阔也。”《尔雅·释诂》谓：“阔，远也”。远者，即远别、离别之意。“契”训“合”，“阔”训“离”；黄生认为“契”训“合”；“阔”训“离”；“与死生对言”（《义府》）。徐璈又云：“阔谓阔别，从军不复有生还之望也。”扬之水《诗经别裁》说得深有启发：故末章专就一“阔”字为说。“死生契阔”一字一义，促其节也；“于嗟阔兮”，四字一义，迟其声也。汉乐府“念与君离别，气结不能言。各各重自爱，道远归还难”，正是此诗的情景，然而诗之沉著厚实，彼不能到也。唐诗此类题材颇多名篇，如陈陶《陇西行》：

誓扫匈奴不顾身，五千貂锦丧胡尘。
可怜无定河边骨，犹是春闺梦里人。

起首两句境像阔大，后两句则用巧思写出深深的哀悯。说《诗》者常常喜欢列举此诗，云末二句“即‘不我信也’意”。然而《陇西行》乃作局外人言，总觉得是哀悯之意写得好。而《击鼓》则是切身之恸，“执子之手，与子偕老”，缱绻叮咛，虽只在平易处著本色语，却字字惊心。其实这一篇诀别辞，又何止于悲怨中的儿女之情。更是无法把握自己命运的死生之际，于生的至深之依恋，可以说，这是不

为一时一事所限的人生之悲慨罢了。

"成说"一词,古人经典解为"成其约誓之言。"《毛传》训"说"为"数也",马其昶解释说:"数,计也,谓预有成计,犹言有成约也。"马瑞辰《通释》谓:"成说,即成言也。……《传》训说为数者,盖为预先成计,犹言有成约也。"指下句"与子偕老。"

此诗最动人之处,莫过于此章。诗人笔锋一转,将读者带入对往事的回忆中。生离死别相隔远,初婚与你约誓言。当年,诗人携着新婚妻子的手,两人海枯石烂定下誓盟:"执子之手,与子偕老。"这是何等感人的誓言!它既是夫妻对情爱的执着坚贞的表露,又隐隐透出了对未来生活的担忧。他曾与妻子相约为誓,无论生死离别,都要永生永世在一起,如今与妻子"偕老"的誓言,却成了一个难以实现的梦。追求当年与妻子执手相誓、生死相守的情景。今昔对比,更是痛苦难当,深刻的抨击了残酷战争给人民带来的沉重灾难。所以,从往事的回忆转入严酷的现实,集中抒发诗人感慨当初与妻子分别时的誓言。虽然它在表面上只是叹息两人相隔甚远,不得归而又无法相见,无法践盟,但这番感慨,实质上斥责什么,控诉什么,读者可想而知。五章写恐违家室之约,皆自思家之情而言;感违约之痛。诗言:

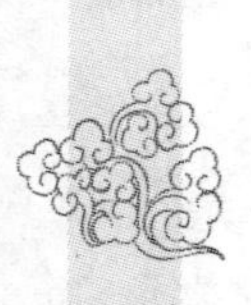

叹远隔万水千山!契阔之约竟如此,
今不与我生而见。叹守信生离死别!
偕老之信竟如此,今不得与我伸志。
不复生舆室家见,前约之信失诺言。

尤其是末章,我们似乎看到一位涕流满面的征人,在异乡的土地上,对着苍天咆哮呼唤,对着远方的亲人,诉说着内心的思恋和痛苦,面对世人,抨击着战争带给人民的惨苦悲剧。表现了人民对战争的策划者和发动者竟然不顾士兵死活的强烈愤恨,控诉战争的残酷:可叹远隔万水千山,这是不让我活着与亲人相见!可叹信约永世偕老!让我弃尸异国他乡,这是不让我信守诺言。此诗作为一首叙事短歌,把一个普通士兵的生活遭遇和内心活动真实地、生动地、形象地反映出来,他的服役、他的凄苦、他的怀念、他的生死、他的怨恨,实际上也是对贵族统治集团为争权夺利而兵连祸结的控诉与抗议。

平心想来,战场上的刀光剑影、血污尸骨,到底没有老婆孩子热炕头有魅力。虽说好男儿又怎么不可以躬耕事父母,与妻白头偕老呢?对平民百姓而言,除非国难当头匹夫有责之外,相见以兵刃,全都是肉食者谋之的神仙事。肉食者偏偏把受苦受难、卖命送死恩赐给小民百姓,能不有怨愤吗?看看中国古代史诗,诉说征夫、怨妇、思妇哀愁的诗歌,不可胜数。这足以说明神仙打仗,而百姓遭殃的悲剧实在太多了。

姜炳璋云:“前二章与家人诀别而叙其故也;三章诀别而预欲收其尸也;末二章一反一正,诀别沉痛之辞也。”姜氏淋漓尽致地道出了诗旨,颇有启迪。

鄘风

柏 舟

泛彼柏舟，在彼中河。
髧彼两髦，实维我仪。
之死矢靡它！
母也天只，不谅人只！

泛彼柏舟，在彼河侧。
髧彼两髦，实维我特。
之死矢靡慝！
母也天只，不谅人只！

【概要】

卫世子共伯早死，其妻共姜守夫义。
父母欲夺而嫁之，其妻赋诗而自誓：

【译文】

柏木轻舟浮水淌，轻轻荡在河中央。
黑发两绺垂鬓上，实在是我好对象。
到死誓不变主张！
我的娘呀我的天，奈何我心不体谅！

柏木轻舟浮水淌，轻轻摇在河岸上。
垂髪两绺梳肩膀，实在是我配偶郎。
到死誓不变心肠！

我的娘呀我的天，何不体谅我衷肠！

【注释】

* 泛：泛，浮。　柏舟：柏木制的船。　中河：河中。

* 髧彼两髦：犹髧髧。发下垂貌。两髦，两髦者，翦发夹囟。子誓父母之饰，亲死然后去之，此盖指共伯。古时男子未成年时，剪发齐眉，顺左右向后绾两绺的一种发式，其后称“刘海”。公木、赵雨《诗经全解》：“古代男子未成年时的鬌发，所遗发也，羁在中，角在左右，是为总角。成人后束发加冠，不在编髦，髧彼两髦是那个青年的形象。这里是用具体形象代表其人。”　维：一说为。一说是。当为后者。　我：共姜自称。　仪：“偶”之假借，配偶。《郑笺》：“两髦之人谓共伯也，实是我之匹，故我不嫁也”。《孔疏》曰：“髧然著彼两髦之人共伯，实维是我之配偶”。

* 之：至。　矢：此假“矢”以为“誓”，即发誓。　靡(mǐ)：无。　它(tuō)：“佗”之假借，他。妇人从一而已，无它，犹无二。至已之死信无它心。《疏》：“父母欲夺己志，故与之誓言，己至死誓无变嫁之心”。

* 天：上天。一说指父亲。《左传》桓公十五年杜注：“妇人在室则天父，出则天夫。”　只：语尾助词，带有感叹语气。　谅：相信，则能体谅。旧说以为卫世子共伯早死，其妻共姜守义，父母欲夺而嫁之，故共妻作此以自誓。柏舟则在彼中河，两髦则实我之匹；虽至于死，誓无它心，母之于我，覆育之恩，如天罔极，而何其不谅我之心乎？不及父者，疑时独母在，或非父意耳。

* 河侧：河边，河岸下。

* 特：即匹偶。特的本义为牛。物无偶曰特。特者，独也。皆训特为独。特训独，又训匹者，犹匹为一，又为双为偶，皆以相反为义。

* 慝(tè)：同“忒”，《说文》：“忒，更也。”变心之意。以是为慝，则其绝之甚。按慝是忒(tè 特)的音假，忒又为贰的形假。《卫风·氓》：“士贰其行”。王引之《述闻》：“贰，当为贷之伪。贷音他得切，即忒之借字也。”《说文》“贷”字，段注：“古多假贷为差忒字。”

【品鉴】

《诗经》里面有两篇《柏舟》,其一是《邶风》的首篇,另一就是《鄘风》的首篇。《柏舟》共分两章,每章七句。

历来解此诗是寡妇誓不改嫁的诗。但细细品味诗旨,应该说,这是一首女子争取婚姻自由的爱情诗。诗一开篇即用兴而比法:"泛彼柏舟,在彼中河。"这二句在兴出下文所咏之事的同时,诗人以柏舟在河中漂浮不定之状,暗喻女子终身无依而犹豫不定的痛苦心情。三、四、五、六句是女子直抒胸臆:因男的很久没有音讯,母亲就逼她另嫁他人,所以她向母亲表白,说出:那个垂发梳在两旁的小伙子,正是与我结婚的好伴侣。虽至于死,誓无他心;宁可独身相守,非他不嫁。这位女子发出了到死也不变心的一番誓言,然而她的母亲不体谅她的心,她只痛苦地呐喊:"母也天只,不谅人只"。意谓:我的娘啊我的天,奈何我心不体谅!她认为母之于我,抚育之恩,如天罔极,而何其不谅我之心乎?

这位女子应该是一名知识女性,她的文化素养以及矜持让她异于一般的底层妇女。一般底层妇女是作为哀怨无告的妇女形象,出现在诗篇里的。一旦被丈夫所弃,唯有细数从前——那个人当年如何追求自己,如何对自己好,现在竟成了冷酷无情的人。那时候,丈夫是她们的天,作为"天"的丈夫另觅新欢,是彻底把自己给否定了,即便自己如何贤惠持家,孝顺公婆,一样也逃不了天塌下来的惨淡局面。丈夫把她头顶上面的一片天拿走以后,她成了无路可去的弃妇,只能一味地自怨自恨。一个无路可去的人,是可悲可悯的,而她的悲伤又是那么无力,像雾一样笼罩着森林,迟迟不能散去,以致她后来的命运始终模糊不清。

《柏舟》中的女子到底不同,她首先把生命的尊严亮出来,脱离了低级的嫉妒、自怨。也许她一直懂得感情的事,是自个的事,与他人无关。诗中表达了女子爱情专一,个性坚强,有后凋松柏的节操。她虽然像飘荡的小船般没有依靠,但却有她的理想目标,不是可以任人操纵的。虽然受到母亲的阻挠,使她百计难施,心曲难诉,万般无计。然而,她却不肯向恶势力低头,不屈服于陋习恶俗。她的至死不渝,表现了她争取婚姻自由的斗争意志和反抗精神,这样一位女子是可佩的。

此诗反映了《诗经》时代的婚姻状况:原始婚俗在民间还有余波,但礼教也已开始普遍建立,并通过道德规范干预人们的日常生活。我们看到,诗中的女子

是自己选择的配偶，但母亲又在干预她的行为，也就是说，她的自我选择受到了制约。于是，诗中的女子发出了“我的娘呀我的天，为什么不体谅我的心思”的悲叹！无疑，女子的行为是对旧时代包办婚姻制度的反叛，具有进步的社会意义。

然而，孩子虽是母亲的作品，母亲虽然时刻心系孩子的幸福与不幸，这并不意味着他们完全是一体，并不意味着他们之间不会有冲突。

最为常见的是为恋爱婚姻而发生的冲突，冲突的实质，是两种不同的观念的背离和交锋。冲突双方各自坚持自己的价值准则，若互不相让，便会发生冲突，以至以不嫁或出逃、殉情来表示反抗。

观念的冲突是不可避免的。在生活中，我们总是自觉或不自觉地从传统、社会、他人那里接受各种支配着自己生活的观念，在观念的指导之下说话和行动。人们常说环境改变人，其实环境改变的是人的观念，是对生活的看法和态度。

在母亲对自己的作品——子女的无私的爱之中多少带有一些自私的因素。她总以为子女是自己辛勤创造的作品，他或她必须按照她所坚持或信奉的观念去生活，总以自己和自己的生活经验作为参照系，而不能设身处地地站在子女的立场上思考问题。说到底，她是把子女当作私有财产，而不是具有独立人格的个体，因此，才会有《柏舟》这样的情况出现。

《毛序》说：“《柏舟》：‘共姜自誓也。卫世子共伯蚤死，其妻守义。父母欲夺而嫁之，誓而弗许，故作是诗以绝之。’”这种说法，实际是把天真无邪、爱情真挚的民间歌唱，附会成统治阶级的贞节牌坊。姚际恒在《通论》中驳得好：“《序》谓共姜自誓，共伯已四十五六岁，共姜为之妻，岂有父母欲改嫁之理？至于共伯，已为诸侯，乃为武公攻于墓上，共伯入厘侯羡（墓道）自杀，则大《序》谓共伯为世子及早死之言尤悖矣。故此诗不可以事实之。”他的分析，道破了《毛序》的错误。

此诗与《邶风·柏舟》所表现的情感，所用的艺术手法，以及语言风格，区别很大。

《邶风·柏舟》作于既遭弃离之后，故诗中充满了痛苦的反思。此诗作于热恋之时，故诗中突出了愤怒的抗争。《邶风·柏舟》的作者，其心已受伤害，其情如百尺潭水那样深沉；此诗作者，其身正遭压迫，其情如冲天之火那样热烈。《邶风·柏舟》所用的是“回荡的表情法”，“是一种极浓厚的情感蟠结在胸中，像春蚕抽丝一般，把它抽出来”。此诗所用的是“奔迸的表情法”，“是情感突变，一烧烧到白热度”,“用极简单的语句把极真的感情尽量表出”(梁启超《中国韵文里头所表现的情感》)。《邶风·柏舟》多用比喻,在意象的表现中寄情;此诗全是直陈,将毫无隐瞒的情感,迸裂到字句之中。故《邶风·柏舟》风格沉郁,能长久地引起人们同情;此诗表现激烈,能很快激起人们的共鸣。《邶风·柏舟》语言委婉曲折,如山间溪水;此诗语言一泻无余,如大河奔流。

墙有茨

墙有茨,不可埽也。
中冓之言,不可道也。
所可道也,言之丑也!

墙有茨,不可襄也。
中冓之言,不可详也。
所可详也,言之长也!

墙有茨,不可束也。
中冓之言,不可读也。
所可读也,言之辱也。

【概要】

闺中之言不可审,其污甚而训诫深。
无隐不彰不可言,诗人赋诗刺淫患:

【译文】

墙上蔓生蒺藜草,不可扫除根子牢。

宫内有淫昏之行，犹如墙头蒺藜生。
闺中污垢成淫语，龌龊污言不可道。
若是真要道出口，淫僻之言丢人臊。

墙上爬满蒺藜草，不可铲除根茎牢
宫内有淫昏之行，犹如墙头蒺藜生。
闺中淫昏成秘闻，龌龊污语不可审。
若是真要详细审，丑恶之言长难停。

蒺藜带刺长墙上，不可捆扎无处放。
宫内有淫昏之行，犹如墙头蒺藜生。
内莆之言坏影响，龌龊污话不可扬。
若是真要外张扬，诟耻之语传四方。

【注释】

* 茨(cí)：植物名，蒺藜(jílí)；草本植物，果实有刺；古人种墙上防盗。《齐》《韩》诗"茨"作"荠"，"茨"是"荠"的假借字。 埽(sǎo)：同"扫"，扫除。墙上种茨，是为了防闲内外。诗人以墙茨不可扫起兴，有内丑不可外扬之意。

* 中冓(gòu)：内冓，指宫内密室，即宫闱，宫廷内部。冓：借为"垢"，污垢。道：言丑恶也。一说谈论，说。

* 所：王引之《经传释词》："所，犹苦也。所可道也，言若可道也。"一说尚。

* 丑：丑恶。《集传》："旧说以为宣公卒，惠公幼，其庶兄顽，烝(zhēng)于宣姜，故诗人作此诗以刺之。言其闺中之事，皆丑恶而不可言理惑然也。"

* 襄：除去。正字当作"攘"(rǎng)，"襄"是"攘"的假借字。

* 详：详审。《韩诗》作"扬"，是宣扬之意。陆德明《释文》："扬，犹道也。"

* 长：恶长。言之长者，不欲言而托以语长难竟也。

* 束：指控束而去。束是总集之义，总聚而去之，言其净尽也，较埽、襄义又进。一说打扫干净。

* 读：反复言之。读说必抽气出声，故此有宣泄、宣露之意。"不可读"，正当训

为“不可说”。《集传》训“读”为“诵言也。”

* 辱:犹丑也。

【品鉴】

《墙有茨》是一首讽刺卫庄公淫乱的“刺淫”诗。中国历代帝王的宫廷生活,都是人们关注和议论的热门话题。就生活在宫廷中的人来说,宫闱秘事属于既无法说清楚,又不便说清楚,更无人敢说清楚的非常特别的一类。这样一来,宫闱秘事便更加扑朔迷离,神秘莫测。

本诗与《邶风·新台》堪称姐妹篇。卫宣公强娶媳为妻,是为宣姜(齐女),作于新台河上(见《新台》),乱伦于先,欧阳修《诗本义》斥之为“淫不避人,如鸟兽耳”。故《诗序》评《新台》:“国人恶之而作是诗。”卫宣公死后,宣姜与宣公的庶长子公子顽(即昭伯)私通。生子五人,乱伦于后。晚辈与长辈淫乱,是最不齿于人的丑闻,正如《集传》所斥“其污甚矣”。《郑笺》云:“宣公卒,惠公幼,其庶兄顽,烝于惠公之母,生子五人:齐子、戴公、文公、宋桓夫人、许穆夫人。”这位惠公之母,便是宣姜,宣姜的来历如何?这要先从宣公说起。卫桓公弟晋于周桓王二年(前718年)立为宣公。原先晋曾烝于庶母夷姜,生子伋(急)、黚牟及昭伯顽。及为卫君,立伋为太子,为伋娶齐女,未入室,宣公见其美,说而自娶之,是为宣姜。宣姜生子寿、子朔。夷姜自缢死。宣姜与朔共同构陷太子伋。宣公便使伋于齐,而暗令盗待于界上莘地。与太子白旄,而告界盗见持白旄者杀之。出发以前,子寿把秘密告诉了太子伋,劝阻勿往。太子伋说:“逆父命求生,不可。”遂出发。子寿便于伋饯饮,夺其白旄,先驰至莘,盗见而杀之。太子伋后至,又对盗说:“所当杀乃我也。”盗并杀太子伋,以报宣公。宣公乃以子朔为太子。宣公十九年(周桓王二十年,公元前700年)卒,太子朔立,是为惠公。此事并见于《左》桓十六年传,《史记·卫世家》及《列女传·孽嬖篇》。另《左传》闵二年记载:“初,惠公之即位也,少;齐人使昭伯烝于宣姜。不可,强之。生齐子、戴公、文公、宋恒夫人、许穆夫人。”《传》《笺》所言,当本此。此后又发生了一系列篡弑争夺的流血惨剧,正如《列女传》所谓“乱及三世,至戴公而后宁”。这些实在都是中冓秽闻“言之丑也”“言之长也”“言之辱也”。《序》说:“国人疾之”,是有道理的。据此,此诗当出于卫国人之口,时在公元前700年之后。

帝王作为人民的领导人，当然无法逃脱人民雪亮的眼睛。尽管中国传统的政治制度没有约束帝王权利的机制，帝王实际上可以为所欲为，但是他无法完全禁止人们的传说议论。宫廷的围墙再严密，也是不可能不透风的。惧怕议论，下令严禁议论，或者完全不在乎议论，我行我素，虽然表现形式不一样，但掩饰不了统治者的腐败专横。常言道：若要人不知，除非己莫为。帝王同一般人不一样的是，他始终是人们关注的中心。人们可能不敢说，但这并不表明人们不知道、不明白。瞎子吃汤圆都心里有数，更何况耳目和心智健全的正常人呢。“使后世为恶者，知虽闺门之言，亦无隐而不彰也，其为训戒深矣。”

《墙有茨》诗凡三章，每章六句。首章揭露统治者宫内丑恶不可道。首章曰：

墙上蔓生蒺藜草，不可扫除根子牢。
宫内有淫昏之行，犹如墙头蒺藜生。
闺中污垢成淫语，龌龊污言不可道。
若是真要道出口，淫僻之言丢人臊。

三章均以“墙有茨”开端以兴而比，“墙”指宫墙，这是不言而喻的。那么，何为茨？茨者，蒺藜之草也；蒺藜有两种，子有三角刺人者，杜蒺藜。子大如脂麻，状如羊肾者，白蒺藜。杜蒺藜布地蔓生，或生附于墙上，具有防护作用，诗《墙有茨》当指此。《周易·困》卦叙述的是监狱生活，六三爻辞就有“据于蒺藜”之语，监狱的围墙就有蒺藜，以防止犯人越狱。蒺藜有刺，并比较牢固地附着于墙壁，要把它去掉有一定难度。因此，诗中反复渲染墙壁蒺藜的“不可埽”“不可襄”“不可束”。这三个起兴的诗句所蕴含的意义，与蒺藜的自然属性是切合的。

宫墙生茨草，暗喻统治者为防闲天下内外。诗人以墙茨不可埽兴而比，有内丑不可外扬之意。“人之有墙，以蔽恶也。”诗以墙茨起兴，盖取蔽恶之义。以墙茨之不可埽，所以固其墙，兴内丑不可外扬，将以隐其丑恶。故诗中叠句反复咏唱：“不可埽”“不可襄”“不可束”，是设次之宫墙即使有蒺藜之围，也难以遮蔽宫闱污秽。诗篇复沓迭咏，诗意由此层层递进。第二章推进至“不可详也”，继而更推进至“不可读也”。二章曰：

墙上爬满蒺藜草，不可铲除根茎牢。
宫内有淫昏之行，犹如墙头蒺藜生。
闺中淫昏成秘闻，龌龊污语不可审。

若是真要详细审，丑恶之言长难停。

“中冓之言，不可详也”。那么，什么是中冓之言呢？中冓者，是指宫内密室，即宫闱，宫廷内部。内冓之言，谓宫中所冓成顽与夫人淫昏之语。吕祖谦阐释说：“《前汉·梁王共传》：听闻中冓之言，应劭曰：冓，材构在堂之中也。颜师古曰：构谓舍之交积材木也。当从应、颜说。盖阃内隐奥之处也。中冓之言，若曰闺门之言也。”(《吕氏家塾读诗记》)故此诗“中冓”，即指“内冓”，亦当读为“内诟”，谓室内诟耻之言。而且“中冓与墙对称，墙为宫墙，则中冓当为宫中之室”(陈奂《传疏》)。陈氏之说，言之有理。末章曰：

蒺藜带刺长墙上，不可捆扎无处放。

宫内有淫昏之行，犹如墙头蒺藜生。

内冓之言坏影响，龌龊污话不可扬。

若是真要外张扬，诟耻之语传四方。

卫国宫廷秽史，在当时是远近皆知，此诗并没有对具体的丑闻加以叙述，而是反复强调它的六个“不”，那么，为什么对这些诟耻之语不能言说而传播呢？诗人逐一给出了答案，因为这些淫昏之行、闺中秘闻、内冓之言丑恶之极，是从性质上加以界定；因为这些龌龊之行传播之久，盛行之多，是从数量上加以渲染；因为这些丑恶之行令人难以启齿，影响极坏，污染之广，言说者本身也会蒙受耻辱，这是从讲述者本身的尊严方面着眼。诗人反复强调卫国宫廷的闺中淫闻不能公开，不能言谈，不能外传，实际是以不言说、不传播的方式对它进行揭露斥责，这比具体叙述宫廷内冓之行，更能激发读者的联想，抨击力度更大。全篇三章，均以欲擒故纵的笔法，将统治者们见不得天日的丑事，以“所可读”的假设句暴露无遗。在卫国宫廷中，这些淫昏之行并非一桩一件，故而诗中以一个不定数的句式“言之长也”，给读者留下悬念。

朱熹阐释说：“杨氏曰：‘公子顽通乎君母，闺中之言，至不可读，其污甚矣。圣人何取焉？而著之于经也，盖自古淫乱之君，自以为密于闺门之中，世无得而知者，故自肆而不反；圣人所以著之于经，使后世为恶者，知虽闺门之言，亦无隐而不彰也，其为训戒深矣”(《集传》)。朱子之说，阐明诗旨，使人豁然明朗，诗之深意在于“训诫”二字。

此诗用的是《诗经》中常见的重章复沓的结构形式，可见重章迭唱是此诗的

一大特色。所谓重章，并不是把完全相同的字句再罗列一遍，而是改变或者替换一些字词后的复唱。字词虽变而意义相同；诗章间形成意义上的层递关系；这种重章就不是简单的复唱，而是在意义或情思上有所添加。不过，此诗有两点仍是值得注意的。

首先，诗从墙上蔓生的蒺藜草"不可埽也""不可襄也""不可束也"三个句式相同而意思相近的语句反复咏唱，不仅起强调作用，且以此比兴。墙上种茨，本是为了防盗翻越的，明明公子顽和姜私通的事已传至宫外，但诗人偏偏说墙茨不可扫除、不可除光、不可捆去，以喻宫闱秘事不可乱传，这是反语。讽刺宫闱丑恶，犹如墙上长蒺藜，以此作比，表达作者厌恶、憎恨丑行，无以复加。诗每章首句均用"不可"，言其淫乱至深，不顾羞耻，作者深恶痛绝。长期苟且，卒生五子。诗文以"埽也""襄也""束也"，已见其除恶务尽之决心。

其次，此诗每章中都故意设一悬念，明明"中冓之言"，即宫闱淫昏之语已传扬开来，有许多话可说，但诗人偏偏说不可言、不可审、不可说，戛然而止，不再说下去。这反倒增加了事情的神秘气氛，似乎比说出来更好。我们常说有些诗言尽而意未尽，而此诗则是言未尽，而意亦未尽，既减去许多篇幅，又显得含蓄有趣。

《新台》和《墙有茨》二诗，前者有如集体的齐声嘲笑和捉弄，后者有如附人耳边的低诉和密语；前者是一种公开的嘲讽，后者则似乎是一种故弄玄虚的味道。二者在平易之中各具特点，都有其耐人寻味的地方。然此诗特意点到为止，不以言而为言，调侃中露讥刺，幽默中见辛辣。章末"所可道也"？说出来丑恶不堪入耳；"所可详也"？说出来淫恶语长难竟；"所可读也"？说出来羞辱不堪忍受；自问自答，戛然煞住。是怎样的丑恶，丑恶到什么程度，一切都留给读者自己去想象，似真实曲，似露似隐。作诗者或因有所顾忌而搁笔，读诗者却由言外得意而骋思。

君子偕老

君子偕老，副笄六珈。
委委佗佗，如山如河，
象服是宜。子之不淑，
云如之何？

玼兮玼兮，其之翟也。
鬒发如云，不屑髢也。
玉之瑱也，象之揥也，
扬且之皙也。胡然而天也？
胡然而帝也？

瑳兮瑳兮，其之展也。
蒙彼绉絺，是绁袢也。
子之清扬，扬且之颜也。
展如之人兮，邦之媛也！

【概要】

夫人淫乱失事君道，德称其服宜与君老。
却如今宣姜之不好，虽有是服将如之何？

【译文】

夫人与君偕老相伴，首饰玉簪六珈鲜亮。

雍容自得仪态大方，如山安重似河弘广。
合身袆衣宝珠闪光，可她贞操竟不端详。
无贞顺之德而不善，虽有象服奈她怎样？

玉衣鲜盛啊真鲜盛！她的锦衣绣鸡鸣声。
黑髪如云柔长而美，不洁假髪戴上头顶。
珠玉塞耳耳垂两肩，象牙簪子脑后闪闪。
眉宇扬广白皙嫩脸，莫非尘世忽出天仙？
莫非帝女突降人间？目睹妖娆惊犹神仙。

服饰鲜艳啊真鲜艳，她的礼服华美耀眼。
上罩那薄薄绉纱衫，是展衣蒙着絺绤衫。
她目清眉扬面红艳，眉额广扬颜角丰满。
世间诚然有此美人，却是邦国无德婵娟！

【注释】

* 君子：丈夫，指卫宣公。 偕老：言偕生而偕死也。女子之生，以身事人则当与之同生，与之同死，故夫死称未亡人，言亦待死而已，不当复有他适之志也。副：古代首饰名。王后夫人之首饰，编发为之。《郑笺》："副既笄而加饰，如今步摇上饰"。 笄(jī)：首饰名。衡笄，古人垂于副之两旁当耳，其下以紞悬瑱珈之言加也；以玉加于笄而为饰也。 六珈：珈(jiā)，首饰名。悬在笄下，垂以玉。因走路时珈会摇动，故汉时又称"步摇"。其数有六，因名六珈。按副、笄、珈均是诸侯夫人的首饰，所以这句诗实际是突出了卫宣姜的地位。

* 委委佗佗(tuó)：即委蛇，逶迤。按本指斜行、曲折前进。此指行走时体态婀娜，步履轻盈。 如山：安重。 如河：弘广。

* 象服：画袍，亦称袆衣。指镶嵌着珠宝、绘有彩色文饰的礼服，王后之服。宜：适宜，指合乎国母的身份。 子：指宣姜。一说敬称。 不淑：指品德行为不好。一说不幸。淑，善。

* 云：语首助词。 如之何：即"奈之何"。"之"指代上文提到的人、事物和情

况。“如之何”意思是“……怎么办”。此二句的意思是：您的品行不端，又能把您怎么样呢。

* 玼(cǐ)：玉色鲜明貌。 其之：她的，指宣姜。 翟(dí)：翟衣，祭服。刻绘为翟雉之形而彩书之以为饰。翟雉，一种女衣，上面绣成或织成野鸡的花纹。

* 鬒(zhěn)：指乌黑浓密而柔长的美发。 如云：形容头发像云一样稠密而美。 不屑：不洁。一说不屑用，不用，不要。 髢(dì)：为装饰而带的假发。三家《诗》作“鬄”。

* 瑱(tiàn)：古人头饰上垂在两侧以塞耳的玉饰。 象：象牙、象骨。 之：其。此诗三“之”字皆当训其，犹云玉其瑱也、象其揥也、扬其皙也。 揥(tì)：象牙做的簪。后来称作搔首或搔头。

* 扬：眉宇之间，泛指脸额宽广。 且(jū)：句中语助词。 之：助词，无实义。 皙(xī)：白嫩光泽貌。 胡：何，为什么。 然：如此，这样。一说胡然为伟大的。 而：如、而古通。 天：上天，指天仙。

* 帝：上帝，指帝女。按天仙、帝女皆极言其美。胡然而天？胡然而帝？言其服饰容貌之美，见者惊犹鬼神。

* 瑳(cuō)：玉色鲜明洁白。 展：通“袒”，衣服。古代以礼见于君及见宾客之服。

* 蒙：覆盖。 彼：那。绉(zhòu)絺：细而薄的绉纱和十分精细的丝葛布。绁袢(xiè pàn)：夏天穿的白色内衣，今名汗衫。絺之靡为绉，是当暑绊延之服。《集传》：“绁袢，束缚意以展衣蒙絺绤(xì)而为之绁袢，所以自敛饰也。或曰蒙，谓加絺绤于亵(xiè)衣之上。所谓表而出之也。”三家《诗》“绁”正作“亵”，“绁”即“亵”的假借字。故亦名亵衣。

* 子：指宣姜。 清扬：目清眉扬。清，视清明。扬，眉上广，额宽。专指女子额头丰满方正，匀称优美。一说扬，借为阳，漂亮。 之：犹其。 颜：额角丰满。《方言》：“东齐谓之颡，汝颍淮泗之间谓之颜。”

* 展：诚然、的确。 之人：是人，这个人；指宣姜。 邦：国。 媛(yuàn)：美女为媛。见其徒有美色，而无人君之德。也：语尾加强语气。《说文》引作“玉之瑱兮，邦之媛兮。”段玉裁、陈奂疑这两句“也”字古皆作“兮”。

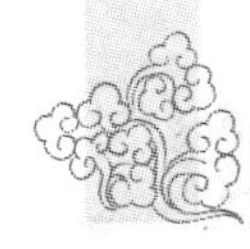

【品鉴】

《君子偕老》一诗同《墙有茨》一样,是讥刺一位夫人无贞顺之德的诗。此诗标题就蕴涵讥讽。齐女宣姜本是卫宣公之子伋的未婚妻,后被宣公霸占,宣公死后,又与其庶子顽私通。宣姜本是个品行有污的女子,何来"君子偕老"?起句就给人留下满腹疑问。

这首诗虽同《墙有茨》所论之事相同,前者充满厌恶斥责的情绪,采取议论笔法,讽刺统治阶级上层人物的荒淫无耻的生活。而这首诗的讽刺意味却表达得非常委婉。沈德潜道:"讽刺之词,直诘易尽,婉道无穷。卫宣姜无复人理,而《君子偕老》一诗,止道其容饰衣服之盛,而首章末以'子之不淑,云如之何'二语逗露之……苏子所谓不可以言语求而得,而必深观其意者也,诗人往往如此。"虽然是讥讽之笔,然而却含而不露。虽寥寥八个字,却点出了此诗的主旨。通览全诗,诗人是从不同角度饱蘸笔墨,塑造的女主人公服饰华贵、白皙艳丽;刻画精细,尤可称道的是结构技巧的熟稔、高明。并以赋体艺术手法,层层铺陈,极力夸饰夫人首饰之华贵,衣冠之富丽,容颜之艳冶,体态之端庄,惟妙惟肖地勾勒出一位雍容高贵、娴雅艳丽的贵妇人形象来。

全诗三章。首章七句,次章九句,末章八句,错落有致。首章采用赋体手法,叙述宣姜初嫁时服饰仪态华贵雍容。直接交代了女主人公的身份、地位,给人以整体印象,着意描写人物的体态和举止,章末责之。开首"君子偕老"一句,虽反映了人们对美满婚姻的向往和祝愿。但突兀而来,凭空下此一语,上无缘起,下无连缀,乃所谓声罪致讨,义正词严,寓意深婉,褒贬自明,是《春秋》笔法。接下来便是对主人公的服饰之盛、仪容之美进行形象描绘:"副笄六珈",夸赞渲染她的头饰之华美。"委委佗佗"一句,描绘女主人行走时体态婀娜、步履轻盈,有雍容自德之美,这正是以美写丑,反衬其行为之丑恶。"如山如河,象服是宜",对这二句,王先谦《诗三家义集疏》的阐述形象具体,他说:"如山凝然而重,如河渊然而深,皆以状德容之美;言夫人必有委委佗佗、如山如河之德容,乃于象服是宜也。反言以明宣姜之不宜,于末句相应",说得含蓄深刻。"象服是宜"是描写她的服饰之盛。朱熹说得更贴切:"言夫人当与君子偕老,故其服饰之盛如此,而雍容自得,安重宽广,又有以宜其象服。今宣姜之不善乃如此,虽有是服,以将如之何哉?言不称也。"朱熹之说,颇有道理。前五句极尽比喻、夸张之能事,将贵妇人描绘成一个绝代佳人，突出其外在美色，然后以"子之不淑，云如之何"的诗句，一语破的，点破真谛，言其行为不端，逗露讥刺，击中贵妇人金玉其外，败絮其中的丑恶本质。

第二章亦用赋体手法，直叙宣姜浓妆后美如天神的容颜气质。诗人笔触浓郁，极写衣着、首饰、秀发和脸容，章末问之。"玼兮玼兮"以下复说服饰之盛：服饰鲜明又绚丽，画羽礼服绣山鸡；黑亮秀发似云霞，不洁头顶饰假发；美玉塞耳垂两侧，象牙簪子插后额。服饰之盛、仪容之美、亭亭玉立的宣姜妖艳形象跃然纸上，使人一睹，惊犹鬼神。"其之翟也"，是从远看；"鬒发如云"，是从上看；"玉之瑱也"，是从侧面看；"象之揥也"，是从后看；"扬且之皙也"，是从正面看。从满头的玉饰、满身的彩绣，到如云的秀发、似玉的肌肤，尽情地进行了铺排，可见描绘这位夫人的妖艳，确实不惜笔墨；实则暗自讥刺，含蓄蕴藉，藏而不露。"扬且之皙"，即额角广扬甚白皙，以下复说仪容之美。然后则以简短有力的反问句式发出责问："胡然而天也？胡然而帝也？"此两句言：品德"不淑"的宣姜，奈何像天仙那样崇高？奈何像帝女那样尊贵呢？点破讽刺之意。看似溢美之词，实则深含讽意。欲刺故美，以外在之美来反衬内在之丑，"讽刺之词，直诘易尽，婉道无穷"(沈德潜《说诗晬语》)。正是此诗的特点。

第三章仍用赋体手法，描绘宣姜淡妆后的清秀婉丽。具体以衣着、体态来烘托眉目的清秀可爱，章末惜之。"瑳兮瑳兮"以下四句反复咏唱服饰之盛：服饰鲜艳啊真鲜艳，她的礼服华美耀眼；上罩那薄薄绉纱衫，是展衣覆着絺绤衫；她目清眉扬面红艳，眉额广扬颜角丰满；世间诚然有此美人，却是邦国无德婵娟。俏丽百媚，难以形容，犹如李白之写杨贵妃："若非群玉山头见，会向瑶台月下逢"。宣姜外如天仙，内却丑陋不堪。作者在此寓贬于褒，深含辛刺，蕴藉深蓄、含而不露的赋体写法，体现了诗人惋惜她违礼秽行的复杂的思想感情。"子之清扬"以下又是说仪容之美。抑扬反复，咏叹淫泆，句句有一"子之不淑"在，言下蕴藉可思。至笔法之妙，尤在首末二句。至此，姿容绝伦的一代丽人富有立体感地出现在读者面前，令人难以忘怀。全诗以"展如之人兮，邦之媛也"结束，诎然而止，悠然不尽。前人曾认为一"也"字如游丝袅空，余韵绕梁，言外含蕴无穷，是文章歇后法。这种用丽辞写丑行的艺术手法，与《墙有茨》既有异曲同工之妙，又反映出两位诗人的不同风格，王照圆《诗说》，言之尤详："《君子偕老》诗，笔法绝佳。通

篇止‘子之不淑’二句，明露讥讽，馀韵叹美之词，含蓄不露。”此诚道出本诗的主要特色。《集传》：“东莱吕氏曰：‘首章之末云：子之不淑，云如之何？责之也。二章之末云：胡然而天也？胡然而帝也？问之也。三章之末云：展如之人兮，邦之媛也，惜之也，辞益婉而意益深矣。”东莱之言，道破此诗的深刻含义。

此诗写作上用叠词；修辞上用比喻；句末用语末助词“也”，用叠词达一唱三叹，有余韵无穷之妙。描写人物的心理活动，动态用比喻性的动词，将感情诉诸形象，给人以鲜明生动的印象。

诗中贵妇形象的刻画，笔触细腻，颇具匠心，尤其“委委佗佗”“如山如河”“胡然而天”“胡然而帝”几句，被姚际恒《通论》称之为“奇语”，“广揽遐现，惊心动魄；传神写意，有非言辞可释之妙。”汉乐府《陌上桑》中，罗敷形象的描绘当时借鉴了此诗的艺术手法。寓讽意于美词之中的含蓄表现手法，给后世诗人杜甫的《丽人行》以深刻的影响，诗中“态浓意远淑且真，肌理细腻骨肉匀。绣罗衣裳照暮春，蹙金孔雀银麒麟”等诗句，对贵妇的体态、服饰的摹写与此诗贵妇形象的刻画何其相似。故沈泽宜教授《诗经新解》认为《君子偕老》是一首尽情描绘的赋体诗，它的铺陈扬厉的奢华风格，直接影响到楚辞和后来的汉赋。

桑　中

爰采唐矣？沬之乡矣。
云谁之思？美孟姜矣。
期我乎桑中，要我乎上宫，
送我乎淇之上矣！

爰采麦矣？沬之北矣。
云谁之思？美孟弋矣。
期我乎桑中，要我乎上宫，

送我乎淇之上矣！

爰采葑矣？沫之东矣。
云谁之思？美孟庸矣。
期我乎桑中，要我乎上宫，
送我乎淇之上矣！

【概要】

卫俗淫乱男女奔，士族在位相窃妻。
采唐于沫思美人，相期会迎送如此：

【译文】

(女声问)采蒙菜呀去何方？
(男声答)采摘蒙菜奔妹邦。
(女声问)心中思谁把谁想？
(男声答)美丽的孟姜姑娘。
(众声唱)跟我期约到桑中，
迎我相识上宫旁，
依依送我淇水上。

(女声问)割稻谷呀到何方？
(男声答)采割稻谷沫北乡。
(女声问)心中念谁把谁想？
(男声答)漂亮的孟弋姑娘。
(众声唱)与我相约往桑中。
迎我相见上宫房，
恋恋送我淇水上。

(女声问)采蔓菁呀奔何方?
(男声答)采取蔓菁沬东乡。
(女声问)心中有谁把谁想?
(男声答)靓丽的孟庸姑娘。
(众声唱)与我邀约赶桑中,
迎我相逢上宫堂,
惜惜送我淇水上。

【注释】

* 爰(yuán):疑问词。何处,于何。 唐:菜名,蔓生植物,又名蒙。一说唐与棠通,名沙棠,结果实。 沬(mèi):殷都朝歌,西周为卫邑,卫都朝歌。《释文》:"沬,音妹。"亦作湏,殷代称妹邦、牧野。在今河南省淇县南。一说沬为卫国的水名。在今河南省北部。 乡:地方。

* 云:语首助词。 谁之思:思谁。之,语中助词。 孟:兄弟姊妹中排行居长者称"孟",其次称"仲",其次称"叔",最幼者称"季"。 姜:姜是姓,齐女,贵族。春秋时代,称女子在她的姓上加上"孟、仲、叔、季"的字样,如孟姜就是姜家大姑娘。美孟姜与下文美孟弋、美孟庸,实变文避复,同指一人。按卫国无姜姓,这里用贵族姓氏代表美人,是泛指。

* 期:邀约。一说等待。 桑中:卫地名,即桑间(《汉书·地理志》)。在今河南省滑县东北。 要:迎送。或曰音义同约,即邀约。 乎:犹于,作介词。 上宫:地名(《毛传》)。桑中、上宫、淇上,又沬乡中小地名。

* 淇之上:地名,即淇水口,从濮阳(今河南省滑县东北)之南,送至黎阳淇口(今河南省浚县东北)。一说淇河边上。淇,卫国水名。

* 麦:穀子。谷名,春种秋熟。一说麦子。 沬之北:朝歌以北,即邶地旧址。沬乡为朝歌,则沬北即朝歌以北,诗所谓邶地。

* 孟弋:即孟姒。弋(yì),姓,亦作"姒"。盖杞女夏后氏之后,亦贵族。

* 葑(fēng):蔓菁菜。一说芜菁,今名萝卜。 沬之东:即古鄘地。鄘作庸,孟庸即孟鄘。庸在沬东,居此之人,取旧邑之名以为族。

* 庸:姓氏。未闻,疑亦贵族。一说孟庸,庸姓而排行第一的姑娘。

【品鉴】

《集传》:“乐记曰:‘郑卫之音,乱世之音也,比于慢矣。桑间濮上之音,亡国之音也。其政散,其民流,诬上行私而不可止也。按桑间即此篇,故小序亦用乐记之语。”

《桑中》是一首描写男女幽期密约的恋诗。诗成于西周初年,作者是贵族。《国风》本来只是朱熹《集传·序》中所说:“出于里巷之歌谣,所谓男女相与咏歌各言其情”的作品,当然与政府官员为政治目的而作的雅、颂不同。其内容多与男女的私情有关,其风格也自有它特异的地方。但是周代的歌谣,到汉代就只留下了一份歌词,已不知怎样唱法,而且汉儒(汉代的学者)也把这些歌辞讲解得都和政治有关系,而把原有的特点抹杀了许多。现在如果考察,有些地方,还是可探索出它原来的形态。

《桑中》一诗,汉儒虽把它编在《鄘风》里,可以确定,邶、鄘、卫三风,其实都是卫国的作品,内容都是卫国的事,所唱也是一种腔调。邶腔、鄘腔、卫腔本来相似,邶、鄘二地并入卫国后,两种腔调更溶化起来,渐渐不能区分了。所以这篇《桑中》虽称鄘风,它的产地和卫风相似,都是淇水之上。其腔调也可说是卫腔,所以也有人把它举作卫风的代表。

《国风》中有一种一问一答的对唱形式,如召南的《采苹》是这类作品的代表。这篇《桑中》每章前四句都是用一问一答的对唱形式,牵出作者心中的小秘密。又都是以采集植物起兴的(采唐、采麦、采葑)。以鱼隐射性爱,以饮食隐射性爱,在《诗经》中屡见不鲜。从采集植物兴起求爱、相思,是另一种自然的联想,这在《周南》中的《关雎》《卷耳》中便有表现。至于后世乐府中的“郎见欲采我,我心欲怀莲”、现代民歌的“我有心摘一朵戴,又怕栽花人将我骂”,都可遥相印证。诗一开始就兴致勃勃,而又别有用心。“云谁之思,美孟姜矣”,反复问答,最有歌味,能尽抑扬顿挫之致,比直接地宣布要动人得多。“孟姜”犹言姜家大姐,与“孟弋”“孟庸”皆是美人的同义语,又是爱人的代称。朱自清说:“我以为这三个女子的名字,确实只是为了押韵的关系。那三个名字,或者只有一个是真的,或者全不是真的——他用了三个理想的大家小姐的名字,许只是代表他心目中的一个女子。”(《中国歌谣》)而在媵妾制的时代,长姊地位特殊;大家闺秀,别具风姿。故诗中称谓饱含着诗人的柔情蜜意。

但诗章的后三句却改变了，变成都用相同的三句话，这种形式，清儒顾亭林称之为"章余"。就是说不是各章的正句，而是附加上去的余音。这就是男女对唱以后，大家合唱的和声。这种三章前四句，用相似的一问一答的形态构成《采苹》式的迭咏，再各附加上三句合唱章余的和声，便显现了由《国风》发展出来，较完整的特有民谣风格来，也是《诗经》基本形式变化的运用。所以，笔者对《桑中》篇的解说，不仅洗刷了汉代以来给它涂抹上去的政治色彩，也做了一番形式上的复原工夫。今译部分译成白话七言格律诗，并在括弧中指出了应有的唱法。诗章的后三句用了一种回忆、遐想的语调，一口气唱出了心爱的姑娘"期约""相约"及"邀约"的整个约会过程，极有层次。桑中之期，上宫相迎，诗中点到为止，至于期间唯有天知的情事，一概略去，以下便说到淇水相送。孙作云以为桑中即卫地的桑林之社(桑为社树)，上宫即社庙。当时的庙会，即男女青年约会场所。其说最为通达。诗人把桑中相期之苦情，上宫相会之乐事，淇水远送之缠绵，一股脑儿留给读者自行玩味，尤有悠悠不尽的韵味。

《桑中》的形式，因有男女问答式的对唱，已显得很灵活。再加上章余大家合唱的和声，显得气氛格外热闹。而诗用一问一答的形式，表达诗人的深情；末用复唱，道出"期我""要我""送我"等不能忘怀的往事。情意柔和，神采飞扬，文字隽永，音节铿锵，是一首天籁自然、耐人寻味的好诗。诗的前四句是整齐的四言句，而到末三句却依次作五五七言句，这是诗人故意打破整齐的规则，增加"之""矣"两个词语。盖兴会所致，"言之不足，故嗟叹之；嗟叹之不足，故永(咏)歌之"(《诗大序》)，使此诗从头到尾，洋洋乎愈歌愈妙，真欲令人手舞足蹈了。此外，每章前四句略有易辞之处，而末三句则完全相同，这在今日多段的歌曲中还是习见的形式。相同的后一部分通常称之为"副歌"，往往点题。在演唱时多用合唱，尤为动人。这首诗被后人尊为"无题诗"之祖。

关于《诗经》中不同寻常的歌唱形式。洪湛侯论述说：

近当代较早注意到诗歌形式的是闻一多，他在《风诗类钞》里，将许多诗篇的内容，划分为女词、男词，这对于后来的研究确有很大的启迪作用。《国风》多数是民歌，民歌中对唱、合唱、和声都是常有的，细心玩味歌词的内容，往往会大有收获。现代一些《诗经》鉴赏本、注析本、今译本中或多或少都注意到这个问题。程俊英、蒋见元《注析》所定各例，尤多新意。这里选录数则如下：

(一)问答式

《采苹》《溱洧》都是。《注析》对《采苹》的分析非常精彩:“此诗连用五个‘于以’,一个‘谁’,一问一答,气势壮阔,如黄河之水,盘涡毂转,群山万壑,奔赴荆门。至末二句笔锋陡转,忽然表出诗中人物。”至如《溱洧》,诗中本来就有“女曰:‘观乎?’”“士曰:‘既且’”等句,形式显明,就无须多说了。

(二)联句式

最有代表性的是《郑风·女曰鸡鸣》,《注析》说:“这是一首新婚夫妇之间的联句诗。夫妇俩用对话的形式联句,叙述早起、射禽、烧菜、对饮、相聚偕老、杂佩表爱的欢乐和睦的新婚家庭生活。……诗中有男词,有女词,还有诗人的旁白,参差错落,很有情趣。实开汉武帝柏梁体,为后人联句之始。”过去一般都认为此诗是夫妇对话,“联句”的提法更加贴合,而且新颖可喜。如果再放宽思维,广泛搜寻,《齐风·鸡鸣》和《小雅·绵蛮》应该也属于联句一类。

(三)对唱式

《注析》指出《郑风·东门之埠》《齐风·鸡鸣》和《小雅·绵蛮》都是两人对唱,《东风之埠》是男女唱和。“诗共两章,上章男唱,下章女唱,一唱一和,是民间对歌的一种形式。《注析》认为第一、二章每章二句都是妻子的话,下两句都是丈夫的回答,唯独第三章不同,上两句是丈夫的话,下两句才是妻子的回答。第三章何以体例突变?总令人费解。但这是一首对话诗是不容置疑的。至于认定《小雅·绵蛮》是行役者和大臣的对唱的诗,三章重唱迭咏,格调很像《国风》。解析切合诗旨,尤足令人解颐。

(四)合唱式

所举合唱最典型的例子是《郑风·萚兮》。这首短诗,只有两章,每章四句,共八句。《注析》说:“这首诗可能是当仲春‘会男女’的集体歌舞曲。称叔称伯,显然是女子带头唱起来,男子跟着应和的。而且不止两个人,而是一群男女的合唱……轻歌曼舞的场面,表现了民歌善于渲染气氛的特色。”短短几句提示,语多中肯。还有一个合唱的例子是《绸缪》,转引了钱钟书《管锥编》说此诗“女先独唱,继以男女合唱,终以男独唱”的论断,按之诗文,颇为合拍,读之如闻其声,如见其人,真不愧传神之笔!

(五)副歌式

《注析》所举副歌式的例证是《唐风·杕杜》,说:“诗两章,每章末四句全同,是副歌式的复唱。”诗首章云:“有杕之杜,其叶湑湑。独行踽踽(jǔ),岂无他人?不如我同父!嗟行之人,胡不比焉?人无兄弟,胡不佽(cì)焉?”“嗟行之人”四句在第二章之末又重复一遍,渲染气氛,使歌声更能产生震慑人心的魅力。诗人抚胸扼腕,仰天悲歌的孤凄怨愤之情,如闻如见,宛在目前。还有《大雅·文王有声》一诗,“全诗八章,每章末句都用‘烝哉’的叹美词作结,这在《雅》《颂》中别具一格”。此诗一二两章章末一句都是“文王烝哉”,三四两章章末一句都是“王后烝哉”,五六章章末一句都是“皇王烝哉”,七八两章章末一句都是“武王烝哉”,用同样的叹美词煞尾,更显得庄严热烈,余音袅袅,意味深长。举一反三,我们又可联想到《周南·麟之趾》三章每章最后一句都是“于嗟麟兮”,《召南·驺虞》二章每章最后一句都是“于嗟乎驺虞”,应当也属于这一类,说它是单句叠韵也好,是众口合唱也好,是歌曲的和声也好,强烈的抒情作用,都蕴含在这一唱三叹之中。(《诗经学史》)

鹑之奔奔

鹑之奔奔,鹊之强强。
人之无良,我以为兄?

鹊之强强,鹑之奔奔。
人之无良,我以为君?

【概要】

姜与顽非偶相从,故为惠公言以讽。

人无善不如鹊鹑，我凭啥为兄为君：

【译文】

鹌鹑双栖共飞行，鹊鸟双居常匹配。

人无善不如鹊鹑，我奈何反他为兄？

鹊鸟双栖同飞行，鹌鹑双居常匹配。

人无善不如鹊鹑，我凭啥反她为君？

【注释】

* 鹑(chún)：鸟名，鹌鹑，其鸟锐首无尾，青褐有斑色，好斗。雌雄有固定的配偶。　奔奔：言其居有常匹，飞则相随之貌。《鲁》《齐》奔奔作"贲贲"。"贲"读为"愤"。愤怒气充实。刺其与公子顽为淫乱行，不如禽鸟。　鹊：喜鹊，雌雄也有固定的配偶。一说山鹊，俗名山鹧。　强强(jiāng)：《鲁》《齐》作"姜姜"，义同奔奔。奔奔，强强，居有常匹，飞则相随之貌。诗以鹑鹊均有固定的配偶，比兴公子顽与宣姜非匹偶而相从。一说山鹊强狠有力。

* 人：指下文的兄和君，即作者斥责之人。　之：而，意为如果。《韩诗》"人之"作"人而"。　无良：品行不善。　我：作者(卫惠公)自称。旧说以为此诗是卫惠公写的。卫惠公是卫宣公的儿子。他眼看兄长公子顽与生母卫宣姜通奸乱伦，因作诗刺之。　兄(huāng)：兄长。一说长辈。闻君者即人兄。均曰"人之无良"，何以谓一指顽？一指宣姜也？大抵人即一人，我皆自我。而为兄为君，乃国君之弟所言，盖刺宣公。一说我：何。何之借字。《韩诗》"我以"作"何以"。

* 君：国小君，即国君夫人。人谓宣姜君，小君也。

【品鉴】

《鹑之奔奔》是一首讽刺宣姜与公子顽淫秽行为的诗。据《左传》记载，卫宣姜与公子顽私通确有其事。卫宣公死，其妻宣姜公然与宣公庶子顽姘居，生了三男二女。他们这种荒淫无度及践踏人伦，连禽兽都不如的丑行，激起卫人的无比愤慨。"我以为兄"，由此可证作者是顽的弟弟，顽的弟弟有公子黔牟，见《左传·

桓公十六年》，不知此诗是否黔牟所作。但此诗冷峻犀利地讽刺了宣姜与顽的败坏论常、丧尽天良的淫乱丑行，彻底撕下奴隶主所谓宗法伦理的虚伪面纱。

故朱熹阐发说："范氏曰：'宣姜之恶，不可胜道也，国人疾而刺之。或远言焉，或切言焉，远言之者，《君子偕老》是也；切言之者，《鹑之奔奔》是也。卫诗至此，而人道尽，天理灭矣。中国无以异于夷狄，人类无异于禽兽，而国随以亡矣。'胡氏曰：'杨时有言，诗载此篇，以见卫为狄所灭之因也。故在《定之方中》之前，因以是说考于历代。凡淫乱者，未有不至于杀身败国而亡其家者，然后知古诗垂戒之大；而近世有献议。乞于经筵不以《国风》进讲者，殊失圣经之旨矣'"（《集传》）。朱子之说，颇符诗旨。

这首诗突出地运用了比兴手法，深化了诗的主题。第一章刺顽，第二章颠倒首句，以刺宣姜。两章诗的开首，均以"鹑之奔奔""鹊之强强"比兴，引出下文所咏之辞。诗以鹌鹑和鹊鸟栖有匹偶、飞则结伴，雌雄均有固定的配偶，比兴公子顽与宣姜非匹偶而相从的丑恶行径。传说鹌鹑和鹊鸟雌雄之间居住时有固定的配偶，起飞时彼此相随，是飞禽中重视感情，决不胡乱配对的鸟类。因此，诗人给鹌鹑和鹊鸟以高度的赞美与肯定，意在从反面引出诗人的议论。诗人看到鹊鹑都有自己固定的匹偶，便自然联想起卫国君主过的那种无耻的乱伦生活，没有固定的夫妇关系，连禽鸟都不如。"人之无良，我以为兄？"诗人特用这一反诘句，使读者仿佛听到诗人愤怒的呐喊，他再也不能以"无良之人""为兄""为君"了，再也不能被伪善之人的假象所蒙蔽了；对奴隶主最高统治者表示了极大的蔑视和不满，体现了卫人的反抗性和斗争性。尤以"人之无良"四字，给以怒不可遏的责骂，犹如泉涌似的喷射而出；看似简括，实则饱含诗人鄙视和愤怒之情。鹌鹑和鹊鸟虽是无知的飞禽，尚且知道栖息有定，匹配有常，不可随意乱来。可宣姜与顽，本是庶子与母的关系，却冒天下之大不韪，其行为是禽兽不如，枉为人兄人君。诗人以鹑鹊居有常匹、飞则相随，来反比卫君的荒淫无耻，真是天人共愤，批驳得力，战力甚强，收到了良好的讽刺效果。

全诗二章，第二章诗人只改变了一、二句的次序，重复咏唱。结构句式相同，仅一字相异，皆反复颠倒而成章，利于突出诗意。且用叠字，极富《诗经》之特点，有节奏感和音乐美，一唱三叹，余味无穷。这首诗的语言也有特色，可谓单刀直入，明快犀利，毫不隐饰，直露本意，充分体现了诗人的褒贬态度。

为了加深读者对《诗经》的语言艺术的了解，下面谈谈《诗经》的语言。

诗是语言的艺术。它以语言为材料，构造出生动而感人的形象。

《诗经》不但是重要的古代社会史料，而且是中国古代文学的现实主义源头。它的艺术经验，对后世文学创作，尤其是诗歌创作，有深远的影响。

《诗经》是第一部用汉字记录的诗集，《雅》《颂》是士大夫的创作，是用当时通用的标准语即雅言写作的；《国风》是各地区的作品，其中还有相当数量的民歌，但经过记录时整理加工，也进行了语言规范化的处理。孔子说："《诗》、《书》，执礼皆雅言也。"（《论语·述而》）这由十五《国风》语言文句的统一和音韵的一致，可作证明。所以说，《诗经》的语言是经过提炼加工的书面语，是在先秦全民共同语的基础上规范化的语言，它对我国书面语言的统一和发展，起了积极作用。

《诗经》一共使用了2949个单字，有许多单字是一字多义的，按字义计算，大约有3900多个单音词。先秦的两周时代，是汉语词汇由以单音词为主向以双音词为主开始过渡的阶段，这些单字又构造了近1000个复音词。这样数量众多的词汇，反映事物较为丰富，表现较为精确，它们就是两千多年以来所使用的文言文的前身。其中许多词汇，至今还是现代汉语中表现力强的词汇。《诗经》词汇丰富，表现力强，对于我国书面语言诗词曲的语言艺术影响很大。《诗经》不仅准确、生动地运用了丰富多彩的名词、动词和形容词，而且熟练地运用了大量虚词。根据杨公骥《中国文学》的统计："其中关于草本植物的有一百种，关于木本植物的有五十四种，关于鸟类的有三十八种，关于兽类的有二十七种，关于昆虫和鱼类的有四十一种。……"《诗经》使用的动词也很丰富，据杨公骥统计："仅以表示手的不同动作的动词就有按、攘、抱、携、指、掺、挟、挹、握、提、拊、拾、掇、采、拔、抽、捣、搔、投、折、授、搏、招、击等五十多个。"（引文并见杨公骥《中国文学》）。各式各样的动词，将手的动作刻画得十分精致。又如描写营造房屋的劳动方式，铲土用"捄"，倒土用"度"，捣土用"筑"，刮土用"削"，善于使用不同的字眼来形容不同的行为。许多词语如"休息""邂逅""栖迟""拮据""艰难""怀春""经营""伊人""绸缪""颠倒"等，都因为极富表现力而沿用至今。《诗经》又大量使用重言叠字和双声叠韵来增强语言绘声绘色的效果。重言叠字，如"关关""坎坎""嘤嘤""肃肃""悠悠""萧萧"，信手拈来，举不胜举。双声，如"参差""玄黄""踟蹰"；叠

韵,如“窈窕”“辗转”“崔嵬”,也是随处可见,屡见不鲜。这些词音乐性强,形象性强,象声状物,惟妙惟肖,表现了高度的修辞技巧。作为艺术的语言,《诗经》又综合运用各种修辞格,诸如比喻、比拟、借代、夸张、对比、对偶、衬托、排比、层递、设问、反问、顶真、回环、摹状、拟声、双关、反语以及叠字、叠句、双声、叠韵等等。常常在一篇诗中,具有不同修辞效果的辞格交错使用,前后配合,互补互衬,珠联璧合,浑然一体,把内容表现得丰富多彩,鲜明有力。朴素简洁是《诗经》语言的基本风格。《诗经》本是一部乐歌,是要唱给别人听的,歌词理应明快易懂。且《诗经》的多数作品出于人民的口头歌唱,语言更是新鲜活泼,通俗流畅,精炼准确,绘声绘色。如《卫风·木瓜》:

投我以木瓜,报之以琼琚。匪报也,永以为好也。

投我以木桃,报之以琼瑶。匪报也,永以为好也。

投我以木李,报之以琼玖。匪报也,永以为好也。

完全是日常口语,质朴无华,音韵和谐,诚然是“动乎天机,不费雕刻”(明陈第《读诗拙言》)。《诗经》用词又精练准确。这一长处源于《诗经》作者对生活的悉心观察。

《诗经》中使用了多样的语助词,使诗的形式和音律增加了美感和表现力。刘大杰先生曾列举“之”“乎”“者”“也”“矣”“焉”“哉”“兮”“只”“且”“思”“正”“其”“乎而”“只且”等语助词的例句,然后指出:“这些语助词,无疑都是当时民间的口头语,把它们用在诗里,不仅音调美丽,而且表现思想感情也更为生动曲折。有的是表惊叹,有的是表疑问,有的是表欢欣,有的是表悔恨。由于这些语助词的使用,使得那些诗篇更接近口语,更接近自然,显示出《诗经》民歌的特色。”(《中国文学发展史》第二章)

宋人洪迈曾说:“《毛诗》所用语助之字以为句绝者,若之、乎、焉、也、者、云、矣、尔、兮、哉,至今作文者皆然,他如只、且、忌、止、思、而、何、斯、旃、其之类,后所罕用”(洪迈《容斋随笔》五集卷四《毛诗语助》)。洪迈将语助词分为后世还继续在使用和后世已很少使用的两大类,可见宋人就已注意《诗经》的词汇问题,近当代学者对《诗经》词汇包括重言词、双声叠韵词的研究,已取得更多更好的成果。

定之方中

定之方中，作于楚宫。
揆之以日，作于楚室。
树之榛栗，椅桐梓漆，
爰伐琴瑟。

升彼虚矣，以望楚矣。
望楚与堂，景山与京。
降观于桑，卜云其吉，
终焉允臧。

灵雨既零，命彼倌人。
星言夙驾，说于桑田。
匪直也人，秉心塞渊，
騋牝三千。

【概要】

懿公抗狄而败死，文公徙居楚丘邑。
始建城市立宫室，卫人赞美作是诗：

【译文】

定星光照升当空，文公兴建楚丘宫。
东西测度凭日影，楚室筑造动土功。

先种榛树与栗树，椅桐梓漆皆栽种。
制作琴瑟伐木用，鼓瑟和鸣国繁荣。

登那漕邑墟故城，视察楚丘宝地形。
观察楚邑与堂城，测量山丘察高岗。
下山考察蚕桑林，卜问龟象藏吉庆。
观卜确信终获善，地灵人杰国昌盛。

甘霖沥沥细飘零，管车官吏传命令。
雨停星辰驾车行，住舍桑田耕作勤。
他是正直好人君，操心诚实虑渊深。
骒马牝马三千众，建国殷富图强盛。

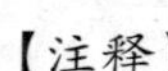
【注释】

*定：星名。北方之宿，又叫营室星，二十八宿之一。此星昏而正中夏正十月，于是时可以营制宫室，故谓之营室。 方中：指营室星黄昏时在正当空。古人在这时兴建宫室。一说指室壁两宿布成方形。 作于：作为，即造作。作，指大兴土木。于，三家《诗》"于"作"为"，谓作为此宫室。古声于与为通。 楚宫：楚丘的宫室。一说谓宗庙也。

*揆(kuí)：测度。即测量日影以定方向。树八尺之臬，而度其日之出入之景以定东西，又参日中之景以正南北。 之：指方位。 以日：借日影。度日出日入以知东西。 楚室：犹楚宫。犹楚宫互文以协韵耳。

*树：动词，植，栽种。 榛(zhēn)：树木名。又叫榛子树，开白花，结实累累成穗。 栗：果木名，实味美而富营养，又叫毛栗。 椅(yǐ)：一种结荚的楸树，又名角儿楸。 桐：梧桐，即白花桐，木材可制农具、乐器。 梓(zǐ)：一种不结荚的楸树。椅、梓都是上好木材。 漆：指漆树。以上六种木材，质坚硬、细致，宜做琴瑟。

*爰：即于之借。于是。 伐琴瑟：伐它(指梧桐等)制作琴瑟。马瑞辰《通释》："诗'爰'伐琴瑟，特承上椅、桐、梓、漆言，谓六木中有可伐为琴瑟者耳。《笺》

谓六木皆可为琴瑟,失之。”

* 升:登。 虚:古“墟”字。指漕邑旧城之丘墟。卫国被狄灭后,遗民东渡黄河,栖居漕邑,漕、楚丘相邻,其地在今河南省滑县东。 望:眺望,指观察地势。盖地有故墟,高可登之以望。 楚:楚丘,卫之邑。

* 堂:地名,即堂邑,是楚丘附近的城邑。盖观其旁邑及其丘山。 景:据黄典城《通释新诠》,当训为“衡量”。测景以正方面。与既景乃冈之景同,或曰景,山名,见《商颂》。一说大山。一说憬的假借字,远行貌。 京:古读如(jiāng),高丘,大丘。绝高为之京。一说人力所造的高丘。

* 降:从高处下来。 观:视察。 桑:桑田。地势宜桑,可以居民。桑者,木名,叶可饲蚕者,观之以察其土宜,允信臧善。 卜:占卜。古时烧龟甲取兆,以占吉凶。卜者,灼剥龟也,像灸龟之形。一曰像龟兆之从横。建国必卜之。卜云其言意为卜辞说很吉利。

* 终焉:终然,最后,结果。焉是然之误。《唐石经》作“终然”,《毛诗》误作“焉”。一说既是。 允:诚然,确信。 臧:善,好。此章本其始之望景观卜而言以至于终,而果获其善。此章赋体。

* 灵雨:甘霖,好雨,喜雨。 既零:已零,已降。 倌人:掌管车马的小官,主驾者。《毛传》:“倌人,主驾者。”

* 星:天晴而见星。《韩诗》“星”训“精”,精之言晴也,夜晚晴而见星。 夙驾:主驾者雨停晨起驾车而行。夙,早晨。 说(shuì):通“税”,义为舍,住舍于桑田。”一说税驾。《史记李斯传》:“吾未知所税驾。”《索隐》:“税驾,犹解驾,言休息也。” 桑田:桑林田塍之间。按《毛诗音》桑田之“田”读如“陈(chén)”;陈,田也,与倌人之“人”为韵。

* 匪直也人:即“匪直人也”的倒文。他是正直的人。匪,通“彼”。直,正直。一说特。一说匪直:不仅。也,句中助词。人,指文公。言彼正直之人。一说指人民。 秉心:操心。一说居心。秉,执持。 塞渊:诚实而渊深。

* 騋(lái):马七尺以上曰騋。一说读为骘(zhì):牡马。 牝(pìn):指母马。三千:泛言其多。

【品鉴】

《定之方中》是一首赞美卫文公营建宫室、力图邦国强盛的诗。《集传》云："按《春秋传》，卫懿公九年冬，狄入卫，懿公及狄人战于荧泽而败死焉。宋桓公迎卫之遗民渡河而南，立宣姜子审以庐于漕，是为戴公，是年卒。立其弟毁，是为文公。于是齐桓公合诸侯以城楚丘而迁卫焉，文公大布之衣，大帛之冠；务材训农，通商惠工，敬教劝学，授方任能，元年革车三千乘，季年乃三百乘。"诗作于公元前658年前后，作者可能是当时士大夫一类的人。这既是一篇深情的叙事诗，也是一篇韵律和谐的史诗。

《左传》《史记》皆载卫懿公灭于狄事。懿公战死，"宋桓公逆诸河……卫之遗民男女七百有三十人，益之以其滕之民为五千人，立戴公以庐于漕。齐侯使公子无亏率车二百乘，甲士三千人，以戍漕。""戴公元年卒，齐桓公以卫数乱，乃率诸侯伐狄，为卫筑楚丘，立戴公弟毁为卫君，是为文公。"《左传》闵公二年："卫文公大布之衣，大帛之冠。务材训农，通商惠工，敬教劝学，授方任能。元年革车三千乘；季年乃三百乘。"《郑笺》："《春秋》闵公二年冬，狄人入卫，卫懿公及狄人战于荧泽而败。宋桓公迎卫之遗民渡河，立戴公以庐于漕。戴公立一年而卒。鲁僖公二年，齐桓公城楚丘而封卫，于是文公立而建国焉。"《诗序》《左传》和《郑笺》之说，阐明此诗的背景与主旨，与本诗所反映的大抵相同；所以后世学者对此诗均无异议。虽然卫文公治国是为了维护其统治，但客观上造成一时稳定局面，因此，受到当时卫人的喜悦和赞颂。

卫国曾被戎狄所灭，而齐桓公扶助卫文公，迁都楚丘，营建宫室，使卫国亡而复存。《定之方中》所歌咏的正是这件励精图治、复兴邦国的大事。

诗分三章，每章七句。采用赋体艺术手法，开门见山，直抒胸臆。首章描述卫人测影选址、营建宫室和栽树的繁忙景象，反映了卫人复国的信心和坚毅精神。前四句吐语从容，精神振奋，充满信心，显示的是一种"天行健，君子当自强不息"(《周易·系辞》)的坚强意志。诗的首章说："定之方中"，即定星每年夏历十月中旬，至十一月初的黄昏时，出现在正南天空当正中的位置，正当农闲，是卫人营造房屋的最佳季节，也是古代建国、立国的良辰吉日，这是先交代大兴土木的时间。"作于楚宫"，是点明在楚丘营建宫室的地点。然后讲如何择宅位："揆之以日"，《毛传》云："度日出日入，以知东西；南视定，北准极，以南北。"古人树八尺之臬，而测度日之出入的日影以定东西，又参日中之影以正南北。可知古人在营建宫室时，要视星以正方位；并以定星黄昏中时，正是兴建工程之始，并且形成一种建筑制度。依日影测定方位，即以定星测度中轴线，以太阳运行来定兴建王宫寝室的方位，这时对上古时代天人一体的风水理论的诗化说明，也是古人据日影、星位来确定方位的方法的说明。又是表明卫人是以庄重的态度，把营建宫室当作安定邦国的长久大计来对待的。他们一边大兴土木、修宫筑室，一边又兴栽树木："树之榛栗，椅桐梓漆。"榛、栗二树的果实累累，榛小栗大，可以用来祭祀时供笾实。至于椅、桐、梓、漆这四种树，皆是木质性坚的上好木材。植树造林起到绿化环境，固土保墒，造田修渠，气候适宜的作用。古人在修建宗庙、宫室、陵园、建房时，大量种植榛、栗、椅、桐、梓、漆一类良木，成材后既可做建筑之材，又可制作琴瑟等乐器，以备宗庙祭祀之用。诗中叙述兴建楚宫、种植树木，是卫人重建家园、复兴邦国所采取的良策；寄托了卫人国家殷富的美好心愿；体现了他们坚强不屈，振兴祖国的顽强精神与勤奋。他们坚信，灾难深重的卫国，将与栽种的榛栗一样，果实丰硕，欣欣向荣，繁荣昌盛。为了复国，他们深渊谋虑，长远打算，多少年后，这些树木茁长成材，被后人制成琴瑟之器，奏起那悦耳动听的音乐，那是国家强盛、歌舞升平的福音。这就是结句"爰伐琴瑟"所包含的意韵。它告诉读者，在营建宫室之际，卫人正憧憬着一个怎样美好的未来。

第二章叙述对楚丘的勘察与抉择。此章以倒叙的手法，描述了文公实地勘察楚丘的地形地物，考察地势环境，勤于桑田的情景。"升登虚矣，以望楚矣，"这是登上漕邑故城旧墟，仔细勘察楚丘周围的地形地貌。然后再考察附近的山陵和高岗："望楚与堂，景山与京，"先遥望广袤的楚丘和堂邑，而巍然屹立；再把山丘测仔细。"绛观于桑"是说从山丘高岗走下来，直接住宿在桑田之间，实地考察地质和地址。最后还隆重其事的占卜："卜云其吉"，我国上古时代，因为科学尚不发达，古人遇事皆卜，凡王事、祭祀、征战、天象、风向，乃至出征等都要占卜。至于住宿修房、修宫筑室、建国立业等大事，占卜也是一项必不可少的工作，此句反映了当时的民俗风尚。卜问龟象藏吉庆，观卜确信终获善，此地人杰地灵国昌盛。

第三章赞美卫文公身体力行、励精图治、勤奋治国的突出政绩。朱熹阐明说："言方春时雨既降而农桑之务作，文公于是命主驾者晨起驾车，亟往而劳劝

之。然非独此人所以操其心者，诚实而渊深也。盖其所畜之马，七尺而牝者，亦已至于三千之众矣。盖人操心诚实而渊深，则无所为而不成，其致此富盛宜矣。记曰：问国君之富，数马以对，今言騋牝之众如此，则生息之蕃可见，而卫之富国亦可知矣。此章又要其终而言也。”（《集传》）沥沥春雨及时飘零后，文公便吩咐那管车的小吏，早晨天晴，疾速驾车而行，驰往那桑林田地。并停住在那里勘察桑林，饲养蚕桑，修田造地，植林美化。他人正直而勤劳操心，深渊谋略，使騋马、牝马牧养发展到三千匹。这里把工作重心转到了农业和畜牧业的生产上，他励精图治增加社会财富，使人民安家乐业。如此，文公复国兴邦、重建家园的生动画像跃然纸上，展现在读者面前。诗人以舒缓的节奏，深情地歌颂了文公勤劳复国的功德。“灵雨既零”以下四句，称颂文公身为一国之主，处万人之上，却栉风沐雨、披星戴月，早出晚归，勤耕桑田。在那种社会里，这样亲事躬问的君主，实在不可多得。正因如此，诗人才情注笔端，以无限敬意赞美道：他是正直好人君，操心诚信虑渊深。而最后抓住马匹数量这一突出的事例，阐明卫国的殷富：“騋牝三千”，看起来似乎与前人不相契合，实则意味深远。从马的繁殖，可以想见卫国兴旺，百姓殷富，文公的智慧奉献可想而知了。纵观全诗，文公选择宝地的缜密庄重，营建宫室的一丝不苟，治理经济的亲事躬问，全在“騋牝三千”四字中包容了。此章一反前两章大开大合，以恢宏吞吐的气象，似细雨，如春风，像清澈潺潺的河水，从容典雅，悠悠情深，抒写了卫人复兴祖国、重建家园的奋斗的精神，终于与如此繁荣强国的现实图景交相辉映，托出了文公在振兴祖国中的仁君风范形象。

如果说首章以生机勃勃，龙腾虎跃的画面，展示了卫人的创造精神和不屈不挠的意志；那么，二、三章则把镜头对准了复兴祖国的贤君身上。在危难之际受命的卫文公，务材训农、通商惠工、勤于国事，力图强国富民，诗人塑造了一位明君形象。

附录：

《诗经》变迁

汉唐《诗经》学 汉初《诗》定位"经"，《诗经》成为"圣经"和国定教科书。自汉至唐《孔疏》以训诂为特色的"汉代《诗经》学"，亦即古文《诗》学，《毛诗故训传》《毛诗郑笺》《毛诗序》广泛流传，成为古文诗学的代表性著作。《毛诗故训传》，简称《毛传》。它将《诗》和《左传》相合，以史明诗，以诗论史，通训诂，明大义，训诂考证简明扼要，对字、词、典章制度的训释多有可取。它的体例较为严谨，每篇诗前有序，以明诗旨，依《尔雅》训释字义，再据《左传》《周礼》《仪礼》说明有关史事或典章制度。清陈奂《诗毛氏传疏序》称《毛传》"文简而义瞻，语正而道精，洵乎为小学之浸梁，群书之铃健也。"然《毛传》虽有穿凿附会，但完整保留古经注，在《诗经》注释和训诂学中有重要价值。

郑玄《毛诗传笺》又简称《郑笺》。他以《毛诗》为主，兼采三家可取的说解，为《毛传》作笺，完成了实现今古文合流的《毛诗传笺》。对《毛传》的传注加以疏通，对隐晦、疏略之处予以申明，在《毛传》依文立解的基础上进一步做通假考证，对大义也有所阐释和发明。

《毛诗序》，西汉初年，传授《诗经》的主要有齐、鲁、韩、毛四家。一是鲁人申培，一是齐人辕固，一是燕人韩婴。但是这三家著作除《韩诗外传》10卷外，皆不存世。《齐诗》亡于曹魏，《鲁诗》亡于西晋，《韩诗内传》亡于北宋。现今仅《毛诗》一家独传于世。即大毛公毛亨、小毛公毛苌所传。现存《毛诗》各篇之首，都有一个似解题式的简短的序文，主要用以评说诗篇的主旨、时代、背景和作者，叫作"小序"。如《柏舟》，《毛序》曰："《柏舟》：'言仁而不遇也。卫顷公之时，仁人不遇，小人在侧。'"又如《日月》，《毛序》说："《日月》：'卫庄姜伤己也。'"《诗序》名称，大致有《大序》《小序》《前序》《后序》《古序》《续序》《首序》《下序》等八种提法。《大序》《小序》的划分，近人胡朴安以为"以宋人之所分为是"，认为"《大序》者论全

诗之义也，《小序》者论一诗之义也。”

《诗序》的作者为谁？梁人沈重述郑玄《诗谱》云：“《大序》是子夏作，《小序》子夏、毛公合作，卜商意有不尽，毛更足成之。”苏辙不信子夏作《序》之说，认为如是古序，决不会如此之详。他说：“世传以为出于子夏，予窃疑之。子夏尝言《诗》于仲尼，仲尼称之，故后世之为《诗》者附之。”他认为今传之《序》，已被经师所附益，“是以其言时有反复烦重，类非一人之辞者，凡此皆毛氏之学，而卫宏之所集录也。”陆玑、范晔认为卫宏所作，韩愈《诗之序议》认为汉之学者作，程颐以为《大序》孔子作，《小序》国史作。众说纷纭，聚讼不休，成为《诗经》研究史上“第一争诟之端”。郑振铎认为《毛诗序》最大的坏处在于穿凿附会。清朝力主恢复毛、郑之学，阎若璩作《毛朱诗说》，毛奇龄作《白鹭洲主客说诗》，陈启源作《毛诗稽古编》，用意在否定朱熹之《诗集传》。孙焘写《毛诗说》，用意在否定郑玄之说。再者，皮锡瑞作《诗经通论》，王先谦作《诗三家义集疏》又进一步否定毛诗之说，要回复到齐、鲁、韩三家诗义。但是《毛诗序》对后人的影响非常大。古人作诗、写文章用典都爱用里面的解释。本书仅用《大序》《小序》这种提法，其余不复论列。

《毛诗正义》，是唐贞观十六年奉唐太宗诏所编的《五经正义》之一，为唐朝颁布的官书。由孔颖达主持其事，故后人又称此书为《孔疏》。此书以颜师古的《诗经》定本为文字定本，以陆德明的音释为读音标准，注文取《毛传》《郑笺》，疏文以刘焯的《毛诗义疏》、刘炫的《毛诗述义》为稿本，融贯群言，包罗古义，吸取六朝以来各家注疏的成果，本疏不破注的原则，为《毛诗传笺》作疏，完成了《毛诗正义》，又称《毛诗注疏》。

宋代《诗经》学　欧阳修《诗本义》中对毛、郑误分章句，分别做了比较和订正，例如《小雅·巧言》，毛、郑分为六章，每章八句。欧阳修根据诗义，分为七章，其中四章章八句，二章章六句，一章章四句。

苏辙《诗集传》释词，极为简要。例如解释《大雅·桑柔》“谁能执热，逝不以濯？其何能淑，载胥及溺”四句说：“贤者之能已乱，犹濯之能解热耳。不然，则其何能善哉？相与入于陷溺而已。”皆开其端，都自出新意，开一代新风。

王安石《诗经新义》一度成为新定的教学和考试标准本，无论是诗篇的通义，或是章句的诠释，往往都有非常精彩的说解。如释《七月》“一之日觱发，二之日栗烈”，云：“风而寒，尚非其至也；无风而寒，于是为至。”释《小雅·十月之交》

篇通义云:“此诗前三章言灾异之变,四章言致灾由于小人,而皇父小人之魁也。故五、六章专言皇父之恶。七章言小人在位,天降之灾,则天变生于人妖也。八章言己之忧劳,而一篇之义终矣。”

到郑樵著《诗辨妄》,开始向汉学《诗经》义疏中心《诗序》发起猛烈攻击,掀起声势浩大的废《序》运动。苏辙《诗集传》注解诗文,颇效其体。怀疑《诗序》,仅采首句。如《旄丘》序:“责卫伯也”之后,另加上“卫侯爵时为州伯,故称伯……”一段,以补首句之所未备。诠释篇名,别有见解。如《大雅·召旻》:“首章称旻天,卒章称召公,故谓之《召旻》,以别《小旻》而已。”论诗释词,每多创见。如《大雅·荡》第八章:“人亦有言:‘颠沛之揭,枝叶未有害,本实先拨’”,苏辙《诗集传》说:“商周之衰,典刑未废,诸侯为畔,四夷未起,而其先君为不义而自绝于天,莫可救之,正犹此尔。”非常确切。

汉学派的《诗经》著述代表作,有范处义《诗补传》,最攻《序》者郑樵,最尊《序》者范处义,是尊《序》派的突出代表。范在《明序篇》中说:“人皆知《诗》亡然后《春秋》作,以为《诗》美刺与《春秋》相表里,而不知《诗》之美刺实系于《序》。盖《诗》有《小序》有《大序》,《小序》一言国史记作诗者之本义也。《小序》之下皆《大序》也,亦国史之所述,间有圣人之遗言可考而知。惟《关雎》为一经之首,并论《三百篇》之大旨,犹《易》干坤之《文言》,故诗详焉。”他以为《诗序》作于国史,而渊源于孔子。他在本书《自序》中指出:“《补传》之作,以《诗序》为据,兼取诸家之长,揆之情性,参以物理,以平易求古诗人之意。文义有阙,补以《六经》、史传,古训有阙,补以《说文》《篇韵》,异同者一之,隐奥者明之,窒碍者通之,乖离者合之,谬误者正之,曼衍者削之,而意之所自得者亦错出其间,《补传》大略如此。”范氏评述颇有文采。

吕祖谦《吕氏家塾读诗记》每篇之后,分章叙列各家说解。陈振孙《直斋书录解题》说《吕氏家塾读诗记》:“博采诸家,存其名氏,先列训诂,后陈文义,剪截贯穿,如出一手,已意有所发明,则别出之。诗学之详,正未有逾于此书者也。然自《公刘》以后,编纂已备,而条例未竟,学者惜之。”故后世论者皆以此书《公刘》以后,为其门人所续成。

而严粲《诗缉》对诗义的理解有独到之见,如《王风·黍离》一章言“彼稷之苗”,二章言“彼稷之穗”,三章言“彼稷之实”。旧说以此表示行役时间之久。严粲

对此提出了不同看法，指出“果为行役之久，则不应黍惟言离离也”。他认为“苗、穗、实，取协韵耳”（《诗缉》）。关于起兴，他有精辟论述，《诗缉》云：“今考诗中凡一句各指一物者，兴也，盖兴则意在于物，故每句中专指其一以寓丁宁之意，如‘山有榛，隰有苓’之类是也。凡一句迭言二物者皆赋也，盖赋则敷陈，其物之多意在有一字，而不在于所指之物，故迭言之，如‘有熊罴’，但言兽之多，‘有鳣有鲔’，但言鱼之多，‘有骊有黄’，但言马之多，别无兴也。”这里提出“凡一句各指一物者”为“兴”，“一句迭言二物者”为“赋”，明白易晓，很好掌握。段昌武《毛诗集解》、林岜《毛诗讲义》等对《诗经》的论述，皆有选录。

宋学派《诗经》著述主要有：权威著作朱熹《集传》，是宋学《诗经》解释学的集大成著作，它集中宋人训诂、考证的成果，同时比较注意《诗经》的文学特点，全部注释简明易解，成为以后通行八百年的权威性著作。朱熹解《诗》，不信《诗序》，并撰《诗序辨说》系统辨斥《序》说之非。所释六义，颇有新意，他说：“风者，民俗歌谣之诗也。雅者，正也，正乐之歌也。正小雅，燕飨之乐也。正大雅，会朝之乐也；受厘陈戒之辞也。颂者，宗庙之乐也。赋者，敷陈其事而直言之者也。比者，以彼物比此物也。兴者，先言他物以引起所咏之辞也。”不但给赋、比、兴作了新的解释，而且在《诗集传》诗篇的每章之后，皆表明作法。综观朱熹《集传》，计有“赋”“比”“兴”“兴而比”“比而兴”“赋而比”“赋而兴”“赋而兴又比”八种。如《东方未明》一、二章句法基本相同，《集传》一、二两章作“赋”，三章作“比”；《葛屦》二章，《集传》首章作“兴”，次章作“赋”；《谷风》三章句法相同，《集传》一、二两章作“兴”，三章作“比”，见解精辟，对理解诗旨，颇有启迪。

元代《诗经》学　《四库全书总目》说：“有元一代之说诗者，无非朱传之笺疏，至延祐行科举法，遂定位功令，而明制因之。”可见元明两代《诗经》研究，都是以朱熹《集传》为准则。许谦撰《诗集传名物抄》，主要考证《诗经》的名物音训，书中采用陆德明《经典释文》及孔颖达《正义》，为元代重要著作。刘瑾撰《诗传通释》，瞿镛《铁琴铜剑楼藏书目》评其书云：“此书专宗《集传》，博采众说以证明之。其所辑录诸家，互相援引，习见者多，惟李宝之、刘辰翁为诸家所未及。诸序辨说……分列各章之后，其为例亦独殊。”评述客观。

明永乐间编《五经大全》，其中的《诗经大全》，是依据刘瑾《通释》编成，明代科举考试奉以准则，影响广泛。刘玉汝编《诗缵绪》，《四库全书总目》云：“其大旨专以发明朱子《集传》，故云《缵绪》，体例与辅广《童子问》相近，凡《集传》中一、二字之斟酌，必求其命意所在。……虽未必尽合诗人之旨，而于《集传》一家之学，则可谓有所阐明矣。”马瑞临《经籍考》收三十多部诗学著作。他说：“夫本之以孔孟说《诗》之旨，参之以《诗》中诸《序》之例，而后究极夫古今诗人所以讽咏之意，则《诗序》之不可废也审矣。”论述《诗序》不可废。还有朱公迁撰《诗经疏义》、胡一桂编《诗集传附录纂疏》，而上述所举各例，所有内容，无不包含在《音释》之中，如若汇而编辑，可成一部专著。

明代《诗经》学 综观明代，宗《小序》，宗毛、郑，成为诗学著作的新倾向，诗学谓科举所用，朝廷以《诗》义取士，正如顾炎武《日知录》慨叹道：“八股行而古学弃，科举行而经术亡。”自唐修《五经正义》，至明永乐修《五经大全》，就经学而论，应推一代盛举。而明永乐年间胡广等奉敕编纂《诗经大全》，虽“则全袭元人刘瑾之《诗经通释》而稍变其例”，但颁行天下，成为钦定的教科书，科举取士，奉以准则，影响之深。

辅翼《诗集传》诗一部从伦理道德角度论《诗》的著作，《四库全书总目》赞赏说：“借诗立训”，大抵推衍朱子《集传》为说，“务在阐兴观群怨之旨，温柔敦厚之意，而于兴衰之乱，尤推求源本，剀切著明，在经解中为别体，而实较诸儒之争竟异同者为有裨于人事”。此是元代《诗》学的延伸和继续。

顾梦麟采摘诸家诗说，约取其义，汇为一编，名为《诗经说约》。每篇首列诗文，次为集解，然后附述己见，或诠释诗旨，或训诂文字，或考订名物，或订正音读，大抵皆以朱熹《集传》为宗。对毛郑以及其他诸家之说，亦折中别择，间又所采。吕柟撰《毛诗说序》，其书立论，以《小序》为主，假设门人回答以阐明《序》义。袁仁撰《毛诗或问》大旨主于伸《小序》兼贬《集传》。

郝敬撰《毛诗原解》，其断言：“《笺》不如《传》，《传》不如《序》，毛公补《序》又不如《序》首一语”，主张“读《诗》惟当以首序为宗”。他反对废《序》言《诗》，攻击朱熹不遗余力，或斥为凿空为说，或斥为高叟之固。

何楷撰《诗经世本古义》，《四库全书总目》认为何楷：“学问博通，引援赅洽，凡名物训诂，一一考证详明，典据精确，实非宋以来诸儒所可及，譬诸搜罗七宝，造一不中规矩之巨器，虽百无所用，而毁以取材，则获齐木难，片片皆为珍物。百余年来，人人嗤点其书，而究不能废其书，职是故矣。”

冯应京《刘家诗名物疏》其书系据蔡卞《诗名物疏》而广之，征引颇为赅博，每条之末，间附考证。吴雨《毛诗鸟兽草木考》，其书本吴仁杰《离骚草木疏》又以配陈第《毛诗古音考》。杨慎《升庵经说》，曾被誉为明人经说之翘楚。他发现古音不同于今音，而考古音必用古代韵语资料，故他撰《转注古音略》《古音略例》《古音余》《古音猎要》，时举《诗经》为例。例如：《柏舟》"实维我仪"叶"在彼中河"。《东山》"九十其仪"叶"其旧如之何"。是上述两句的"仪"，也都音"俄"。

陈第《毛诗古音考》为古音学奠基之作，是一部研究古音的名著。他在《毛诗古音考自序》中说："《诗》以声教也……若其意深长而于韵不谐，则文而已矣。故士人篇章，必有音节，田野俚曲，亦各谐声。岂以古人之诗而独无韵乎？"阐明古有定音。并提出："时有古今，地有南北，字有更革，音有转移，亦势所必至"的著名论点，告诉人们，用今音读古诗之所以不谐，并不是因为古无定音，而正是语音演变的结果。

钟惺撰《诗归》，所论诗旨，有破有立，实不多见。如《隰有苌楚》，诗人见物起兴，借以抒怀。钟惺评曰："此诗更不必说自家苦，只羡苌楚之乐，而意自深矣。凡苦之可言者，非其至也。"所论深中肯綮。

清代《诗经》学　清初至乾隆编《四库全书》，是"宋代《诗经》学"过渡到"清代《诗经》学"的转型期。钱澄之《田间诗学》，大旨以《小序》为主，所采历代诸家论说，自《毛诗注疏》、朱熹《集传》外，还有程颢、程颐、张载、杨时、罗愿、真德秀、邵忠允、季本、黄道周、欧阳修、苏辙、王安石、范祖禹、吕祖谦、陆佃、谢枋得、严粲、辅广、郝敬、何楷等共二十家。"持论颇为精核，而于名物训诂、山川地理言之尤详……其考证之切实，尤可见矣"(《四库全书总目》)。

姜炳璋撰《诗序补义》，而《四库全书总目》说他："其纲领有云：有诗人之意，有编诗之意。如《雄雉》为妇人思君子，《凯风》为七子自责，是诗人之意也。《雄雉》为刺宣公，《凯风》为美孝子，是编诗之意也。朱子顺文立义，大抵以诗人之意为是诗之旨，国史明乎得失之迹，则以编诗之意为一篇之要，尤可谓解结之论矣"。

朱鹤龄撰《诗经通义》，专主《小序》，力驳废《序》之非。所采诸家，于汉用毛、郑，唐用孔颖达，宋用欧阳修、苏辙、吕祖谦、严粲，清用陈启源；其释音，明用陈第，清用顾炎武，皆具有条理。

陈启源撰《毛诗稽古篇》，此书则训诂一准诸《尔雅》，篇义一准诸《小序》，而诠释诗旨则一准诸《毛传》而《郑笺》佐之，诠释名物则多以陆玑《疏》为主。戴震、段玉裁、胡承珙、马瑞辰、陈奂、程启源此书，合称六大家，为清代《诗经》学的代表性著作。

顾炎武《音学五书》，对研究古韵分部者皆以本书为始。考证名物的著作中，王夫之《诗经稗疏》、毛启龄《续诗传鸟名》《毛诗写官记》《诗札》《诗传诗说驳义》、姚炳《诗识名解》《诗传名物集览》、顾栋高《毛诗类释》、黄中松《诗疑辨证》等，《四库全书总目》均已著录，并做了较高评价。

康、雍之际王鸿绪等奉敕编《钦定诗经传说汇纂》，序言曰："是书首列《集传》，而采汉唐以来诸儒讲释、训释之与传合者存之，其义异而理长者别谓'附录'"，可知以《集传》为标准。其体例是：诗篇正文之后，每章首列"集传"，次列"集说"，篇末列"总论"。如《小雅·大田》总论说："刘氏瑾曰：'一章言田事修饬，而苗生盛美也；二章言苗即秀实，而愿其无损也；三章复愿其雨泽溥及而收成有余也。卒章言其收获之后而报祀获福也。'"评论简洁中肯。

乾隆二十年，敕编《钦定诗义折中》的编辑宗旨是："分章多准康成，征事率从《小序》"，它认为这样做可以"使孔门大义，上溯源渊，卜氏旧传，远承端绪"(《四库全书总目》)，也就是说，《诗义折中》将根据《郑笺》标分章句，根据《诗序》解释诗旨，为"清代《诗经》学"迈出了第一步，是中国文化史上学术转型的重要举措。

马瑞辰《毛诗传笺通释》论诗的宗旨，遵从《诗序》，疏通《传》《笺》。辩正《郑笺》不同于《毛传》的各种解释，以申毛纠郑。①采用古音古义纠正讹误，②用双声叠韵原理指明通假，是解释词义的成功范例。③用同类义例概括全书。④举三家遗说以订《毛诗》。

姚际恒《诗经通论》，从诗篇本文去探求诗旨。他批评"汉人之失在于固，宋人之失在于妄，明人说《诗》之失在于凿。"

胡承珙《毛诗后笺》。①著书宗旨及体例："从毛者十之八九，从郑者十之一二。"以名标目，有新解方标专条，加以论证，与马瑞辰《通释》体例略同。②吸收宋元学者的正确疏解，证成己说。③诠释赐予，准确有据。如《无衣》《采葛》。

陈奂《诗毛氏传疏》，他对《毛传》推崇备至，其为《毛传》作《疏》，训诂准乎

《尔雅》,通释证之《说文》,专从文字、声韵、训诂、名物等方面阐发诗篇本义,引据赅博,疏证详明。

姚际恒《诗经通论》用文学观点解释诗义,确为一大特色。他认为"《毛传》古矣,惟是训诂,与《尔雅》略同,无关经旨;虽有得失,可备观而弗论,《郑笺》卤莽灭裂,世不多从,又无论矣,"故此书的重点,是评论《诗序》和《诗集传》。

方玉润《诗经原始》,书中论议,以《毛诗序》《诗集传》《诗经通论》三书为重点,其他诸说有可取者也择之,辨其得失。他重视阐发诗篇之文学意义,颇与历来解经之家异趣。如论《汉广》,云:"终篇或迭咏江汉,觉烟水茫茫,浩淼无际,广不可泳,长更无方,唯有徘徊瞻望,长歌浩叹而已。"用文学观点评论《诗经》,足使解经之家相形见绌。

现代《诗经》学 顾颉刚发表《论诗经在春秋战国间的地位》,论说诗人和诗本事、周人咏诗、孔子论诗、战国诗乐,孟子论诗等方面。顾颉刚另一篇《从诗经中整理出歌谣的意见》和钱玄同《答顾颉刚先生书》、魏建功《歌谣表现法之最要紧者——重奏复沓》,分析研究了《诗经》中的歌谣与起兴。郑振铎《读毛诗序》认为《诗序》是瓦砾,力斥《毛诗序》之谬妄。这些论文,打破经书观念,认定《诗经》全为乐歌,认定《诗经》是文学作品,而不是经典。胡适《谈谈诗经》阐述《诗经》研究方法,即训诂、题解。清代《诗经》研究是从经学到文学的重大转变,对学术研究产生了巨大的影响。

王力《诗经韵读》,由"《诗》韵总论""《诗经》韵例""《诗经》入韵字音表""《诗经》韵读"四部分组成。徐昂撰《诗经形释》,卷一由论篇章、论章句、论句字三部分组成。卷二有论复迭、分复字、复词、复句、复体与异体之联绵词偶对五节。卷三为论助词。

于省吾《诗经新证》上下卷,皆考证《诗经》文字之义训,下卷收论文五篇,订正前人在义训上的误释。向喜《诗经语言研究》,阐述前人的研究,论述《诗经》的文字、用韵、词汇、句法。陆文郁《诗草木今诗》,考证旧注中疑似的物品,分清同名异物不使相混,遍考草木别名详其沿革,述及草木用途帮助释诗。

高亨《诗经今注》,系统注释《诗经》全书,每篇诗题之下,皆有简要题旨。注文简明扼要,深入浅出,可谓《诗经》注释的代表作。余冠英《诗经选》,注释精辟,主题有独到见解。如《狼跋》"是一首讽刺诗。诗中把一位统治者(公孙)比作老狼，嘲笑他步态丑笨，进退困窘”。如此解释，确有新意。程俊英、蒋见元撰《诗经注析》，依据文学观点阐述诗旨。参考古训方法解释词语，运用文艺理论分析篇章，探讨古韵规律表明韵读，是采用以史证诗、以诗证史、史论结合之法的重要代表作。

还有郭沫若《古诗今译》，陈子展《诗经直解》，程俊英《诗经译注》，金启华《诗经全译》，袁梅《诗经译注》，金启华《诗经鉴赏辞典》等，这些研究成果，基本上解决了阅读文字的障碍，积累了《诗经》基本概念的各种解释资料，探索出各种类型的研究方法，提出了从文学角度解《诗》的不同说解，保存了大量《诗》学文献。

上述作品不拘于前人章句训诂之学，而强调本人读诗后的直接感受，重视作品的艺术感悟和审美特征。并举示各家文字异同，考证文字孳生通假之故，古书传写改易之迹，以探究诗义。论证谨严，条理清晰，文字简明，使读者接受《诗经》这份宝贵文学遗产的同时，能得到含英咀华的享受。

汇集历代各派各家之说，这既是本书的特色，同时也就表明了本诗的内容。其目的是想尝试有组织地反映历代争鸣情况、研究成果和说《诗》的轨迹，为《诗经》的研究者和爱好者，为中国古代文学的研究者和教学者，提供一部较详备的参考资料，使其在使用时省却许多翻检之劳，能满足多方面的需要。所以，使读《诗》者必先尽置诸家之诗说，而探求乎古代诗人之情性，然后乃能知古人之诗，此则所谓诗心也。能知古人之诗心，斯可以知后人之诗心；知诗三百零五篇之诗心，而后可与论中国之诗心；中国之诗心，而后可与论中国之文学。

主要参考文献

[1]〔清〕阮元.十三经注疏[M].校刻本.北京：中华书局出版社，1980.

[2]尔雅注疏（《十三经注疏》）[M].王世伟，整理.上海：上海古籍出版社，2010.

[3]〔宋〕王安石.新经毛诗义 [M].二十卷，邱汉生，辑校本，北京：中华书局，1982.

[4]〔宋〕朱熹.诗集传[M].上海：上海古籍出版社，1980.

[5]〔宋〕陆玑.毛诗草木鸟兽虫鱼疏[M].北京：中华书局，1983.

[6]〔宋〕苏辙.诗集传[M]. 北京：书目文献出版社，1990.

[7]〔明〕何楷.诗经世本古义[M].清嘉庆刊本.

[8]〔清〕方玉润.诗经原始[M].北京：中华书局，1986.

[9]〔清〕马瑞辰.毛诗传笺通释[M]. 北京：中华书局，1989.

[10]〔清〕王先谦.诗三家义集疏[M].北京：中华书局，1987.

[11]〔清〕姚际恒.诗经通论[M].顾颉刚标点本，北京：中华书局，1958.

[12]〔清〕吴闿生.诗义会通[M].北京：中华书局，1959.

[13]〔清〕陈奂.诗毛氏传疏[M].北京：中国书店，1984.

[14]高亨.诗经今注[M].上海：上海古籍出版社，1980.

[15]袁梅.诗经译注[M].济南：齐鲁书社，1980.

[16]陈子展.诗经直解[M]. 上海：复旦大学出版社，1983.

[17]唐莫尧.诗经新注全译[M].成都：四川出版集团巴蜀书社，1998.

[18]余冠英.诗经选[M].北京：人民出版社，2002.

[19]洪湛侯.诗经学史[M].北京：中华书局，2002.

[20]赵帆声.诗经异读[M].郑州：河南大学出版社，2002.

[21]傅斯年.诗经讲义稿[M].北京：中国人民大学出版社，2004.

[22]公木,赵雨.诗经全解[M].长春:长春出版社,2006.

[23]程俊英,蒋见元.诗经注析[M]. 北京:中华书局,2006.

[24]夏传才.十三经讲座[M].桂林:广西师范大学出版社,2006.

[25]杨合鸣,赵爱武.四书五经详解[M].北京:金盾出版社,2008.